# 천국으로 쏘아올린 화살

제임스 브라이언 스미스 지음 / 원혜영 옮김

HANEON.COM

# 천국으로 쏘아올린 화살

| | |
|---|---|
| 펴  냄 | 2006년 9월 30일 1판 1쇄 박음 / 2006년 10월 10일 1판 1쇄 펴냄 |
| 지은이 | 제임스 브라이언 스미스 |
| 옮긴이 | 원혜영 |
| 펴낸이 | 김철종 |
| 펴낸곳 | (주)한언 |
| | 등록번호 제1−128호 / 등록일자 1983. 9. 30 |
| 주  소 | 서울시 마포구 신수동 63−14 구 프라자 6층 (우 121−854) |
| | TEL. 02-701-6616 (대) / FAX. 701-4449 |
| 책임편집 | 박성희, 정지영 |
| 디자인 | 원미정 mjwon@haneon.com |
| 홈페이지 | www.haneon.com |
| e-mail | haneon@haneon.com |

ISBN 89−5596−383−1   03230

# 천국으로 쏘아올린 화살

# An Arrow Pointing to Heaven

이 책을, 믿음의 유산을 물려주기 위해
열심히 노력한 존과 네바 멀린스에게 바친다.

To. _____

From. _____

Letter
RICH MULLINS
His Life and Legacy

*by Brennan MANNING*

나사렛 예수는 리치 멀린스의 삶을 황폐하게 했다.
그리고 그는 그 속에서 깜짝 놀랄 만큼 독창적인
부랑아를 다시 창조하셨다. 내가 지금껏 만난 사람 중에
그와 비슷한 사람은 아무도 없었다.

# 리치 멀린스,
# 예수 그리스도의 증인

우리는 캔자스 주 위치타의 다 쓰러져 가는 식당에서 처음 만났다. 우리는 기절할 정도로 맛있는 프로피터롤스(바닐라 아이스크림으로 속을 가득 채운 초콜릿 패스츄리)를 게걸스럽게 먹으면서 세 시간 동안 앉아 있었다. 성전 안에서 기도하는 세리를 떠올리게 하는 순수함과 겸손함, 솔직함을 지닌 리치는 자기에게 명성을 안겨준 직업적인 성공뿐만 아니라 영혼에 상처를 남긴 죄와 실패에 대한 삶의 이야기까지 모두 털어 놓았다.

그가 말하는데 이런 생각이 들었다. '이 사람은 진짜 예수님

을 아는구나. 오직 그리스도의 용서와 자비를 체험한 사람만이 자기의 상처에 대해 솔직해질 수 있는데…'

'나의 주 크고 놀라운 하나님(our God is an awesome God)'은 그가 책에서 읽거나 설교 시간에 들은 내용을 바탕으로 해서 만든 노래가 아니다. 그가 글이나 음악을 통해 우리에게 전하는 하나님은 자신이 힘든 여행에서 직접 만난 하나님이다.

로스앤젤레스의 시인 린 프레스캇 Lynn Prescott 은 리치를 다음과 같이 이해했다. "그는 게이와 창녀, 카우보이, 알콜중독자, 상처 입은 사람들에게 관심을 가졌다. 그리고 가지각색의 사람들과 프란체스코회 서약에 관심을 가졌다. 그 역시 죄를 지으려는 성향을 가졌지만 하나님을 열성적으로 좋아했다. 그를 중세의 음유시인으로 비유하는 게 가장 적절할 것이다. 그는 순결하고 검소한 사람이었고, 시류에 따라 변하는 사람이었다. 그는 좋아하는 게 매우 많았고, 미국 인디언들을 향한 사랑과 아일랜드와 아이들을 향한 사랑, 음악과 부랑아 밴드를 위한 사랑을 지독하게 고수했다. 그리고 마지막으로 가장 중요한 것은 다른 사람들의 열정을 불태우게 한 그의 열정이다. 이것은 예수님을 향한 사랑이었다. 비록 지금은 죽어 땅 속에 있지만 리치는 내가 잃어버렸던 많은 조각들을 다시 발견할 수 있게 도와주었다. 그는 지금껏 누구도 못했던 방식으로 내 자신을 바로잡도록 도와주었다."

그가 세상을 떠나기 7개월 전, 나는 애틀랜타 북쪽에서 9.6Km 떨어진 리조트 샤토 빈야드 Chateau Vineyard 에서 3일간 침묵 수련회를 지도했다. 그는 가정의 기원, 특히 아버지에 대해

추천사 : 리치 멀린스, 예수 그리스도의 증인

해결되지 않은 문제 때문에 감정적인 혼란을 겪고 있었다. 예수회 사제이며 심리학자인 헨리 나우웬의 아버지처럼, 리치의 아버지 존 멀린스도 아들에게 사랑한다고 말한 적이 없었다. 그는 누구보다 아들을 사랑했고 진심으로 아들의 업적을 자랑스러워했으며 아들을 향한 애정을 종종 가족들에게 말했지만, 정녕 자기의 사랑을 갈망한 아들에게 그 감정을 전달하지는 못했다.

우리는 이런 점에서 같았다. 아버지에 대한 내 경험도 그와 같았기 때문이다. 아버지의 사랑을 충분히 받지 못할 때, 아이는 수줍음과 불안감에서 자기 존재에 대한 수치심에 이르기까지 산재해 있는 문제로 씨름할 것이다. 드니스 린Dennis Lynn이 말했다. "성인이 되었을 때, 그런 사람들은 칭찬과 주목을 받아들이기 힘들다는 것을 깨달을지도 모른다. 심지어 숨고 싶은 느낌이 들지도 모른다. 그리고 그런 사람들은 실제로 자기가 얼마나 양심적이고 성공했는지를 떠나 스스로를 사기꾼처럼 느끼고 참 모습을 들킬까봐 두려워할 것이다. 아니면, 아버지가 자기의 존재를 발견하지 못해서 불행했던 사람들은 이유도 모른 채 평생 억지로 칭찬을 받고 주목을 끌고 싶어할지도 모른다."

수련회 동안, 나는 리치에게 돌아가신 아버지에게 편지를 써보라고 시켰다. 다음날엔 아버지의 입장에서 자기에게 편지를 써보라고 시켰다. 리치는 내 숙소 옆에 묵었는데, 그가 편지를 쓰면서 흐느끼는 소리가 너무 커서 나도 따라 울기 시작했다. 리치는 그 편지를 통해 아버지 생전에 받아보지 못한 사랑을 알았고, 아버지의 진심이 자기의 마음속으로 폭포수처럼 흘러들어가는 것을 느낄 수 있었다. 리치는 내 숙소로 와서 그 편지를 읽어주었다. 그의 얼굴은 눈물범벅이 되었다.

그 후에 나는 그에게 하나님 아버지에게 편지를 쓰라고 했고, 그리고 나서 하나님 아버지의 입장에서 자기에게 보내는 편지를 쓰라고 했다. 나는 수련회 마지막 날 밤의 저녁 식사를 결코 잊지 못할 것이다. 그때는 마치 축제 분위기와 같았다. 그의 검은 눈은 마노(석영, 단백석, 옥수의 혼합물)처럼 반짝거렸고, 얼굴은 환한 미소 탓에 행복한 주름으로 가득했다. 그는 내게 천진난만하게 말했다. "브레넌, 나는 자유로워요."

짐 스미스가 말한 것처럼, 리치가 맞닥뜨린 대부분의 고통은 너무 많이 보고, 너무 많이 느껴서 생긴 것이었다. 그의 어머니 네바는 이렇게 말했다. "그는, 다른 사람들이 그들 자신의 고통을 보기 전에 이미 그들의 고통을 볼 수 있었어요." 리치는 사람들이 그러는 것처럼 종종 외로움을 꾹 참았다. 하지만 그는 다른 사람들에게 잘 알려지지 않은 방식으로 참았다. 평범하지 않은 그런 감수성은 분명 축복이었지만, 동시에 그의 고민이기도 했다.

리치는 참 회개에 대한 값진 교훈을 주곤 했다. 언젠가 비오는 날, 그는 로드 매니저인 게이 퀴즌베리와 격렬하게 싸웠다. 험한 말들이 서로 오갔다. 리치는 사과하지 않고 밖으로 뛰어나갔다. 다음 날 아침, 게이는 잠에서 일찍 깼다. 그리고 창문 쪽으로 걸어가서 밖을 내다보았을 때, 리치가 자기네 정원의 잔디를 깎고 있는 걸 발견했다. 리치는 절대 말로만 미안하다고 하지 않았다. 그는 그것을 행동으로 보여주었다. (이 사건은 내게 상담하러 왔던 한 여성을 떠올리게 했다. 그녀는 자기 남편을 수

차례 부당하게 비난했고, 그런 일이 습관이 될까봐 두려워했다. 나는 그녀에게 '하나님의 아들 주 예수 그리스도시여, 이 죄인에게 자비를 베푸소서' 라는 옛 기도문을 알려주는 대신, 다음과 같이 물었다. "남편이 가장 좋아하는 디저트가 뭐죠?" 그녀는 약간 당황해하면서 대답했다. "당근 케이크요." 내가 그랬다. "남편에게 당근 케이크를 두 개 만들어주세요." 리치는 죄에 알맞은 벌을 주라고 내게 가르쳐 주었다.)

그는 부랑아의 길을 걸었다. 그는 자기 마음의 상처를 분명하게 알고 있었기 때문에 다른 사람들의 죄를 비판할 수 없었다. 그는 돈이나 물질적인 것들을 경멸했고, 자기가 번 돈을 아무도 모르게 기부했다. 나는 그런 정신을 내게로 옮겨 왔다. 남몰래하는 착한 행동 하나가 산더미처럼 늘어놓는 화려한 말보다 가치가 크다. 그리고 그것은 기도를 너무 열심히 하는 나머지 스페인의 작은 지역에 사는 아이들의 고통에 찬 비명 소리를 들을 수 없는 기독교인들의 모든 게으름보다 더욱 가치 있다.

짐 스미스는 리치의 인생을 소개하면서 전기를 피하는 현명함을 보여주었다. 그는 리치에 대해 아는 것과 그를 실제로 아는 것의 차이를 잘 이해하고 있다. 전기는 그 사람의 출생지, 가족, 학력, 습관, 외모 등을 자세히 다룬다. 하지만 그런 것들은 너무 분석적이기 때문에 하나님과 함께 살아가는 사람에 대해서는 아무 것도 말해줄 수 없다. 전기의 미숙한 경전화 작업 (canonization)은 리치를 진저리 치게 만들 것이다.

캐나다에 사는 어떤 사람이 내게 보낸 편지를 소개하고자 한다.

1년 전, 저는 죽고 싶었어요. 저는 여덟 살에 예수님을 영접했어요. 그러나 사랑 없는 기독교인으로 살았던 세월은 너무 힘들었어요. 환경에 적응하지 못했고, 실패와 고통으로 가득 찬 세월이었죠. 저는 아침이 오는 게 너무 싫었고, 기나긴 외로운 밤을 저주했어요. 제가 거룩하지 못하고 훌륭한 일을 하지 못해 하나님이 벌을 내리시는 거라고 생각했고, 저를 불경한 사람들을 위해 마련한 지옥으로 던지실 준비가 되었다는 것을 알았어요.

그러나 하나님은 신성한 약속에 의해 제 손에 리치 멀린스의 '기도서, 유산, 그리고 부랑아 밴드(A Liturgy, a Legacy and a Ragamuffin Band)' 라는 음악과 비디오를 쥐어주셨어요. 1995년 2월 2일, 저는 예수님을 만났고, 제 인생은 완전히 변했어요. 어떻게 마음이 변할까요? 전혀 가치 없던 것이 어떻게 가치를 가지게 될까요? 지금 이 편지를 쓰면서도 제 눈에는 눈물이 가득해요.

하지만 저를 더 흥분시키는 것은 그의 CD가 어떻게 다른 사람들의 삶을 바꾸는가 하는 것이었어요. 그것은 영국, 웨일즈, 시베리아, 프랑스, 핀란드, 그리고 아일랜드에 배포되었어요. 어떤 아일랜드 여성은 인생을 마칠 준비를 하고 있었는데, 지금은 점점 좋아지고 있어요. 그녀는 여태 한 번도 보지 못한 남자를 통해서 하나님이 어떻게 그렇게 강력하게 역사하실 수 있는지 너무 놀랍다고 제게 편지를 썼어요. 제 친구 폴이 프랑스에서 왔어요. 그는 손에 그 CD를 꽉 쥐고 눈물을 흘리며 "마침내 평안해졌어"라고 외쳤죠.

　멘토이자 친구로서 나는, 창조적인 아티스트이자 타고난 가수 겸 작곡가인 내 형제에게 경의를 표한다. 하지만 박수갈채가 끊어지고 모든 트로피를 더 이상 받지 못한 뒤에도 오랫동안 견디는 그의 한결같은 모습에 더 많은 경의를 표한다. 리치 멀린스, 그는 예수 그리스도의 증인이었다.

· 뉴올리언스에서 브레넌 맨닝 ·

by James BRYAN Smith

# 하나님의 사람이 되세요

리치 멀린스는 아일랜드의 황폐한 성(城) 사이의 언덕 위에 서 있었다. 그 아래에는 그의 친구이자 사진작가인 벤 피어슨Ben Pearson이 있었다. 벤이 리치에게 소리쳤다. "팔을 올려봐!" 그러자 리치는 마치 십자가 모양을 만들듯이 두 팔을 어깨 높이로 올리며 말했다. "예수님처럼 하라는 거야?" 벤이 큰 소리로 답했다. "아니, 조금만 내려봐." 리치는 팔을 약간 내렸다. 그때 갑자기 벤의 눈에 예상치 못했던 무언가가 보였다. 멀리서 바라본 리치의 모습은 마치 꼭 천국을 향하고 있는 화살처럼 보였다. 벤이 외쳤다. "이봐, 그렇게 하고 있으니까 화살처럼 보이는데? 천국을 똑바로 향하고 있는 화살 말이야."
벤은 찰칵하고 사진을 찍었다. 그것이 리치와 벤이 찍은 마지막 사진이었다.

그것은 사진 이상으로, 한 사람의 삶을 요약한 것이었다. 즉 그가 어떤 사람이었는지를 말할 수 있는 상직적인 것이었다. 리치는 폐허 가운데 서 있는 사람이었다. 바로 자신의 실수와 실패로 야기된 폐허 말이다. 세월의 사나운 위세의 결과인 폐허 말이다. 그 폐허 한가운데서 그는 천국을 향하고 있었다. 우리의 고통을 없애고, 상처를 치유하시는 하나님을 향하고 있었다. 이 땅의 폐허 위에 서 있을 때 그는 천국에서 불어오는 바람을 느꼈고, 자신이 지은 노래의 가사와 곡을 통해서 심지어 우리의 꿈보다 더 큰 무언가를 가리키고 있었다. 정말이지 그는 천국을 향하고 있는 화살이었다.

대부분의 사람들은 노래를 통해 리치를 알고 있다. 그는 CCM 분야에서 크게 히트했던 수십 곡을 만들었다. 누군가가 리치를 모른다고 하면 그저 '나의 주 크고 놀라운 하나님(Awesome God)'이라는 노래를 불러봐라. 그러면 대개 미소를 지으면서 다음과 같이 대답할 것이다. "오, 그 노래 알아요. 교회에서 불러요." 에이미 그랜트*Amy Grant*, 마이클 W 스미스*Michael W Smith*, 게리 채프먼*Gary Chapman*, 필 케이기*Phil Keaggy* 외 수많은 사람들, 기독교 음악 산업에 종사하는 리치의 동료들의 말에 따르면, 그의 노래는 이제껏 쓰인 것 중 가장 아름답고 가장 영감이 깃든 것이라고 한다.

그러나 대부분의 사람들은 가사와 곡 이면에 있는 리치의 사람됨을 모른다. 그가 지금 살아서 자신에 대해 이야기했으면 좋겠다. 나는 당신이 그를 알고, 그가 어떤 말을 듣고, 그가 어떻게 살았는지 알 기회를 갖길 바란다. 불행하게도 리치는 1997년 9월 19일, 교통사고로 이 세상을 떠났다. 그와 시간을 보낼 수 없었다면, 그의 생각을 이해하고 그가 그 생각을 어떻게 표현했는지 직접 목격할 만큼 충분히 가깝게 지내지 못했다면, 그가 어떻게 살았는지 보고 그가 무엇을 생각했는지 들어보라. 당신이 몰랐던 그의 삶을 알아보라. 그것이 바로 이 책을 쓴 이유다.

## 이 책이 나오기까지

리치가 세상을 떠난 지 1년이 지난 뒤에 많은 사람들이 그의 가족을 찾아가 말했다. "누군가 리치에 관한 책을 써야 해요." 책을 쓰는 게 유익할지 여부에 대해 수없이 토론하고 논의한 후에 그의 가족은 그의 삶이 책으로 만들어질 만한 충분한 가치가 있다는 데 동의했다. 1998년 가을, 리치의 동생 데이비드는 그러한 계획을 실행하는 데 관심이 있는지 나에게 물었다. 나에겐 정말 영광스러운 일이었다. 나는 리치가 이 땅에 있었던 마지막 몇 년 동안 친하게 지낸 친구들 가운데 하나다. 우리는 1990년에 친구가 되었고, 그는 1992년부터 1995년까지 나와 내 아내 모건과 함께 살았다. 1995년, 리치는 사역하기 위해 남서쪽에 위치한 나바호 인디언 보호구역 *Navajo reservation*으로 떠났다. 그러나 어떤 의미에서 그는 결코 우리 집을 떠난 게 아니었다. 몇 달에 한

번씩 돌아왔고, 파출리(patchouli, 인도산의 박하무리)의 향기와 소지품들을 우리 집 여기저기에 남기고 떠났으니 말이다.

나는 그가 우리와 함께 살았던 기간이 그의 삶에서 맞이한 최고의 시간 중 일부였을 거라고 믿는다. 그는 캔자스 주 위치타의 소규모 자유 인문대학인 프렌즈 대학*Friends University*에 다니며, 인디언 보호구역에 사는 아이들에게 음악을 가르치기 위해 음악 교육 분야의 학위를 취득하는 중이었다. 그는 마을의 작은 집에서 작사가이자 친구인 데이비드 스트래서(David Strasser, 비커*Beaker*로 더 잘 알려져 있음)와 함께 살았다. 나는 리치가 입학한 해에 프렌즈 대학에서 강의를 하기 시작했다. 그런데 솔직히 말하면, 나는 리치가 내 수업을 듣는 것이 매우 겁났다. 그것은 아인슈타인 앞에서 물리를 가리치는 것과 같았다. 대부분의 수업시간에 나는 그에게 분필을 건네주고 앉아서 그가 진행하는 수업을 듣고 싶었다. 그리고 가끔은 실제로 그렇게 했다.

비커가 결혼을 하자 리치는 살 곳이 필요했고, 그는 우리 부부가 살고 있는 다락방만한 아파트에 같이 살아도 되겠냐고 물어왔다. 우리 부부는 흔쾌히 허락했다. 그리고 그는 곧 우리 식구가 되었다. 그는 2년 반 동안 우리와 함께 살았고, 그와 나는 거의 매일 밤 (내 아내에게는 매우 화나는 일이었지만) 하나님과 삶의 의미, 교회, 우리가 좋아하는 작가들, 우리가 이해하기 위해 애쓰던 성경 구절 등에 대해 이야기를 나누었다. 그리고 그것은 때때로 새벽까지 계속되곤 했다. 지금 생각해 보면 그런 깊은 토론을 할 수 있었던 것은 내가 누린 큰 특권이었다.

# 이 책을 쓴 목적

리치의 가족을 방문한 후 나는 그에 대해 쓴 어떤 책도 (그를 성인으로 만들려고 시도하는) 성인전기가 되어선 안 된다는 것을 깨달았다. 그는 "저는 단지 부랑아에 불과해요. 저 말고 하나님을 의지하세요"라고 제일 먼저 말할 것이기 때문이다. 그리고 어떤 책도 (그의 생애를 연대기적 이야기로 기술한) 전기가 되어선 안 된다는 것을 알았다. 그렇게 되면 그를 중심으로 이야기를 하면서도 정작 그에게 중요했던 것에는 별로 중점을 두지 못하게 될 것이기 때문이다. 참고로 그에게 중요했던 것은, 사람들을 설득해서 하나님께로 가까이 이끄는 것이었다.

사람들에게 사인해줄 때마다 리치는 항상 다음과 같이 썼다. '하나님의 사람이 되세요(Be God's).' 그는 항상 그렇게 적었다. 대부분의 사람들은 착한 사람이 되길 원한다. 리치 역시 우리가 그것을 추구해야 한다고 믿었다. 그러나 그는 우리가 무엇보다 먼저 추구해야 하는 것은 착한 사람이 되는 것이 아니라 하나님의 사람이 되는 것이라고 믿었다. 우리가 할 수 있는 최고의 것은 우리를 열정적이고 무모하며 격렬하게 사랑하시는 하나님께 온전히 헌신하는 것이다. 나는 리치에게 가장 명예롭고, 독자들에게 가장 도움이 되는 책은 그에 대한 정보 이외의 것을 알려주는 종류의 책이라는 것을 깨달았다.

나는 이 책에서 그의 사실적인 삶보다는 그의 지혜를 더 많이 살펴보고자 한다. 이 책은 그의 삶에 관한 많은 일화뿐만 아니라 그가 했던 의미심장한 말들을 많이 담고 있다. 그가 했던 말들은 그가 살았던 방식과 함께 우리에게 큰 도전을 준다. 한 가지 바라는 것은, 그의 통찰력을 통해 당신이 당신의 삶을 뒤돌아보고 반성할 수 있게 되는 것이다.

이 책은 신앙전기라고 설명하는 것이 가장 바람직할 것이다. 이 책을 통해 독자들은 리치의 삶(그가 했던 일들이나 그가 간 곳들, 그가 사랑한 것들)에 대해 잘 알게 될 것이다. 그러나 그보다 더욱 중요한 것은 그가 무슨 생각을 했는지 알게 된다는 것이다. 그리고 이 책은 리치의 가족과 친구들의 인터뷰에 나타난 통찰력과 함께 그의 인생에 영향을 끼치고 믿음을 형성할 수 있도록 도운 여러 작가와 성인들의 글도 인용, 수록했다.

이 책을 쓰기 위해 준비하면서 리치가 했던 말이 실린 기사와 인터뷰를 많이 발견할 수 있어 매우 기뻤다. 나는 그것들을 연구한 후에 그가 자주 말했던 내용을 열 가지 주제로 요약할 수 있었다. 그것은 바로 가족의 중요성, 교회의 역할, 하나님의 사랑, 예수님의 인간적인 모습, 창조의 아름다움, 살면서 겪는 고통과 투쟁, 단순한 삶의 기쁨, 죄와 유혹에 맞서 싸우기, 서로 사랑하라는 명령, 죽음의 실체와 영생의 지복이다. 나는 이 열 가지 주제를 각 장에서 하나씩 중점적으로 살펴보고자 한다.


# 아니, 그것이 나를 바꾸고 있다

리치를 알았다는 것은 내게 큰 행운이었다. 그와 함께 먹고 마시고 숨을 쉬는 동안 나는 변했다. 지금 나는 내 가족을 더욱 경외하고 그들에게 감사한 마음을 갖는다. 그리고 교회를 향한 내 사랑은 더욱 깊어졌다. 브레넌 매닝이 말했듯이, 나는 '하나님의 격렬한 사랑(furious love of God)' 속에서 더욱 자유롭게, 그리고 기쁘게 산다. 나무 한 그루나 꽃 한 송이, 별 한 개를 볼 때마다 항상 하나님을 찬양한다. 나의 고통이나 주위의 걱정거리들까지 감사하는 마음으로 바라본다. 그것들이 내게 성장할 기회를 준다는 것을 알기 때문이다. 나는 마음속에 죄가 가득하다고 느낄 때 예수님과 친구들에게 의지하는 법을 배우고 있다. 그리고 다른 사람들을 판단하지 않고, 그들을 긍휼한 마음으로 바라본다. 나는 죽음을 두려워하지 않고, 지금까지 그랬던 것보다 더욱 천국을 갈망한다. 이 책을 쓰는 동안, 나는 전보다 더 하나님의 사람이 되었다고 생각한다.

이 책은 리치의 유일무이한 삶에 주의를 기울이도록 돕기 위해 만들어졌다. 하나님은 그의 삶과 그가 했던 말을 통해 독특하게 말씀하셨다. 비록 이 세상에서의 그의 삶은 끝났지만, 그의 영원한 삶은 이제 막 시작되었다. 나는, 이 책을 통해 당신이 리치의 삶을 인도하신 하나님께 더욱 가까이 나아갈 수 있기를 진심으로 바란다.

# Contents

*First Family :*
*Understanding His Roots*

절대 완벽한 부모님은 아니었어요.
단지 순전한 남자와 그의 아내였죠.
어쨌든 힘든 노동과 착한 사랑, 진정한 삶의 가치를
알았던 분들이었어요.

- '첫 번째 가정' 중에서

# 가족이라는 특별한 운명

당신의 혈통에 대해 잠시 생각해보라. 최소한 2세대나 3세대 전에 살았던 조상을 떠올려보라. 그들을 떠올릴 수 있는가? 어떻게 생겼고, 어디에 살았으며, 무슨 일을 했을까? 그들은 미래의 어느 날 당신이 존재할 거라고 꿈이나 꿀 수 있었을까? 그들은 무엇을 바라고 꿈꿨을까? 그리고 무엇 때문에 상처를 받았을까? 그들은 사랑에 빠졌거나 마음의 고통을 알았거나 기쁨을 맛본 적이 있었을까?

이런 질문에 대해 생각하다 보면 결국 조상들이 실제로 존재했었다는 것을 깨닫게 된다. 리치가 자신의 유산을 의식한 것은 그의 영적 여정에 큰 영향을 끼쳤다. 그는 고조부님이 미국에 온 일과 아일랜드, 영국, 프랑스적인 유산에 대해, 그리고 아버지의 애팔래치아식 교육에 대해 관심이 매우 많았다.

한 인터뷰에서 리치는 다음과 같이 설명한 적이 있다.

## 66 Rich...

몇 세대를 거슬러 올라가면 프랑스에 살았던 쌍둥이 고아 형제가 있어요. 십대 때 그들은 더 나은 삶을 열망하며 미국행 배에 몰래 올라탔죠. 그중 한 분이 바로 제 고조 할아버지에요. 저는 뉴욕에서 처음으로 자유의 여신상을 봤을 때 굉장히 깊은 인상을 받았어요. 그때 그것을 보면서 저는 엘리스 아일랜드에 서 있는 열다섯 살이나 열여덟 살된 두 명의 쌍둥이 형제를 생각했어요. 그들은 새로운 삶을 시작했어요. 심지어 그 나라 언어조차 몰랐죠. 그리고 세월이 흘러 손자·손녀를 둔 여든 살의 할아버지가 되어 더 나은 삶에 대한 꿈이 이루어졌음을 알게 됐을 때, 그들이 과연 어떤 느낌이었을지 궁금했어요.

링컨 기념관을 처음 방문했을 때도 기억나요. 연설문을 읽기 위해 안으로 들어가기 전에 아마 3시간이나 4시간쯤 계단에 앉아 있었을 거예요. 저는 특별히 애국심이 강한 사람은 아니었지만, 그것은 저항할 수 없는 경험이었어요. 저는 미국이 '하나님의 나라'라는 것을 몰랐지만, 미국에서 교회의 영향력은 매우 강했고 우리는 그 영향력 때문에 삶이 신성하다는 것과 개인이 존엄하다는 것을 믿는다고 생각했어요. 이것이 우리 유산의 일부에요. 자유의 여신상을 처음 봤을 때, 그리고 링컨 기념관 앞에 서 있었을 때 그렇게 생각했지요. 그런 이념 때문에 미국으로 이주해온 수백만 명의 사람들을 상상해봐요. 내 계보를 거슬러 올라가면 어느 시점에서 조상들이 여러 나라에서 완전히 새로운 나라로 이주해왔다는 것을 알 수 있어요. 그들 중 누군가가 새로운 나라로 오지 않았다면 나는 결코 태어날 수 없었을 거예요. 최소한 지금의 제 모습으로는 성장하지 않았을 거예요 [1]. **"**

## 패밀리 트리

　어릴 때 맨 처음 배우는 것 중 하나는 이름이다. 우리를 있게 한 조상들의 이름과 그들이 살았던 시대, 출생과 죽음을 발견하면, 우리를 과거와 연결하는 성(姓)은 보잘것없는 것이 된다. 그러나 계보의 가지를 형성하는 조상들은 이름 이상의 의미를 가진다. 리치는 그들이 어떤 사람들이었고, 어떤 꿈을 꾸었으며, 어떻게 살았고, 무엇을 사랑했는지에 관심을 가지게 되었다.

　우리의 몸속에는 오래전에 세상을 떠난 많은 남자와 여자들의 유전자가 있다. 미국 사람들의 대부분은 세계 곳곳에서 왔다. 리치는 어린 아이였을 때부터 이미 그들에 대해 듣기를 원했다. 어떤 이들은 조상들이 왕이나 여왕, 유명한 영웅 중 하나이길 바라는 마음으로 그들의 뿌리를 추적한다. 그들의 마음을 타오르게 하는 것은 대부분 자긍심을 갖기 원하는 욕구이지만, 리치에게 그것은 실제로 그 반대의 의미다.

## Rich...

나는, 유산을 살피다 보면 자긍심으로 우쭐해지는 것 대신 실제로 매우 겸손해진다는 사실을 알았다. 만일 당신이 조상들의 삶을 자세히 살펴본다면 "그들이 다른 사람과 결혼했다면, 그들이 다른 곳으로 이사 갔다면, 그들의 삶이 조금 달랐다면, 나는 여기에 있지 않았을 거예요"라고 말하게 될 것이다. 당신이 진 빚은 그리 크지 않고, 그것을 갚아야 한다는 압력도 없지만, 당신은 그것을 갚는 과정 중에 있다. 당신은 세상에 절대 혼자 살지 않는다. 당신은 전체를 이루는 한 부분이다. [2] "

리치는 자기가 태어난 것이 수세기에 걸쳐 이루어진 끊임없는 결정의 산물이라는 것을 깨달았다. 우리 조상들 중 하나가 다른 사람과 결혼했거나 자식을 낳지 못했다면, 우리는 지금 여기에 없었을 것이다. 이것은 리치에게 놀라운 깨달음이었다.

## 인생의 뜻밖의 발견

리치는 인디애나 주 리치몬드 근교의 작은 마을에서 자랐다. 그의 가족이 그곳에 정착할 수 있었던 것은 그에게 뜻밖의 행운이었다. 그는 그에 대해 다음과 같이 말했다.

## " Rich...

할아버지가 광부였기 때문에, 아버지는 켄터키 주와 버지니아 주를 왔다 갔다 하면서 자랐어요. 그런데 아버지가 열네 살 때, 할아버지가 집에 오시더니 할머니에게 이사갈 거라며 트럭에 짐을 실으라고 하셨죠. 짐을 꾸려 출발한 후에 할머니가 물었죠. "존, 대체 어디로 가는 거예요?" 할머니는 다시 버지니아 주로 돌아가고 있다고 생각했는데, 그게 아니었던 거예요. 이에 할아버지가 대답했어요. "그게 말이야, 로즈, 실은 디트로이트로 가는 중이야." 할머니는 "왜 디트로이트로 가는 거죠?"라고 다시 물었죠. 할아버지는 "내 아들들을 광부로 키우고 싶지 않아"라고 말했어요. 그래서 그들은 가능한 한 인디애나의 가장 먼 곳으로 가기로 했는데, 그만 연료가 바닥이 나고 말았어요. 그래서 제가 이곳에서 태어난 것이죠. [3] "

우리의 인생은 단지 조상들이 누구와 결혼했는지에만 달린 게 아니다. 심지어 우리가 사는 곳은 연료 탱크에 연료가 얼마나 채워져 있는지에 의해 결정될 수도 있다. 리치에게 이런 모든 과정은 어리둥절했지만, 그는 그 과정을 통해서 겸손해졌다. 아무튼 무수히 많은 결정을 내려야 하는 상황 속에서 하나님은 우리가 언제 태어나야 하는지를 택하신다. 성경은 땅의 기초가 놓이기 전에 하나님이 우리의 존재를 미리 알았다고 말한다(엡1:4~5). 비록 그것이 인간의 선택에 의해 우연히 일어난다고 할지라도 말이다.

대대로 전해 내려오는 것은 우리의 삶을 결정한다. 리치의 외증조부는 머리가 좋고 공부를 열심히 해서 의사가 되었다. 그러나 일련의 사건들을 겪으면서 알콜중독에 빠졌다. 그는 더 이상 의사의 직업을 유지할 수 없었기 때문에 다른 일을 하긴 했지만, 때때로 장남(리치의 할아버지)에게 가족을 돌볼 책임을 떠맡긴 채 몇 주씩 사라지기도 했다.

리치는 한 인터뷰에서 이에 대해 말한 적이 있다. "유산은 우리의 힘으로 어쩔 수 있는 게 아니에요. 그냥 전해 내려오는 것이죠. 저의 증조할아버지가 알코올 중독에 빠졌다는 것에 대해 왈가왈부할 권리가 없어요. 할아버지와 할머니가 켄터키 주에서 인디애나 주로 이사 갔다는 것 역시 마찬가지구요. 우리가 떠맡은 온갖 종류의 사건들이 우리에게 부담을 지우고, 때로는 그것을 통해서 세상을 바라보는 방식이 형성되죠. 하지만 우리는 그것에 대해 이렇다 저렇다 할 수 없어요.[4]"

우리는 자기 자신만의 힘으로 성공했다고 말하지만, 우리는 의존적인 피조물이다. 스스로 운명을 결정한다고 생각하고 싶지만, 실제로 운명이 결정되는 과정에서 우리가 할 수 있는 일은 거의 없다. 오히려 우리의 부모님과 형제, 친척, 이웃이 우리가 앞으로 어떤 사람이 될지에 엄청난 영향을 미친다.

성경은 계보로 꽉 차 있다. 비록 그것을 읽을 때에는 재미없고 무미건조하다는 생각이 들지만, 그것이 필요한 이유는 분명히 따로 있다. 성경의 저자들은 우리가 쉽게 잊고 있는 것을 알고 있었다. 그것은 우리가 현재에도 진행되는 과정의 일부라는 것과 존재하기 위해서는 다른 사람들에게 의존해야 한다는 것, 그리고 우리의 정체성이 계보와 관련되어 있다는 것이다. 고조부모의 피가 우리 혈관에 흐르고 있고, 그들의 어떤 부분이 우리 속에 계속 남아 있다.

## 아버지와 어머니

부모만큼 우리 삶에 영향을 미치는 사람은 없다. 리치는 1955년 10월 21일, 인디애나 주의 리치몬드 근교의 한 작은 마을에서 태어났다. 그의 부모는 존과 네바 멀린스이고, 그들은 리치의 이름을 리처드 웨인 멀린스*Richard Wayne Mullins*라고 지었다. 그러나 가족들은 그를 그냥 웨인이라고 불렀고, 그래서 그는 대학에 들어갈 때까지 웨인으로 통했다. 그의 대학 친구들은 그를 리처드라고 불렀다. 그리고 음악을 시작했을 때에서야 사람들은 그를 간단히 리치라고 불렀다. 그러나 그는 평생 가족들에게는 웨인이라고 불려야 한다고 주장했다. 언젠가 리치가 집에 갔을 때 조카딸이 "안녕하세요, 리치 삼촌"이라고 말하며 인사를 건넨 적이 있다. 그러자 그는 조카딸을 부드럽게 타일렀다. "너와 함께 있을 때 내 이름은 웨인이란다." 그것은 리치가 가족의 정체성을 지키고, 그의 뿌리에 스스로를 연결시키는 방법이었다. 네바 멀린스는 믿음이 두텁고 성실하기로 소문났고, 굉장히 과묵했다. 그녀는 대대로 침묵, 검소, 비폭력을 강조하는 퀘이커교 집안 출신이다. 리치의 아버지 존 멀린스는 1991년 봄에 죽었

31

다. 그때까지 그는 열심히 일하고 정직하기로 잘 알려져 있었다.

리치는 어머니와 매우 친했다. 그는 어머니에게서 자기가 갈망하는 이상적인 것을 많이 발견했다. 어머니는 상냥했고 아이를 잘 보살폈다. 그리고 매우 지적이었지만 그것을 크게 떠들지 않았고 목소리를 높인다든지 욕설을 한다든지 하는 행동을 거의 하지 않았다. 그는 어머니가 예의 없는 여자에게 친절하게 대한 것을 떠올리며 말했다. "알다시피 어머니는 훌륭한 분이셨어요. 그러니까 어머니가 그런 여자와 친구라는 게 말이 안 되죠. 그래서 제가 물었죠. '엄마, 그 여자가 이상하다고 느낀 적 없어요?' 그러면 어머니는 '물론, 느낀 적 있지!' 라고 대답하셨죠. 여기에 이상적인 원리가 담겨 있어요. 속물근성(금전이나 명예를 최우선으로 하며 눈앞의 이익에만 관심을 가지는 성질)으로는 아무도 하나님 나라에 들어가지 못한다는 거예요. 우리는 사랑을 통해서 그리스도를 알게 돼요. 저는 정말로 그렇게 믿어요.[5]"

그리고 리치는 어머니의 사랑 때문에 하나님 나라에 들어갔다. 실제로 멀린스 집안의 모든 자녀들은 그녀의 믿음과 헌신의 힘을 입증한다. 리치의 누나 데비 가레트 *Debbie Garrett*는 말했다. "어머니는 저를 낳으셨을 뿐만 아니라 저에게 하나님과 함께 살 수 있는 삶을 주셨어요." 네바의 특징인 온유함과 거룩해지고자 하는 소망은 리치에게 극적인 영향을 끼쳤다.

존 멀린스는 처음에는 연장 제작공 겸 염색공으로 일하다가 생의 후반부에는 보육원을 경영했다. 리치는 어려운 환경에서 자란 아버지를 존경했고, 아버지의 애팔래치아식 양육 방식에 호기심을 가졌다. 그는 자기와 매우 다른 아버지가 어떤 분인지 이해하기 위해 열심히 노력했다. 그는 다음과 같이 말했다.

## 66 Rich...

　아버지는 애팔래치아 지방 사람으로 늘 공손하게 말했어요. 중학교 때에는 아버지 때문에 늘 당황스러웠어요. 그는 한 번도 옷을 제대로 갖춰 입으신 적이 없었어요. 몸에 딱 맞는 옷을 가진 적이 없었으니까요. 그리고 손톱에는 항상 때가 껴 있거나 기름이 묻어 있었어요. 고등학교 3학년 때, 아버지가 자란 켄터키 주의 장례식에 간 적이 있어요. 아버지는 감상적인 분이 아니었는데 갑자기 길가에 차를 세웠어요. 우리는 주위를 잠시 걸어 다녔고, 그때 아버지가 말했어요. "완전히 변했구나. 여기 어딘가에 수영할 수 있는 웅덩이와 그네를 매달아놓은 포도나무 한 그루가 있었는데…." 저는 그때서야 아버지도 어린 아이였던 때가 있었다는 것을 새삼 깨달았죠. 그 당시 성경 말씀 중 가장 확신을 주는 것은 '네 부모를 공경하라'였어요. 그리고 그 말씀이 아버지와 어머니를 공경하지 못하면 아무도 공경하지 못한다는 것을 의미한다는 것을 최근에서야 깨달았어요. 우리는 자신의 유산을 체념하고 받아들인 후에야 비로소 평온해질 수 있어요. 그것은 실제로 획기적일 만큼 제게는 새로운 발견이었죠. 따라서 제가 해야 했던 일은 애팔래치아 지방의 생활을 이해하는 것이었어요. 평생 낯설기만 했던 아버지에 대해 더 많이 알기 위해서 말이죠. 6 99

　아버지의 애팔래치아식 양육 방법을 이해하기 위해 리치가 우선 선택한 것은 덜시머(사다리꼴의 현이 달린 타악기의 일종)를 구입해서 제대로 치는 방법을 배우는 것이었다. 세월이 흐르면서 그 악기는 리치 음악의 중요한 부분이 되었다.

부모님도 어린아이였을 때가 있었고, 외로움이나 두려움을 느꼈으며, 자기 자신을 알지 못했던 때가 있었다는 것을 문득 깨달았을 때, 리치는 굉장히 낯설어했다. 하지만 그런 느낌은 리치가 아버지를 이해할 수 없었던 많은 부분들이 그의 출신을 자세히 살펴봄으로써 알 수 있다는 사실을 깨닫는 데 도움이 되었다. 부모님 역시 인간이라는 것을 깨닫는 것은 삶에서 얻는 굉장히 큰 유익이다.

리치는 아버지의 직업·윤리관, 특히 그의 겸손함을 인정했다. "아버지는 자기가 어떤 사람인지 잘 알았고, 자신의 약점과 단점에 대해 매우 정직한 분이셨어요. 결코 자기가 아닌 다른 사람처럼 행동하지 않았죠.[7]" 리치를 잘 아는 사람들은 대부분 리치가 다른 사람들보다 훌륭하다면 그것은 분명 정직함 때문일 것이라는 데 절대적으로 동의한다. 때때로 그는 굉장히 무뚝뚝했다. 그리고 스스로 상처받기 쉬운 연약한 상태에 놓일 수 있을 만한 용기를 가지고 있었다. 그는 이런 성격을 아버지에게서 보았고, 그것은 그의 성격의 일부를 이루었다.

리치의 부모님은, 리치가 음악을 매우 사랑하고, 뛰어난 음악적 재능을 가지고 있다는 것을 알았다. 그 후에 그에게 음악 레슨을 권유한 것은 아버지였다. 그래서 아버지는 레슨비를 마련하기 위해 열심히 일했다. 리치의 어머니 역시 할 수 있는 일은 무엇이든 다 했다. 피아노 레슨비를 마련하기 위해 외투를 입지

않고 겨울을 지낸 적도 있었다. 이 일화에 대해 물었을 때, 그녀
는 다음과 같이 답했다. "글쎄요, 그다지 외투가 필요하지 않았
었나 보죠."

리치는 부모님에 대해 다음과 같이 말했다.

## 66 Rich...

저희 부모님은 정말 현명하셨다고 생각해요. 실제로 당시에
는 매우 진보적이었던 것 같아요. 부모님은 무엇이 저를 움직이
고, 제가 어떤 사람이 되어야 하고, 삶을 어떻게 생각해야 하는
지에 대해 제가 알기를 바라셨어요. 그분들이 제게 정말로 원했
던 것은 제가 마땅히 되어야 할 사람이 되는 것이었을 거예요.
많은 부모들은 자녀들에게 청사진을 건네면서 "너는 이렇게 해
야 한다"고 말해요. 그런데 저희 부모님은 그림을 그리시고 이
렇게 말하셨던 것 같아요. "여기에 인생의 좋은 것들이 있단다.
너는 그 곳에 어떻게 도달할 거니?[8]" 99

리치는 부모님의 결혼 40주년을 기념하는 노래를 만들었다.
이 노래를 들으면 그가 부모님께 얼마나 감사했는지를 충분히
느낄 수 있다.

# 첫 번째 가정

우리는 여기에 도착한 첫 번째 가정이었죠
5인승 자동차에 일곱 명의 사람들이 꽉 끼어 탔어요
목욕하고 면도할 수 있는 욕실도 하나뿐이었죠
나머지 여섯 명은 줄을 서서 기다렸죠
뜨거운 물도 세 명이 쓸 만큼만 있었어요
하지만 우리는 모두 행복했어요

당신의 기적에 대해서 말해보세요
당신의 믿음에 대해서 말해보세요

아버지는 농사를 지으셨어요
인디애나 주에서요
어머니는 옥수수 빵과 콩만으로도
미식가들이 먹을 법한 맛있는 음식을 만들 수 있었어요
부모님은 믿음을 물려주시기 위해 열심히 노력하셨어요
그리고 어쨌든 믿음은 성장했죠

아직도 아버지가 욕하는 말이 들려요
아버지는 헛간에서 늦게까지 일하고 계셨죠
씨를 심는 봄이 다가오고 있었어요

가족이라는 특별한 운명

그래서 트렉터는 움직이지 않고 있었죠
어머니는 빨래를 다 하셨어요
빨래가 빨랫줄에서 흔들리는 게 보여요
부모님은 고통스럽고 힘든 세월을 겪는 내내 함께 하셨어요

그리고 부모님은 다섯 명의 자녀를 키웠죠
어느 해 겨울, 아들 하나를 잃었죠
하지만 그러한 고통이 부모님을 무력하게 만들진 못했어요
그리고 상처는 부모님을 더욱 강하게 만들었죠
결코 완벽한 부모님이라고 말할 순 없어요
단지 순전한 남자와 그의 아내였죠
어쨌든 힘든 노동과 착한 사랑,
진정한 삶의 가치를 알았던 분들이셨죠

당신의 기적에 대해서 말해보세요
당신의 믿음에 대해서 말해보세요
아버지는 농사를 지으셨어요
인디애나 주에서요
어머니는 옥수수 빵과 콩만으로도
미식가들이 먹을 법한 맛있는 음식을 만들 수 있었어요
부모님은 믿음을 물려주시기 위해 열심히 노력하셨어요
그리고 어쨌든 믿음은 성장했죠

　존은 분명 이 노래를 매우 좋아했다. 하지만 어느 날, 그는 네

바를 돌아보며 이렇게 말했다. "왜 당신은 맛있는 음식을 만드는 사람으로 나오고, 나는 헛간에서 욕지거리나 하는 사람으로 나오는 거야?"

네바가 대답했다. "진실은 원래 아픈 법이잖아요. 안 그래요?"

가사에 나와 있듯이 존과 네바 멀린스 부부는 다섯 명의 자녀를 길렀고, 아들 브라이언을 잃었다. 그는 태어난 지 얼마 안돼 척수막염으로 죽었다. 리치는 브라이언이 죽었을 때 고작 두 살이었지만, 그는 커가면서 어떻게 '부모님이 고통을 이겨냈는지'를 찬양했다. 그리고 실제로 그 '상처는 부모님을 더욱 강하게 만들었다.' 존과 네바는 '단지 순전한 남자와 그의 아내'였는데 리치에게 믿음을 유산으로 물려주었고 그 믿음을 실천할 수 있는 힘과 경건의 본을 한결같이 보여주었다.

성경에는 부모에 관한 계명과 약속이 나와 있다. '네 부모를 공경하라 그리하면 네 하나님 여호와가 네게 준 땅에서 네 생명이 길리라'(출20:12) 리치는 어머니를 깊이 존경했고, 어머니를 사랑하는 마음이 끊이지 않았기 때문에 어머니를 공경하는 일이 매우 쉬웠다. 하지만 아버지의 경우에는, 분명히 그를 존경했음에도 십대를 지나는 동안 그를 공경하기는 어려웠다. 가장 큰 이유는 아버지가 자기에 대한 사랑을 잘 표현하지 못한다는 것이었다. 네바는 다음과 같이 설명했다. "존의 세대 남자들은 자식들에게 마음을 표현하지 않았어요. 자식에게 아무 말도 하지 않는 한 그 애를 사랑한다는 것을 나타냈죠. 주로 자식에 대한 사랑을 표현하는 것은 어머니였어요. 그 당시 남자들은 절대 표현하지 않았어요. 그런 관습이 변한 것은 매우 다행이라고 생각해요."

'완벽한 부모' 밑에서 자란 사람은 아무도 없다. 부모도 인간이다. 이것은 그들도 근시안적이고 편협할 수 있으며, 모든 것을 알지 못하고 모든 것을 보지 못하며, 우리 주변의 사람들처럼 이기적이고 죄로 물들었을 수 있다는 말이다. 하나님이 우리에게 부모를 공경하라고 명령하신 이유가 무엇일까? 그것은 좋든 싫든 부모는 하나님이 주셨고, 그래서 그들을 공경하는 것은 하나님을 공경하는 것이라는 사실과 관계가 있다. 그리고 그것은 우리가 남에게 의존해서 살 수밖에 없는 존재라는 것을 지각하면서 사는 것이고, 그럼으로써 교만을 없애는 것이다. 그렇게 해야 올바르게 살 수 있는 것이다.

하나님은 가정이라는 제도를 만드셨다. 가정은 하나님이 고안한 것이고, 가정이 적절하게 작용하기 위해서 부모는 자녀를 훈육하고 돌보아야 한다. 그리고 자녀는 부모를 공경하고 부모에게 순종해야 한다. 이 두 가지 일이 동시에 일어날 때, 그 안에 조화가 나타난다. 그런데 그 두 가지 중 하나가 없거나 두 가지 모두 없으면 혼돈이 생긴다. 항상 그렇다. 부모를 공경하라는 명령은 고통스러운 짐이 아니라 행복해지기 위한 조건이다. 그것이 바로 계명이 약속을 수반하는 이유다.

리치의 아버지는 결코 리치를 사랑한다고 말하지 않았다. 그리고 그것이 리치를 화나게 했고, 아버지와 멀어지게 했다. 그러나 켄터키 주로 떠난 여행은 리치가 아버지를 한 인간으로, 한때 어린 아이였던 사람으로, 그리고 처한 환경의 부산물로 보는 데 도움이 되었다. 리치는 비록 아무 말도 하지 않았지만, 아버지가 자기를 사랑했을 거라고 분명히 생각했다. 아버지는 다만 그런 교육을 받지 않았던 것일 뿐이다.

둘의 관계는 분명 힘들었지만, 나중에 생의 막바지에서 그는 아버지와 평안한 관계를 가지게 되었다. 리치는 생의 마지막 1년 동안 브레넌 매닝과 함께 개인적인 수양을 떠났다. 브레넌은 리치에게 몇 가지 할 일을 줬는데, 그중에는 아버지에게 편지를 쓰는 것과 마치 아버지가 그에게 답장을 하는 것처럼 편지를 쓰는 것이 있었다. 나중에 리치는 이것이 살면서 겪은 치유 중 가장 큰 것이었다고 말했다. 아버지가 자기에게 보낸 것처럼 쓰는 편지에 '웨인에게'라는 말을 썼을 때, 그는 자기도 모르게 흐느껴 울기 시작했다. 그 편지는 다음과 같다.

*Letter*
*RICH MULLINS*
*His Life and Legacy*
웨인에게

내가 네게 누차 말했듯이 가난한 것은 절대 부끄러운 게 아니다. 다만 불편할 따름이지. 돈이나 지식, 용기, 그 밖의 다른 것들 역시 마찬가지다. 내가 너무 가난해서 때로 네가 힘들었을 거라고 생각한다. 나는 사람들이 상상할 수 없을 만큼 나와 다르다는 것을 꿈에도 몰랐단다. 네가 소리와 리듬, 느낌, 생각에 관심이 있었고, 내가 기계와 송아지, 옥수수에 관심이 있다는 것을 짐작할 수 없었으니까. 다시 말해 나는 주위의 사물들을 느낄 시간이 없었고, 마음보다는 머리가 먼저 앞서는 사람이었기 때문에 그런 것들이 가치 있다고는 한 번도 생각해 보지 못했단다. 하지만 나는 너를 소중히 여겼다. 단지 너를 몰

가족이라는 특별한 운명

랐을 뿐이지. 나는 너를 내가 만든 갑옷에 딱 맞게 하기 위해 애썼고, 너는 물매로 골리앗과 맞서야 했지. 나는 나중에서야 내 실수 때문에 당황스러워했다. 다정해야 한다는 것을 몰랐었다. 내게 그것은 곧 부드러운 것이었다. 하지만 나는 남자는 엄해야 한다고 생각했어. 나는 강철의 단단함은 알았지만, 부드러움이나 그것을 유지하는 데 필요한 용기는 몰랐단다. 그리고 너를 다른 사람들이랑 비교하는 것이 악마가 저울 위에 손가락을 올려놓은 것이었다는 것을, 또는 그가 상상력이 없는 나를 이용했다는 것을 몰랐단다. 설령 그게 말이 안 된다고 생각할지 모르지만 정말이다. 아무튼 나는 네 걸음걸이가 우스웠거나 네 어깨가 앙상했던 것은 전혀 기억나지 않는구나. 정말 그랬었니? 누가 관심이나 있었으려고.

  네가 좋아했던 영화가 있었지. 나는 영화를 그리 좋아하지 않았지만, 지금은 좀더 좋아하게 되었단다. 그 영화에서 어떤 심리학자가 '고통' 을 뜻하는 그리스어에서 어떻게 '열정' 이라는 말이 유래했는지 말하는 장면이 나왔다. 그리고 그는 고통을 없애기 위해 열정을 죽이길 원치 않는다고 했어. 음, 이것을 너의 고통에 대해 얘기할 기회로 삼아 미안하구나. 나는 아들에게 고통을 준 몇 명의 아버지들과 여기에 함께 있단다. 아브라함은 이삭에게 고통을 주었고, 이삭은 그의 아들들에게, 노아는 함에게. 다윗은 압살롬에게, 심지어 전능하신 하나님도 그의 아들 예수님에게 고통을 주었단다. 네가 누군가를 사랑한다면 분명히 그에게 상처를 줄 거야. 인생이란 다 그런 거란다.

고통을 당할 때 담대하라. 물론 너는 충분히 담대하니까 내가 따로 말할 필요는 없겠지. 네가 고통으로부터 도망치지 않은 것이 자랑스럽다. 하지만 계속 담대할 수 있게 노력해라. 늙은 사울처럼 되지 말아라(그는 정말 요나단을 엉망으로 만들었다). 단단하고 무거운 갑옷을 입는 소년이 되지 말고, 물매를 휭휭 가볍게 휘두르면서 용감하게 믿고 나아가거라. 태양이 궤도를 따라 움직이는 것처럼 우아한 사람이 되거라. 나는 꿋꿋하게 서 있을 만큼만 난 강했다. 하지만 너는 날 수 있을 만큼 충분히 강해졌으면 좋겠다. 고통(열정)은 너를 파괴하지 않는다. 네가 스스로 널 파괴하지 않는 한 말이다. 그것은 어디까지나 네 선택에 달려 있다는 것을 명심해라.

전에 네게 이런 편지를 보냈었지. '1955년 10월 21일, 리처드 네가 나를 매우 자랑스러운 사람으로 만들어주었다. 그리고 그 후로도 여러 번 그렇게 해주었고.' 그걸로 충분하진 않았지만 그것은 분명 내 진심이었다. 그것은 여기에 증인들이 많으니까 아무에게나 물어보면 될 것이다. 나는, 자랑이 지나쳐서 그들이 나를 쫓아내려고 할 때까지 너를 자랑했다. 다른 자식들도 마찬가지지만, 너는 내 열정이다. 상처 없이 사랑할 수 있을 거라고 생각했지만, 그러지 못했다. 사랑은 빛이고 살아 있다. 그리고 그것은 절대 고통 없이 오지 않는다. 하지만 사랑의 고통(열정)은 그리움의 고통이자 의에 대한 굶주림이란다. 얼마나 선한 의로움이 나를 바라보고 있는지 네가 보아야 한다. 네 어머니는 아마 기절할 것이다. 지금 네 안에서 그것을 보니 기뻐서 눈물이

나고, 가슴이 터질 것 같구나. 이 점을 알아주기 바란다. 이 점을 말이다.

· 사랑한다 아버지가 ·

네바는 다음과 같이 회상한다. "집을 떠나 있는 동안 웨인은 머리를 길게 길러서 종종 묶었어요. 남편은 그것을 너무 싫어했는데, 그래서 남편과 웨인은 그 일로 가끔 다퉜죠. 그리고 결국 그것에 대해 아무 말도 하지 않기로 했어요. 몇 년 후에 나와 존은 웨인의 콘서트에 갔었는데, 웨인은 우리가 왔는지 몰랐어요. 존이 웨인 뒤로 가서 묶은 머리를 부드럽게 잡아당겼죠. 웨인은 돌아서서 자신을 향해 방긋 웃고 있는 아버지를 보았어요. 웨인은 아버지가 자신을 사랑하고 받아들인 순간이 그때라고 내게 말했어요. 실제로 그 일이 두 사람에게 전환점이 되었죠."

리치와 존이 천국에 함께 있다고 생각하는 것은 멋진 일이다. 리치가 천국 문으로 들어올 때, 분명히 존이 제일 먼저 그를 마중 나왔을 것이다. 그가 리치를 오랫동안 꽉 껴안고 있는 모습이 그려진다. 어쩌면 리치의 뒤로 가서 묶은 머리를 잡아당겼을지도 모른다.

# 리치가 사랑한 것 : 음악과 교회

이 세상에서 살아남기 위해 배워야 하는 것 중 하나는 우리의 고유성, 재주, 재능을 발견하는 것이다. 리치의 경우, 음악이 열정이 되곤 했다. 그는 음악을 통해 가장 높은 뜻을 성취했을 뿐만 아니라 자기의 고통도 제거했다. 그는 어렸을 때부터 비상한 음악적 재능을 나타냈다.

리치의 누나 데비는 가족들이 그의 음악적 재능을 처음 깨달았던 때를 다음과 같이 설명한다. "제가 열 살쯤, 웨인이 네 살이나 다섯 살쯤 되었을 때, 제가 피아노 레슨을 받고 있었어요. 선생님이 찬송가 '때 저물어 날 이미 어두니(Abide With Me)'를 연습하라고 시켰죠. 그런데 아무리 연습해도 똑같은 부분에서 자꾸 틀리는 거예요. 저는 낙심한 채 일어나서 다른 방으로 갔어요. 어머니는 부엌에서 일하시는 내내 피아노 소리를 듣고 계셨죠. 잠시 후, 어머니는 실수 없이 연주하는 피아노 소리를 들었고, '오, 데비! 드디어 해냈구나'라고 말했어요. 그리고 방으로 걸어들어 가셨는데, 어린 웨인이 찬송가를 치고 있었죠. 웨인은 그 방에 앉아서 매우 오랫동안 제가 연습하는 소리를 듣고 어떻게 쳐야 하는지 알았던 것이죠."

───────────────────────────────

가정이란 무엇인가? 자녀들의 웃음이요, 어머니의 노래요, 아버지의 힘이다. 가정은 첫 번째 학교이고, 사랑의 하나님에 대해 배우는 첫 번째 교회다.  · 에르스티네 슈만 하인크 *Ernestine Schumann Heink* ·

───────────────────────────────


**66** Rich...
아주 어렸을 때부터 음악을 좋아했어요. 옆집에 증조할아버지와 할머니가 살았는데, 거기에 피아노가 있었어요. 저는 항상 거기에 가서 피아노를 치곤 했어요. 아버지는 제가 피아노 치는 것을 싫어하셨던 것 같아요. 아버지는 제가 경마 기수가 되기만을 바라셨거든요. 그런데 그럴 기미가 전혀 보이지 않았죠. 결국 아버지는 그냥 포기하신 것 같아요. 그리고 나서 초등학교에 들어갔을 때, 아버지가 위로의 선물로 피아노 레슨을 시켜주셨어요. 그때, 위로의 상이 대회에서 받는 대상보다 훨씬 낫다는 것을 알았죠.[2] 🎵🎵

때때로 부모는 우리와 맞지 않는 계획을 세운다. 리치의 아버지는 농부이자 운동선수였다. 그렇다 보니 아들이 자기와 똑같이 되기를 기대했고, 어쩌면 그것은 당연했다. 자기의 성질과 다른 것에 열정을 가진 아들이 있다는 사실을 받아들이기 힘들었을 것이다.

리치는 특히 농사일에 서툴렀다. 가족들 모두 그의 서투름과 관련된 일화를 하나씩 가지고 있다. 한 번은 리치가 트랙터를 타고 있는데, 왜 그런지 바퀴가 빠져버렸다. 또 한 번은 리치의 아버지가 나무를 심기 위해 밭에 구덩이를 몇 개 파놓았다. 그런데 리치가 그 근처에서 트랙터를 몰다가 바퀴 하나가 아닌 네 개를 모두 구덩이에 빠뜨렸다. 그래서 움직이지 못하고 있다가 나중에 아버지가 끌어내주었다. 리치는 기계를 잘 다루지 못했다. 그는 훌륭한 농부이자 운동선수가 되고 싶었지만, 그에 맞는 재능이 없었다.

그의 어머니가 이렇게 설명했듯이 말이다. "그 아이 안에는 음악적 재능이 있었어요. 연주를 해야 했죠." 그래서 결국 그의 부모님은 그가 피아노 레슨을 받을 수 있게 해주셨다. 그리고 피아노 선생님은 리치에게 큰 영향을 끼쳤다. 선생님은 음악이 하나님에게 왜 중요한지, 음악을 어떻게 연주해야 하는지 등 음악을 전반적으로 이해할 수 있도록 도와주었다. 리치는 선생님과의 관계를 다음과 같이 설명했다.

## 66 Rich...

저에게는 메리 켈너 *Mary Kellner*라는 매우 훌륭한 음악 선생님이 있었는데, 그녀는 제게 위대한 작곡가 몇 명을 소개시켜주었어요. 게다가 그녀는 상상력을 매료시켜 제가 배워야 할 것에 흥미를 갖게 하는 능력이 있었어요. 4학년 때, 성찬식에서 묵상곡을 연주해달라는 부탁을 받았어요. 제가 연습할 때 그녀가 도와주었어요. 정말 멋진 시간이었죠. 그녀는 퀘이커교인이었고, 퀘이커교는 심지어 성찬식이 없었는데도 저를 도와주었던 것이니까요. 아무튼 저는 다음 주일에 연주를 했고, 화요일에 레슨을 받으러 갔어요. 선생님이 말했어요. "어땠니?" 저는 그녀에게 말했죠. "모두 좋았대요. 제가 잘했대요." 그러자 그녀가 말했죠. "음, 그럼 너는 실패한 거야." 사실 그때 저는 적잖은 충격을 받았어요. 그녀는 제 어깨에 손을 얹고 말했다. "리처드, 너는 교회에 있을 때 다른 사람들의 주의를 하나님에게 이끌어야 해. 네 연주가 아니라. [10] " 99

그 경험을 통해서 리치는 음악을 바라보는, 특히 교회에서 음악을 바라보는 관점을 가졌다. 만일 그에게 교회에서 연주해달라고 부탁했다면, 그는 분명 예배를 인도했을 것이다.

리치의 가족은 그가 사랑하는 것이 또 하나 있다는 것을 알았다. 그것은 교회였다. 네바는 말한다. "웨인에게 하라고 말할 필요가 전혀 없었던 것이 두 가지가 있어요. 피아노 연습하라는 것과 교회 가라는 것이었죠." 심지어 어린 아이였을 때에도 그는 교회에서 배운 이야기를 집에 돌아온 후에 그대로 다시 말했다. 그의 누나들은 목사님의 설교를 이해하는 그의 능력에 깜짝 놀랐다. 그는 설교 내용을 자세하게 이야기해주었다.

대부분의 어린 아이들은 커가면서 호기심을 자극하거나 영웅적인 일을 하고 싶어 하는 반면에 리치는 하나님 따르기를 원했다. 그의 누나 데비는 말했다. "웨인은 정말 재미있는 아이였어요. 나중에 뭐가 되고 싶은지 물으면 선교사라고 말했죠. 경찰관이나 소방관이 아닌 선교사가 되고 싶어 했어요. [11]"

리치는 종종 자신의 계보를 떠올리며 '천국의 수많은 성도들과 악명 높은 몇 명의 죄인들'로 가득 차 있다고 설명했다. 리치는 가족들이 행실을 통해 인생을 가르친다고 믿었다. 가족들의 삶이 모범적이라면 그들 안에서 우리가 키우고 싶은 어떤 미덕을 볼 것이다. 만일 그들이 삶을 제대로 살지 못한다면, 그들을 죽음으로 모는 악을 피하기 위해 노력해야 할지도 모른다. 어떻든 간에 그들은 모든 인류를 나타내고, 어떤 의미에서는 세상의 소우주다.

리치의 어린 시절은 증조할머니, 삼촌들, 사촌들 그리고 자기들만의 방법으로 믿음을 보이는 다양한 계층의 사람들로 가득 했다. 그러나 그는 믿음이 있어도 삶이 쉽지 않다는 것을 알게 되었다.

# 아웃사이더 소년

십대의 리치는 십대답게 살기 위해 무진장 애썼다. 그는 농업과 농구로 잘 알려진 인디애나 주에서 자랐지만, 둘 중 어떤 것도 잘하지 못했다. 음악적 능력이나 영적인 분별력은 당시의 인기 순위에 절대 들지 못했다. 결론적으로 말해 그는 수줍음이 많았다. 나이가 들은 후에 다음과 같이 말했듯이 말이다. "저는 운동에는 소질이 전혀 없었어요. 공을 다루면서 동시에 달리지 못했죠. 레이업숏도 못했어요. 어렸을 때 농구를 못한다고 놀림을 당해서 게임에 참여하지 않았어요. 농구가 재미없다고 스스로 속였던 것 같아요 [12] "

이와 관련해 리치는 라디오 인터뷰에서 다음과 같이 회고했다.

## 66 Rich...

제가 어렸을 때, 화가 나서 이렇게 말했어요. "하나님, 저는 왜 이렇게 바보 같죠? 왜 훌륭한 농구 선수가 될 수 없는 거죠? 저는 경마 기수 같은 대단한 사람이 되고 싶었어요. 그런데 그 대신 가수가 되었죠. 저는 항상 제가 여자 같다는 생각을 해요. 왜 보통 남자처럼 될 수 없었을까요?" 그렇게 생각하면 생각할수록 더욱 깨닫는 것은, 다 아는 사실이지만, 하나님은 종종 우리가 상상할 수 없는 일을 마음속에 계획하고 계신다는 거였어요. 그리고 자라면서 약간의 괴로움을 당하는 것은 괜찮다고 생각해요. 그때 패배자가 되는 것이 어떤 의미인지 깨달았으니까요. 그럼 하나님처럼 절대 패배하지 않는 분이 제게 "네가 나와 함께 있었으면 좋겠다"고 말할 때, "와우!" 라고 외치겠죠. 이런 이유 때문에 저에게는 은혜가 자부심이 강한 것보다 더욱 중요한 것인지도 몰라요. [13] **"**

리치는 사람들과 잘 어울리지 못했기 때문에 크면서 경험할 수 있는 다양한 특별활동을 피할 수밖에 없었다. 친구들이 지나칠 정도로 짓궂은 장난을 칠까봐 두렵기도 했다. 그래서 그는 그들과 어울리는 것을 그만두고 자기의 재능에 맞는 분야를 개척했다. 하지만 그러면서 많은 것을 놓치기도 했다.

리치에게는 신앙심이 깊은 사람들과 어울리는 것마저도 힘들었다. 그는 죄인이라고 하기에는 신앙심이 너무 깊었고, 성인이라고 하기에는 죄가 너무 컸다. 그는 늘 교회 일에 적극적으로 참여했는데, 그 때문에 비기독교인들과 어울리기가 힘들었다. 반면, 리치는 항상 무언가를 궁금해했고, 무언가를 탐구했다. 그리고 사람들이 신성시 하는 것(sacred cow)을 깨뜨리기 좋아했다. 이런 것들이 기독교인들과 어울리는 것까지 어렵게 만들었다. 그는 나중에 다음과 같이 회고했다. "저는 예전이나 지금이나 아웃사이드인 것 같아요. 정말 다른 사람들과 어울려 산 적이 한 번도 없었으니까요. 저는 항상 난폭한 친구들에 비해 신앙심이 너무 깊었죠. 그들은 제가 상상할 수 없을 정도로 자기들의 일에 방해가 된다고 생각했어요. 그리고 저는 신앙심이 깊은 친구들에 비해 너무 난폭했죠. 그들은 항상 저를 위해서 기도하곤 했어요. [14]"

## 자기 자리 발견하기

리치는 농장이나 농구장에 적응하는 데 어려움을 겪었지만, 피아노 뒤에서는 늘 편안해했다. 그의 누나 샤론은 반주자 없는 군(郡) 성가대의 일원이었다. 그녀는 지휘자에게 반주할 수 있는 동생이 있다고 말했고, 지휘자는 그를 테스트해보기로 했다. 그 당시 리치는 비록 열세 살에 불과했지만, 타고난 재능으로 지휘자와 성가대원들을 깜짝 놀라게 했다. 그는 모든 곡을 쳐냈고, 게다가 잘 치기까지 했다. 그때 그가 들은 유일한 비판은 곡을 즉흥적으로 너무 많이 만든다는 것이었다.

그 후 리치는 성가대 안에서 '빛의 자녀들(Children of the Light)'이라는 순회 합주단을 결성하고 인도했다. 그때 그의 나이 겨우 열여섯 살밖에 안되었지만 말이다. 리치는 많은 곡을 만들었고, 여섯 명으로 이루어진 합주단은 미국 전역의 교회를 돌아다니며 연주했다. 이 기간에 그는 곡을 정말 진지하게 만들기 시작했고, 그 후 음악에 대한 그의 열정은 날마다 깊어갔다.

고등학교 최고학년 때, 리치는 교회 본당에서 피아노 연습을 하면서 여가 시간을 보냈다. 어느 날 그는 오후 수업을 땡땡이 치고 피아노 연습을 한 적이 있다. 그런데 그 옆을 지나가던 선생님에게 걸렸고, 그 사실은 교장 선생님과 어머니에게 차례로 전해졌다. 그 일로 학교에서는 그를 졸업시키지 않겠다는 협박을 하기도 했다. 물론 나중에는 결국 졸업을 허락했지만 말이다.

졸업 후 리치는 신시내티 바이블 칼리지 *Cincinnati Bible College* 에 입학했다. 그곳에서 그는 시온 *Zion* 이라는 소규모의 기독교 음악 밴드를 결성했다. 그 밴드는 여러 대학에서 공연을 했고, 인디애나, 켄터키, 오하이오 주에서 수련회를 이끌었다. 리치는 이 밴드와 함께 첫 번째 앨범을 녹음했다. 그 후 그는 내쉬빌 *Nashville* 에 거주했고, 다음엔 위치타에 있었다. 그리고 그가 마지막으로 머물렀던 이 땅의 집은 뉴멕시코에 있는 한 인디언 보호구역이었다. 리치는 여러 곳을 돌아다녔고 결코 정착하지 않았다. 그는 때때로 '집이 없었던' 예수님과 똑같은 의미에서 자신을 '노숙자' 라고 했다.

# 집

리치는 탁월한 음악적 재능 덕분에 전 세계를 돌아다녔지만, 그 와중에서도 가족을 만나기 위해 리치몬드에 종종 들르곤 했다. 그의 누나 데비는 말했다. "청중들은 리치에게 박수를 쳤지만, 그가 정말 원했던 것은 웨인으로서 사랑 받는 것이었어요."

부모는 우리가 자랄 수 있는 환경을 만들어준다. 우리는 그 환경을 가정이라고 부른다. 가정은 세상에서 가장 힘 있는 장소다. 가정은 영혼의 요람이다. 우리의 마음과 성격, 사랑과 미움, 두려움과 꿈이 모두 가정에서 형성된다. 가정은 하나님의 일터로, 그곳에서 인격이 조용히, 애정을 기울이며, 아무도 의식하지 못한 채 형성되고 있다. 우리는 평생 사랑과 정체성을 탐구한다. 그리고 운이 좋으면 그것을 알게될지도 모른다.

정체성의 탐구는 우리를 항상 가정으로 돌아가도록 이끈다. 가정은 우리의 한계뿐만 아니라 잠재성을 발견할 수 있게 한다. 우리는 가정을 통해서 함께 살아가는 방법을 배운다. 자신을 '혼자 힘으로 성공한' 사람으로 생각하는 것은 오만하기 그지없는 태도다. 우리는 다른 사람들을 보면서 어떻게 살아야 하는지를 배운다. 우리는 아무것도 없는 진공 상태에서 성장하지 않았다. 우리는 다른 사람들로부터 어떻게 처신해야 하는지를 배운다. 그리고 분명한 것은 다른 사람들보다 부모님이나 형제들로부터 더 많이 배운다는 것이다. 리치의 경우 역시 그의 가족들이 그를 만들었고, 차례로 그는 그들을 만들었다.

우리는 모두 가정이 있다. 그것은 우리가 연약한 피조물에 불과하고 우리에게 가정이 필요하다는 것을 하나님이 아시기 때문이다. 나이 드신 분들도 마치 어제 일처럼 그들의 부모님을 마음속에 떠올릴 수 있다. 삶의 마지막 몇 년 동안 리치는 평소처럼 아버지가 헛간에서 욕을 하고 척박한 인디애나 주의 땅에서 어렵게 농사 짓는 모습을 여전히 그릴 수 있었다. 그리고 빨래를 널고 있는 어머니의 모습을 그릴 수 있었고, 어머니가 만든 옥수수 빵과 콩 요리의 맛을 기억할 수 있었다. 5인용 차에 일곱 명이 끼어 타는 것은 불편할 수 있지만, 그게 바로 가정이다. 영혼을 형성한다는 점에서 가정은 이 세상에서 가장 강력한 곳이다.

**✸ 묵상을 위한 질문**

1. 당신의 혈통에 대해 잠시 생각해보라. 3세대 전으로 거슬러 올라가 조상들을 상상해보라. 그들은 어떻게 생겼고 어디에서 살았으며 무엇을 했을까? 그들이 먼 미래에 당신이 존재할 것을 꿈꿀 수 있었을 거라고 생각하는가?

2. '첫 번째 가정'의 가사를 읽어 보라. 당신에게 어떤 소절이 가장 의미 있는가? 그 이유를 설명해보라.

3. 당신은 어떤 보살핌을 받으면서 자랐는지 설명해 보라. 부모님은 어떤 분들이셨나? 부모님은 당신에게 어떤 영향을 끼쳤는가? 당신은 부모님을 어떻게 더욱 닮아가고 있는가?

4. 당신의 가족이나 당신이 받은 보살핌, 자라면서 당신을 만든 것들에 대해 감사할 점은 어떤 것이 있는가?

5. 가족들이 당신에게 믿음의 본을 보이기 위해 애써 노력한 때가 있는가? 그들은 언제 믿음에 날개를 달아주었는가?

**✸ 생각과 연습**

• 할 수 있을 때까지 모든 조상들의 목록을 작성하고 가계도를 만들어보라. 특정한 정보를 찾아낼 수 있도록 나이가 지긋한 친척에게 도움을 요청할 수도 있다. 일단 가계도를 다 그리면 그것을 찬찬히 훑어보라. 그리고 기도 제목으로 여겨라. 당신이 태어날 수 있게 해준 모든 사람들에게 감사하라.

• 부모님이 물려주신 모든 것을 감사하며 편지를 써라. 그것을 긍정적으로 생각하라. 그리고 부모님이 잘하신 것에 초점을 맞춰라.

*Creed :*
*Being Made in the Church* 🌿

그리고 내가 믿는 것이
지금의 내가 될 수 있게 해준다는 것을 믿는다.
나는 사도신경을 만들지 않았다,
아니 오히려 그것이 나를 만들고 있다
그것은 바로 하나님의 진리이지
결코 어느 누구의 발명품이 아니다.

– '사도신경' 중에서

# 나는 완벽하지 않아서
# 교회에 갑니다

리치는 교회를 사랑했다. 그는 자신을 만든 믿음의 진리들을 교회에서 배우면서 자랐다. 그는 우리가 완벽한 존재이기에 교회를 다니는 거라고 믿지 않았다. 다만 교회가 우리에게 필요하기에 다니는 것이라고 믿었다. 그는 기독교적인 삶을 하나의 과정, 즉 진리라고 알고 있는 것을 충실히 지키기 위해 계속해서 투쟁하는 것이라고 보았다. 그리고 우리는 실수를 저지르기 쉽기 때문에 지도와 지지, 책임이 필요한데, 그것들을 오직 교회가 제공해줄 수 있다고 생각했다.

## 66 Rich...

나는 사람들이 이렇게 말하는 것을 들었어요. "왜 교회에 가고 싶어 하죠? 교회 다니는 사람들은 모두 위선자일 뿐이데." 저는 교회에 다니는 게 왜 사람들을 위선자로 만드는지 전혀 이해할 수 없었어요. 자기가 완벽하기 때문에 교회에 다니는 사람은 없으니까요. 모든 일을 잘하는 사람이라면 굳이 교회에 다닐 필요가 없죠. 그런 사람은 주일 아침에 교회에 가지 않고, 완벽한 다른 사람들과 함께 조깅하러 가도 돼요. 교회에 갈 때마다 우리는 자기 자신에게, 가족들에게, 마주 치는 사람들에게, 교회에서 서로 안부를 묻는 사람들에게 고백하는 거예요. 우리가 제대로 살지 못하기 때문에 그들의 도움이 필요하다는 것을요. 우리는 그들의 지도가 필요해요. 우리는 책임감을 키울 필요가 있어요. 우리는 도움이 절대 필요해요[1]. 99

리치는 기독교적인 삶이란, 단 한 번 신앙의 결단(faith commitment)을 내린 후에 죽을 때까지 기다리는 게 아니라고 했다. 신앙을 결단하고, 그것을 지속적으로 유지해야 한다. 과거의 타성에 젖어서 살 수 없다. 그와 비커는 영원히 멈추지 않고 신앙을 유지해야 한다는 것을 노래로 표현했다.

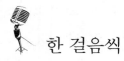 한 걸음씩

오, 하나님, 당신은 나의 하나님이십니다
당신을 영원히 찬양할 것입니다
오, 하나님, 당신은 나의 하나님이시고
당신을 영원히 찬양할 것입니다
아침에 주를 찾을 것이고
당신의 길을 따르며 사는 방법을 배울 것입니다
당신은 나를 한 걸음씩 인도해 주실 것입니다
그리고 나는 평생 당신을 따라갈 것입니다


   그 후 리치는 이 노래에 대해 다음과 같이 언급했다.

## 66 Rich...

   '한 걸음씩' 이라는 노래를 한 마디로 말한다면 '믿음은 하나
님과 함께 걷는 것이다' 라고 할 수 있어요. 인생의 가장 중요한
문제는 하나님과 함께 걷는 생활을 매일 해야 한다는 것이에요.
사람은 완전히 건강해질 수 없기 때문에 적절한 음식을 계속 먹
는 것보다는 매일 무엇을 먹고 얼마나 운동을 해야 하는지를 결
정하는 게 중요하죠. 영적으로 우리는 똑같은 상황에 있어요. 저
는 모세오경을 암기할 거라고 큰소리치는 것과 같은 법석을 떨
기도 해요. 그리고 타성에 젖어 사는 것을 기대하기도 해요. 오
늘 기도해야 할 유일한 것은 바로 오늘을 위한 삶이에요. 따라서

이 노래는, 당신이 과거에 했던 일이 아니라, 앞으로 하겠다는 일이 아니라 당신이 오늘 무슨 일을 할지가 중요하다는 것을 말해주는 노래예요.[2] **99**

리치는 영적인 양식이 지속적으로 필요하다는 것을 잘 알고 있었다. 그것이 그가 평생 기독교 친구들의 지지를 갈구했던 이유고, 교회가 필요하다고 믿었던 이유다.

그는 태어나면서부터 교회와 연결되어 있었다. 그의 어머니는 그가 여섯 살이 될 때까지 그와 누나 둘을 데리고 매주 퀘이커교 집회에 참석했다. 그 후 자라면서 화이트워터 크리스천 교회(Whitewater Christian Church)에 다녔지만, 자신의 신앙을 형성하고 키운 퀘이커식 예배와 그 종파의 고유한 면들(하나님 임재의 직접성, 침묵, 검소한 생활양식)을 결코 잊지 못했다. 그것은 리치에게 매우 귀중한 경험이었다. 그는 침묵하기 위해, 하나님의 말씀을 듣기 위해, 그리고 살아 계시는 성령에게 마음의 문을 활짝 열기 위해 독실한 신앙인들이 모인 자리에서 시간을 보냈다. 그는 변화되기 위해서는 헌신적인 신앙인들이 모인 곳에 거하는 것이 중요하다는 사실을 알았다.

교회에 다니면서 리치는 성경을 늘 끼고 살았다. 그는 성경의 이야기를 매우 좋아했다. 주일학교에서 들은 이야기를 줄줄 외울 정도였다. 그는 교회에서 기도하는 법을 배웠다. 그는 인터넷 인터뷰에서 '주를 향한 믿음을 굳건하게 유지할 수 있는 방법이 무엇인가요?'라는 질문을 받았을 때, 주일학교에서 배웠던 어린이용 성경말씀으로 대답했다. "매일 성경을 읽으세요. 매일 기도를 하세요. 그러면 성장하고 또 성장할 거예요.[3]"

리치의 순회공연 매니저 중 하나였던 마리타 메인너츠*Marita Meinerts*는 그와 좋은 친구가 되었다. 그녀는 말했다. "그는 자기의 뿌리, 교회, 자기가 받은 교육에 대해 말했지만, 하나님에 대해 생각할 수 있는 기초는 이미 그 전에 닦아지기 시작했다는 것을 알고 있었어요. 몇몇 콘서트에서 그는, 어렸을 때 너무 배가 고팠기 때문에 빵과 포도주를 왜 더 많이 먹을 수 없는지 궁금해했다고 말하더군요. 그는 우리가 영적으로 얼마나 굶주려 있는지에 대해 말할 때 그 경험을 말하곤 했어요."

리치는 하나님을 무척이나 갈망했고, 자신에게 필요한 것이 무엇인지를 교회에서 발견했다. 그는 많은 사람들이 배고픔을 해결하기 위해 다른 방법을 찾으려고 애쓴다는 것을 알고 있었다. 그러나 그는 그 방법 중 어떤 것도 교회가 제공하는 것을 대체할 수 없다고 단정했다. 그가 종종 본 일반적인 대체물 중 하나는 기독교 음악을 듣는 것과 같이 감정적인 경험에 의존하려고 노력하는 것이었다. 그는 그것에 대해 날카롭게 지적했다. "사람들은 기독교 음악을 너무 진지하게 받아들여요. CCM 음악을 하고 있는 저도 영적인 것은 아무것도 몰라요. 영적인 양식을 원한다면 교회에 가세요.[4]"

그는 사람들이 자기의 음악을 영적 성장을 위한 도구로 사용할까봐 걱정했다. 실제로 그는 자기의 음악을 기분전환용으로 여기고 있었다. 그리고 사람들이 성경 말씀보다 자기의 노래 가사를 더 잘 알고 있다는 사실에 매우 낙담하곤 했다.

## ❝ Rich...

때때로 많은 사람들이 내 노래를 인용할 수 있다는 것, 또는 그들이 다른 몇몇 가수의 노래를 인용하지만 성경 말씀을 인용할 수 없다는 것 때문에 걱정이다. 그들은 가수의 말을 마치 충분한 가치가 있는 것처럼 듣는다. 그러나 가수들은 단지 화음과 리듬, 가락을 조합할 뿐이다. 물론 오락을 원한다면 기독교 분야의 오락을 권하고 싶다. 그것이 좋다고 생각하기 때문이다. 하지만 영적인 양식을 원한다면 교회에 가거나 성경을 읽으라고 권하고 싶다. 기독교 음악 산업은 자본주의적인 노력이다. 그것뿐이다. 그리고 누구든지 영적 생명력에 관심이 있다면 산업이 아니라 교회에 자신을 바쳐야 한다.[5] ❞

리치는 기독교 음악 산업의 한계를 인식했지만 그것을 너무 비판적으로 받아들이지 않기 위해 주의했다. 기독교 음악 산업은 그가 받아들인 사명이자 소명이었다. 그러나 그는 사람들이 음악으로 위안을 받는 게 지역 교회의 일원으로서 변화 받는 것을 대체할 수 있다고 생각하는 실수를 저지르지 않길 바랐다.

---

교회를 어머니로 섬기지 않는 사람에게 하나님은 절대 아버지가 될 수 없다.

· 성 아우구스티누스 ·

---

# 영원한 진리

리치는 자기의 음악이 자기 생각에서 나온 것임을 알고 있었다. 물론 그것이 영감에 의해 떠올랐지만, 교회의 가르침과 비교할 때 그것은 여전히 일시적이고 미약했다. 교회에는 뭔가 '보다 영원한' 것이 있었다. 리치는 말했다. "계속 변하는 사람의 견해 대신 결코 변하지 않는 것에 집중할 때 우리의 믿음은 진정한 믿음이 돼요.[6]" 그는 '내가 부르는 노래보다 더 고귀한' 무언가가 있다고 말했다.

교회의 고전적인 교리를 설명할 수 있는 멋진 단어가 하나 있다. 바로 orthodox(일반적으로 옳다고 인정된, 정통의)이다. 어근 'ortho-'는 '바른'이나 '옳은'을 의미하고, 'dox'는 '영광'이나 '경배를' 의미한다. 따라서 두 가지 말이 합쳐져 '올바른 영광'이나 '경배의 올바른 방법'을 의미한다. 그에게 정통신앙은 중요한 개념이었다. 그는, 세상은 진리에 대한 견해를 우리에게 주입시키려고 하지만 오직 교회만이 그것에 반대하는 입장을 표한다고 믿었다. 교회는 유일하고 완전한 진리, 즉 성부와 성자, 성령에 대한, 그리고 인간과 인간의 운명에 대한 진리를 포함하고 있기 때문이다.

리치는 그리스도 몸의 일원으로서 세상의 거짓말('인간은 매우 진화된 동물이다', '행복은 부에 있다' 등)에 충격을 받았고, 자기 삶의 닻이 변하지 않는 진리에 깊이 뿌리 내리기를 갈망했다. 그리고 그는 그 방법을 교회에서 찾았다.

교회는 절대 변하지 않는 진리를 가지고 있다. 하나님은 교회를 정통신앙(orthodoxy)의 청지기로 삼으셨고, 교회는 오랫동안 그 진리를 우리에게 전하기 위해 싸웠다. 우리는 그리스도가 사도들에게 전한 메시지가 우리에게 전해질 수 있게끔 열심히 노력한 사람들에게 빚을 졌다.

그것이 리치의 노래 중 가장 감동을 주는 노래가, 그리고 콘서트에서 그가 즐겨 부르던 노래가 '사도신경(Creed)'인 이유다. 그의 친구이자 음악가였던 필 매더라 *Phil Madeira*가 말했다. "리치가 중요하게 생각했던 모든 게 '사도신경'이라는 노래에 집약되어 있다고 생각해요."

Creed

## 사도신경

전능하사 천지를 만드신
하나님 아버지를 내가 믿사오며
그 외아들 우리 주 예수 그리스도를 믿사오니
이는 성령으로 잉태하사
동정녀 마리아에게 나시고
본디오 빌라도에게 고난을 받으사
십자가에 못 박혀 죽으시고 장사되셨다

그리고 나는, 내가 믿는 것이

나를 만든다는 것을 믿는다

나는 사도신경을 만들지 않았다,

아니 그것이 나를 만들고 있다

그것은 바로 하나님의 진리이지

어느 누구의 발명품도 아니다


나는 고난을 당하신 그가 십자가에 못 박히셨고

죽어 장사되었다는 것을 믿는다.

그는 지옥에 내려가셨다가 장사한 지

사흘 만에 죽은 자 가운데서 다시 살아나셨다

그는 하늘에 오르사

전능하신 하나님 우편에 앉아계신다

나는 산 자와 죽은 자를 심판하기 위해서

그가 다시 돌아올 것을 믿는다


나는 전능하사 천지를 만드신

하나님 아버지와 그 외아들

우리 주 예수 그리스도를 믿는다

나는 성령을 믿고,

거룩한 공회와

성도가 서로 교통하는 것과

죄를 사하여 주시는 것과

몸이 다시 사는 것과

영원히 사는 것을 믿는다

그리고 나는, 내가 믿는 것이
나를 만든다는 것을 믿는다
나는 사도신경을 만들지 않았다,
아니 그것이 나를 만들고 있다
그것은 바로 하나님의 진리이지
어느 누구의 발명품도 아니다

리치와 비커는 앨범 '기도서, 유산, 그리고 부랑아 밴드'를 녹음하는 동안에 비행기 안에서 이 노래를 만들었다. 그는 그 앨범에 포함시킬 노래 한 곡이 필요했고, G. K. 체스터튼의 《정통신앙orthodoxy》의 구절에서 영감을 받았다. 이 책의 서두에서 체스터튼은 자기가 전달하기 바라는 정통신앙은 자기가 고안한 것이 아니라 '하나님과 인류가 그것을 만들었고, 그것이 나를 만들었다 [7]'고 썼다. 그는 정통신앙이 사도신경에 나와 있다는 것을 오늘날의 독자들에게 다시 한 번 알려주려고 노력했다.

마찬가지로, 리치 역시 체스터튼과 같은 의도로 이 곡을 만들었다. 그는 매주 미국 전역의 가톨릭교회, 개신교회에서 외우는 사도신경의 내용에 곡을 붙였다. 그리고 후렴은 체스터튼이 쓴 문장을 자기 식의 가사로 만들었다. 그는, 우리가 믿는 것이 현재의 우리 모습을 만들기 때문에 무엇을 믿을지 신중하게 생각하라고 말한다. 그는 사도신경 안에서 진리를 찾았고, 그 진리가 자기를 만들었다고 믿었다.

그 동안 교회는 믿음의 신비를 맡았다. 믿음이 신비한 것은, 교회에서 선포하는 것이 세상 사람들이 이해하거나 받아들이기에 쉽지 않기 때문이다. 사실, 그것은 세상 사람들이 이해하기에는 어려운 믿음의 집합이다. 사도 바울은 교회의 임무에 대해 다음과 같이 말했다. '영원부터 만물을 창조하신 하나님 속에 감추어졌던 비밀의 경륜이 어떠한 것을 드러내게 하려 하심이라 이는 이제 교회로 말미암아 하늘에 있는 통치자들과 권세들에게 하나님의 각종 지혜를 알게 하려 하심이니'(엡3:9~10)

하나님은 교회를 통해 자기의 뜻을 알리기로 결정하셨다. 이런 의미에서 예수님의 성육신처럼, 교회는 신-인간적인 계획이다. 교회는 영원히 변하지 않는다는 점에서 신적이다. 그리고 남녀노소 할 것 없이 누구에게나 주어지고 선언된다는 점에서 인간적이다. 교회는 분명 영원하다. C. S. 루이스가 말했던 것처럼 말이다. "교회는 우주보다 오래 살 것이고, 개인은 우주보다 오래 살 것이다. 영원한 머리(immortal Head)에 속한 모든 것은 그의 영원한 생명을 나누어 가질 것이다. […] 생물학적 존재로서 […] 우리는 쓸모없는 존재다. 하지만 그리스도의 몸과 기관으로써, 성전의 돌과 기둥으로써 우리는 정체성을 보장받고 우주를 옛날이야기처럼 기억하면서 살 것이다.[8]"

---

14년 전인가, 처음 크리스천이 되었을 때, 나는 방에 틀어박혀 신학 서적을 읽으며 혼자 힘으로 크리스천이 될 수 있다고 생각했다. 그러면서 나는 교회나 복음 전도 집회에 가려고 하지 않았다. […] 나는 찬송가를 매우 싫어했다. 그것은 6등급의 곡에 5등급의 시를 붙인

거라고 생각했기 때문이다. 그러나 계속해서 교회에 다니면서 찬송가의 위대한 가치를 알게 되었다. 나는 나와 완전히 다른 견해를 가지고 있고, 완전히 다른 교육을 받은 사람들을 만났다. 그러면서 내 오만함이 조금씩 벗겨지기 시작했다. 그리고 급기야 내 맞은편에 고무장화를 신고 있는 나이든 성도가 (단지 6등급의 음악에 불과했던) 찬송가를 헌신적이고 은혜롭게 부른다는 것과, 나는 그의 장화를 닦을 만한 사람도 못된다는 것을 깨달았다. 이러한 깨달음은 스스로 자랑하고 뽐내고자 하는 마음을 제거한다.

· C. S.루이스 ·

리치는 우주보다 오래 존재할 어떤 것에 자신이 속하기를 원했다. 그리고 자기와 교회를 하나 되게 하는 과정을 통해 하나님의 놀라운 우주 속에서 영원한 운명을 지닌 영적인 존재가 되었다. 지금 그는 천국에서 세상을 통치한다. 그의 미덕 때문이 아니라 루이스가 말한 것처럼 '우리의 머리가 되시는 불멸의 존재와 함께 있기' 때문이다. 그 분은 바로 예수님이다.

리치는 교회 안에서 자기가 누구인지를 발견했다. 그는 말했다. "교회에서 저는 더 이상 음악을 공부하는 학생 리치 멀린스가 아니에요. 더 이상 인디애나 주에서 자란 사람 리치 멀린스도 아니죠. 그리고 더 이상 음반 취입 계약을 맺은 사람 리치 멀린스도 아니에요. 갑자기 하나님 나라의 일원이 되죠.²"

대부분의 사람들은 직업이나 외모, 자산을 정체성의 기초로 삼는다. 하지만 그런 사람들은 아무도 참된 정체성을 마련하지 못한다. 교회 안으로 발을 들여놓을 때, 우리는 우리가 정말 누구인지 발견할 수 있다. 그때서야 우리는, 우리가 하나님의 자녀이고, 하늘나라의 일원이라는 것을 깨닫게 된다. 세상의 모든 정체성은 교회 앞에서 무너진다. 부자라고 계속 부자가 아니고, 가난하다고 계속 가난하지 않다. 그리스도 안에서 우리는 모두 하나가 된다.

## 찬송가

리치만큼 찬송가를 좋아하는 사람은 없다. 그는 어려서부터 찬송가를 배우고 외웠으며, 콘서트를 마칠 때마다 청중들과 함께 찬송가를 불렀다. 따라서 콘서트는 오락에서 진정한 예배로 변했다. 교회에서 부르는 찬송가는 그의 마음 속 깊이 감동을 주었다. 그의 친구이자 시온 밴드의 멤버 베스 루츠 Beth Lutz는 말한다. "눈을 감고 리치를 생각할 때면 어김없이 그가 피아노 앞에 앉아 찬송가를 치고 있는 모습이 떠올라요. 시온 밴드를 해체하고 가장 그리웠던 것은 리치가 옛 찬송가를 연주하는 것이었어요." 그는 다음과 같은 말을 가장 좋아했다. "내가 교회를 그토록 좋아하는 이유는 사람들이 노래할 유일한 장소이기 때문이에요."

다른 친구이자 시온 사역 단체에서 한 부분을 담당했던 샘 하워드 Sam Howard는 테네시 주 벨스버그, 리치의 집 옆에 있는 작은 교회에서 리치가 찬송가를 부르는 소리를 들었던 때를 다음과 같이 회상한다. "리치를 보러 그의 집에 가곤 했는데, 그때마다 그가 큰 소리로 찬송가를 부르는 것을 보곤 했어요." 리치가 지도했던 에릭 호크*Eric Hauck*도 다음과 같이 말했다. "경건의 시간에 찬송가를 부르곤 했는데, 리치는 악보를 따로 필요로 하지 않았어요. 다 외우고 있었으니까요. 그는 멜로디만큼 찬송가라는 신학을 사랑한다고 말했어요."

리치에게 찬송가는 신앙의 교리를 설명하는 신학논문이었다. '내 모습 이대로(Just As I Am)'와 같은 찬송가는 믿음으로 의롭게 된다는 교리에 곡을 붙인 것이다. '내 평생에 가는 길(It Is Well My Soul)'은 비록 우리가 죄 때문에 고난을 받을 때에도 하나님이 우리를 돌봐주실 것을 절대적으로 확신한다는 내용이다. 리치는 찬송가에서 진리를 발견했지만, CCM에서는 그렇지 못했다. 그는 현재 교회에서 불리는 곡들을 만들었다. 그는 자신의 곡을 반대하지는 않았지만, 거기에 찬송가에서 발견한 것과 같은 신학적 기반은 담겨 있지 않다고 생각했다.

리치는 체스터튼의 글을 수정, 교회에 대해 말했던 것처럼 찬송가에 대해 말했다.

## ❝ Rich...

당신이 만드는 노래가 있고, 당신을 만드는 노래가 있어요. 저는, 우리가 교회에 음악적으로 훌륭한 유산과 곡들이 얼마나 많은지를 종종 잊는다고 생각해요. 그리고 그것들을 떠올릴 때, 과연 오늘날 누가 그런 곡들을 쓸 수 있을지 의문이 들어요. 하지만 저는 당신 스스로 해야 한다고 생각하는 것만큼 다른 사람들도 당신이 그 일을 해야 한다고 생각하기 때문에, 당신이 글을 쓰고 설교를 하고 다른 일을 하는 것은 아니라고 생각해요. 다만 하나님이 그 일을 하라고 당신을 보내셨기 때문이지요. 따라서 당신은 당신이 할 수 있는 것을 하기만 하면 돼요. 그러면 하나님이 그것을 그분의 뜻대로 사용하시죠 [10]. **99**

심지어 전통적인 찬송가도 한때는 새롭고 진보적이었다. 리치 말대로, 누군가는 찬송가를 만들어야 한다고 생각했기 때문에 그들은 찬송가를 만들었다. 요즘에도 마찬가지다. 찬송가가 우리를 만든다(새롭게 변화시킨다)고 입증되었기 때문에 우리는 옛 찬송가를 부른다. 마음속에 간직한 노래를 만들어야겠다고 느끼고, 그것을 교회에 기꺼이 선물로 주는 사람들이 만든 노래를 말이다. 우리는 우리가 할 수 있는 일을 하고, 하나님은 그것을 사용하신다.

# 성경

리치의 누나 샤론은 다음과 같이 말했다. "리치는 글자를 읽을 수 있게 되면서부터 성경을 읽고 싶어 했어요." 리치가 여섯 살 때, 그의 가족은 화이트워터 크리스천 교회에 다니기 시작했다. 그 교회는 성경의 권위와 성찬식의 중요성을 강조했는데, 그것들이 어린 리치의 마음속에 깊숙이 뿌리 내렸다. 그는 '교사 난처하게 만들기(Stump the Staff)' 라는 행사가 열리는 교회 캠프에 매년 참가했다. 샤론은 말했다. "아이가 성경에 관해 질문을 했을 때 대답할 수 있는 교사가 아무도 없어 교사들이 난처해하면, 그 아이가 속한 팀이 점수를 따는 거였죠. 그런데 웨인은 매년 교사들을 난처하게 하곤 했어요."

그 교회는 심지어 설교자에게까지 성경의 권위를 강조한다. 강단에서 들리는 공통된 슬로건은 '나를 믿지 마세요. 성경을 보면서 스스로 진리를 찾으세요' 였다. 아마 이것이 리치가 성경공부를 그렇게 고집하는 이유일 것이다. 리치의 동생 데이비드는 다음과 같이 말했다. "사실 그는 설교를 그리 좋아하지 않았어요. 특히 흑백이 분명한 설교는 더욱 그랬죠. 그는 도전을 주는 말을 하고, 그것에 대해 생각하게 하는 설교를 좋아했어요. 반면에 모든 것을 너무 간단하게 설명해버리는 설교는 매우 싫어했어요."

---

교육, 건축, 선교, 봉사활동 등 우리는 교회의 목적이 다양하다고 생각한다. 하지만 실은 그렇지 않다. 교회는 오로지 사람들을 그리스도에게 인도하고, 그들을 작은 그리스도로 만들기 위해서 존재한다. 만일 교회에서 그런 일을 하지 않고 있다면 모든 교회와 성직자, 선교, 설교, 심지어 성경까지도 모두 시간 낭비에 불과하다.

· C. S. 루이스 ·

---

리치에게 성경은 매우 중요했다. 그는 성경을 공부하면서 성경적 지식 이상의 것을 배웠다. 그는 하나님이 존재한다는 것을 알았다. 그리고 하나님을 알기 위해서가 아니라 하나님을 만나기 위해서 성경을 읽는다는 것을 이해했다. 언젠가 그는 다음과

같이 말했다. "나는 사람들이 단순히 진리를 알기 위해 성경을 읽는다고 생각하지 않아요. 그들은 하나님을 만나기 위해 성경을 읽는 것 같아요. 바울은 성경이 하나님의 호흡이라고 했는데, 저는 '성경을 가능한 한 깊이 들여 마시자' 고 말해요.[11] "

성경에 대한 사랑과 변화시키는 능력을 가진 정통신앙대로 살고자 하는 소원은 평생 리치의 마음속에 자리잡았다. 리치와 비커는 성 프란시스 신부에게 홍미를 가졌고, 소규모의 수도원 공동체를 만들기 위해 노력했다. 그들은 그 공동체를 '성 프랭크의 어린 형제들(The Kid Brothers of St. Frank)' 이라고 불렀다. 처음에는 리치와 비커뿐이었다. 그러다가 그들은 결국 리치가 프렌즈 대학교에서 만난 미치 맥비커 *Mitch McVicker*와, 리치의 사촌이자 순회공연을 함께 했던 매니저인 매트 존슨 *Matt Johnson*을 충원했다. 그리고 나중에 두 명을 더 충원했다. 바로 신시내티 출신의 젊은 청년 에릭 호크와 프렌즈 대학에 다니고 있던 음악 학도 마이클 어코퍼 *Michael Aukofer* 였다. 심지어 비커는 결혼을 하고 애틀랜타로 이사를 가고 나서도 계속해서 그 공동체의 일원으로 남아 일했다. 그들은 함께 여행을 다녔고, 밴드를 결성했다. 그리고 비록 수도원에서 살지는 않았지만, 가난 (poverty)과 순결(chastity), 복종(obedience)의 서약을 지키며 살기 위해 부단히 노력했다.

성경은 '어린 형제들' 의 매일의 삶에서 중심이 되었다. 세상을 떠나기 전 2년 동안 리치는 이 공동체가 성경을 묵상하는 것으로 하루하루를 시작해야 한다고 주장했다. 미치 맥비커는 다음과 같이 설명했다. "우리는 불과 몇 시간 밖에 잘 수 없었지만,

리치는 우리가 계속해서 성경을 읽고 기도할 수 있도록 늘 한 시간 일찍 깨웠어요. 그는 거의 말이 없었어요. 우리는 주로 성경 말씀에 주의를 기울였죠. 묵상이 끝날 무렵, 저는 그것이 리치의 활력의 근원이라는 것을 깨달았어요."

교회처럼, 성경 역시 진리를 담고 있다. 그리고 그 진리가 우리의 잘못된 생각을 고쳐줄 수 있다. 리치는 다음과 같이 말했다. "성경 말씀을 받은 것은 우리가 모든 것을 바르게 생각하는지 입증하기 위한 게 아니라 우리를 겸손하게 만들어 하나님만 옳으시다는 것을, 그리고 나머지 인간들은 단지 추측하기만 할 뿐이라는 것을 깨닫게 하기 위함이라고 생각해요.[13]"

그리고 리치는 많은 사람들이 바라는 것만큼 성경이 고상하고 유순하지 않다는 것을 강조했다. 성경에 나타난 하나님의 모습은 충격적이다. 그리고 그러한 충격을 주는 말씀의 능력을 통해 우리는 편협한 관점을 탈피할 수 있을지도 모른다. 리치는 다음과 같이 썼다.

## ❝ Rich...

성경은 소심한 사람들을 위한 책이 아니다. 성경은 탐욕과 영광, 폭력과 부드러움, 성(性)과 배신으로 가득 차 있다. 성경은 독실한 사람들에 관한 짧막한 일화들을 모아 놓은 책이 절대 아니다. 그리고 성경은 우리의 야비한 질문에 딱 맞는 대답을 해주지도 않는다. 하지만 우리가 묻는 것을 넘어서는 진리를 말해준다[13]. ❞

대부분의 사람들은 성경에 세상적인 내용이나 폭력적인 내용이 나와 있다는 것을 의식하지 못한다. 아니면 그런 내용을 직면했을 때 유쾌한 부분으로 건너뛴다. 리치는 성경이 이런 내용들을 포함하고 있어서 오히려 감사했다. 그것이 적절하다고 여겼기 때문이다. 실제로 삶에는 탐욕과 폭력이 있을 수밖에 없다. 그런데 성경에 그런 것들이 없으란 이유가 어디 있겠는가?

리치는 자기가 이제껏 음악으로 전달했던 것보다 더 큰 것이 성경에 들어 있다고 믿었다. 이것이 그가 다음과 같이 말했던 이유다. "저는 항상 앨범을 설명하는 자리에 그동안 참고한 성경 말씀을 실으려고 노력해요. 제가 하는 말은 중요하지 않으니까요. 제가 궁극적으로 할 수 있는 것은 제 경험을 말하는 것뿐이라는 거죠. 가수로서 저는 교리를 전하기에 적합한 사람이라고 생각하지 않아요. [14] "

# 교회가 왜 필요한가

미치 맥비커는 리치가 세상을 떠나기 전 2년 동안 함께 살았다. 그는 보호구역에 호건을 짓고 노래를 만들면서 대부분의 시간을 보냈지만, 리치는 매일 교회에 가야 한다고 주장했다. 개신교는 예배가 매일 없었기 때문에, 그들은 성당에 갔다. 미치 맥비커는 다음과 같이 회상했다. "그는 그리스도의 몸의 일부분이 되고 싶기 때문에, 그리고 그리스도의 몸에 참여한 다른 사람들과 교제할 수 있기 때문에 교회에 매일 가고 싶다고 했어요."

우리에겐 교회가 필요하다. 교회는 (사도신경에 나오는) 진리를 담고 있고, 우리에게 (찬송가에 나오는) 믿음에 대해서 가르쳐 주는 노래가 있으며, 로마서 10장에 따르면 (성경에 나오는) 믿음을 갖게 하는 수단인 하나님의 말씀을 들려주기 때문이다. 리치처럼, 어떤 사람들에게 교회는 생명을 유지하는 데 필요한 영적 양식인 그리스도의 살과 피를 우리에게 제공한다. 그러나 우리에게 필요한 게 더 있다. 바로 서로의 모습에서 그리스도의 모습을 보는 것이다.

하나님은 우리와 만나기 위해 다양한 방법들(자연이나 책, 때로는 초자연적인 경험까지)을 사용하신다. 그중 가장 주요한 방법은 사람들을 통하는 것이다. 우리는 서로에게 그리스도를 전한다. 디트리히 본회퍼 *Dietrich Bonhoeffer* 목사가 설명했고 리치가 믿었던 것처럼, 우리는 상대 안에 있는 그리스도가 필요하고 상대는 우리 안에 있는 그리스도가 필요하다. 우리는 서로 필요한 존재들이다. C. S. 루이스가 말한 대로라면, 우리는 의식적으로든 무의식적으로든 그리스도를 '모시고 있는 사람'들이다.

교회는 그리스도의 몸이다. 그리고 교회는 한 가지 공통점을 가진 사람들의 집단으로, 다른 집단과 본질적으로 다르다. 이때 그 공통점은 우리가 예수님과 결합되어 있고, 그의 몸의 일부를 이루고 있다는 것이다. 교회는 우리가 양육을 받는 곳이다. 비록 의견 차이가 있더라도 서로 함께 살 때 우리는 그리스도와 결합될 것이다.

대부분의 사람들은 예배의 질적인 면을 따져서 교회를 선택하지만, 리치는 지도자의 활력이 아닌 사람들의 헌신을 교회 선택의 가장 중요한 요인으로 꼽았다. 에릭 호크는 리치가 세상을 떠나기 며칠 전에 그와 함께 헛간에서 드린 예배에 대해 말한 적이 있다. 어떤 친구들이 하나님을 찬양하기 위해 집회를 열고 싶어했다. 리치와 에릭 호크는 악기를 가진 사람은 누구든지 악기를 가져와서 연주하라고 권했다. 그러나 그들은 전문적인 연주가가 아니었기 때문에 음악이 형편없었다. 심지어 노래를 부르는 사람들의 음조차 맞지 않았다.

누군가 리치와 에릭 호크에게 그날 밤 나머지 시간에 찬양 팀을 인도해주라고 부탁했다. 리치는 마이크가 놓여진 곳으로 가서 말했다. "저는 교회에 있는 게 너무 좋아요. 사람들이 온 마음을 다해 노래하고 연주하는 소리를 들을 수 있으니까요. 저는 여러분들이 음을 제대로 맞출 수 있을지, 그리고 소리를 제대로 낼 수 있을지 심히 걱정이 되네요. 하지만 이 집회는 하나님을 가장 기쁘게 해드리는 것이에요. 이것은 진짜니까요. 그리고 하나님의 자녀들 마음속에서 나오는 것이니까요."

에릭 호크는 다음과 같이 말을 맺었다. "리치는 그렇게 말하고는 감정이 격해져서 더 이상 말을 맺지 못했어요. 그 때가 리치가 우는 것을 마지막으로 본 때였어요."

리치는, 사람들을 심미적으로 만족시키는 교회는 성도들의 주의를 정말 중요한 것에서 딴 데로 돌리게 한다고 믿었다. 그에게 있어 교회에 거하는 가장 중요한 이유는 자신이 모든 기독교인들 (죽은 사람이든지 살아 있는 사람이든지)의 공동체에 속해 있다고 느끼는 것이었다. 그에게 교회는 감정적인 경험을 할 수 있는 곳이었다. 그것은 예배가 흥분을 일으키기 때문이 아니라 성도들과 교제하고 있다는 느낌을 받을 수 있기 때문이다. "이것이 예배가 제공하는 것이에요. 그러한 감동은 현대의 현란한 예배에서는 얻을 수 없는 것이죠. 당신은 '오, 예배에서 너무 감동을 받아서 눈물이 나왔어요' 라고 말하면서 집으로 가지 않아요. 당신은 '와우, 성찬식에 참석했는데, 그거 아세요? 만일 아우구스티누스가 살아 있다면, 저와 함께 성찬식에 참석했을 거예요' 라고 말하면서 예배를 마치고 집에 가게 되죠. [15] "

부랑아 밴드의 멤버 지미 아배그*Jimmy Abegg*는 다음과 같이 간결하게 말했다. "리치의 경우엔 교회에 전혀 나가지 않는 것보다 나쁜 교회라도 그곳에서 예배를 한 시간 드리는 게 나았어요." 리치는 교회를 사랑했다. 교회에서는 진리를 알려 주었고, 자신의 믿음을 표현할 수 있었고, 그리스도의 몸의 일부분이 될 수 있는 기회를 얻을 수 있었기 때문이다. 그리고 그는 그리스도가 자기에게 바른 정체성을 준다고 믿었다.


## 교회의 진정한 역할


리치는 교회를 사랑했지만, 아니 교회를 사랑했기 때문에 교회의 어떤 관행에 대해서는 서슴없이 비판했다. 그는 교회가 중요한 목적을 너무 쉽게 잊어버리고, 사소한 문제에 집중하면서 많은 시간을 낭비한다고 느꼈다. 교리 때문에 교회끼리 다투고 논쟁하는 것을 보았고, 사람들을 변화시키는 대신에 그들을 즐겁게 해주려고 열심히 노력하는 모습을 보았다. 리치는 교회의 진정한 임무는 복음을 전파한 후에 치유하는 사랑의 손길을 내밀면서 상처 입은 세상에게 다가가는 것이라고 믿었다.

그의 음악은 교파를 초월했기 때문에, 그는 다양한 전통 속에서 자란 수많은 사람들을 만났다. 어떤 날 밤에는 침례교회에서 연주하고, 다음날에는 가톨릭교인들을 위해 노래하곤 했다. 리치는 모든 교파 안의, 그리고 교파 사이의 교리적 논쟁을 분명히 목격했다. 그는 그런 논쟁이 교파를 쇠약하게 만든다고 생각했다. 그의 비난은 매우 도전적이었다.

## 66 Rich...

모든 집회에서 제시하는 교리적 설명이 사실 그렇게 가치 있다고 생각하지 않는다. 교리를 설명하는 사람들을 불쾌하게 만들기 위해 이런 말을 하는 게 아니다. 지난 날 많은 이단 운동이 있었고, 여전히 건전한 교리를 고수해야 한다는 것은 이해한다. 그러나 올바른 교리는 우리의 인격 안에서 태어나는 것이라고 생각한다. 우리는 예수님이 다시 오실 때까지 사도신경을 고백할 수 있지만, 누군가를 사랑하지 않으면 결코 그리스도인이 아니다 [16]. 99

리치는 정통신앙의 신봉자였고, 신학적 특징을 쪼개는 것은 수많은 교회가 서로 사랑하는 일에 집중하지 못하게 한다고 믿었다.

세상이 너무 세속적으로 변하면 교회는 세상을 비난할 수 있다. 그러나 교회가 너무 세속적으로 변하면 세상은 그 세속성 때문에 교회를 충분히 비난할 수 없다.
· G. K. 체스터튼 ·

리치는 '어린 형제들' 회원들에게 교회의 역할을 전하는 일에 많은 시간을 쏟았다. 에릭 호크는 말했다. "언젠가 그는, 자기가 볼 때 교회가 종종 잘못된 싸움을 한다고 했어요. 교회가 못 읽고 못 먹는 사람들을 위해 싸워야 할 텐데, 신학적 견해 차이로 서로 싸우고 있다고 말이에요." 리치가 교회를 향해 예언자적인 말을 했던 것은 교회가 다른 교리를 비난하는 일보다 가난한 사람과 특권을 박탈당한 약자들을 돌보는 일에 더 집중해야 한다는 뜻에서였다.

그리고 그는 초대형교회 짓는 일을 그리 좋아하지 않았다. 그는 사역 중이던 쉐리 맥크리디 Sherrie Macready를 지도하는 데 많은 시간을 보냈다. 그녀는 급성장하는 교회에 다니고 있었다. 그는 쉐리에게 교회의 절박한 의무에 대해 생각해보라고 도전하곤 했다. 이에 대해 쉐리는 다음과 같이 말했다. "그는 제 신학을 완전히 뒤엎었어요. 그는 어떻게 교회가 하루살이는 걸러 내고 약대는 삼키는지를 말했어요. 그리고 복음을 전하고 가난한 사람들을 돌보는 대신 교리를 논하고 수적으로 증가하는 일에 애쓴다고 했어요. 그는 오늘날 많은 교회가 길을 잃은 사람들이 있는 곳으로 나아가는 대신 길 잃은 사람들을 아름다운 건물로 유인하는 데 애쓰고 있다고 말했어요."

리치는 그의 노래 'Alrightokuhhuhamen'에서 다음과 같이
썼다.

이제 주님이 '너 교회여, 더욱 많이 사랑하라'고 말하셨다
세상이 치유의 손길을 기다리고 있기 때문이다
그리고 그는 우리에게 약속해주셨고, 임무를 내리셨다
그는 우리와 함께 계시겠지만 그 일은 우리가 해야 할 일이라고

리치는 세상 사람들이 얼마나 상처를 받았는지 분명히 보았
고, 많은 교회가 예수님이 우리에게 다가가라고 명령하신 바로
그 사람들을 무시하고 자기들만의 이익에 더욱 관심을 가지는
것을 몹시 안타까워했다.

그가 수많은 교회에서 본 다른 잘못은 교회가 수도원화 되어
가는 것이었다. 리치와 함께 순회공연을 했던 기독교 레코딩 아
티스트인 캐롤린 아렌즈Carolyn Arends는 그가 설명한 특별한
사건을 다음과 같이 말했다. "그는 그의 교회에서 아이들이 토
요일 밤에 술 먹을 계획이 있다는 것을 어떻게 아는지 제게 말해
줬어요. 그 교회에서는 주일 오전에 그들을 냉담하게 대하는 대
신 그들을 위해서 특별한 아침 식사를 마련했어요. 교회 사람들
은 '아무튼 그들은 어딘가에 가서 숙취를 풀어야 하니까 여기서
우리와 함께 푸는 게 낳을 거야'라고 말했어요." 그런 경험은 분

명히 리치에게 큰 영향을 끼쳤을 것이고, 바울이 '인자하심이 너를 인도하여' 심판이 아니라 '회개케 하심'이라고 말한 의미가 무엇인지 생생하게 느끼도록 도와줬을 것이다.

그리고 리치는 교회가 어떻게 갈라질 수 있는지를 속속들이 알고 있었다. 그는 사람들이 예배를 드릴 때에 자기의 인종적 혈통이나 경제적 방침을 벗어나는 경우가 거의 없다는 것을 깨달았다. 한 번은 그가 보수적이고, 경제적으로 어느 정도 풍요로운 교회에서 공연을 할 예정이었다. 그는 찢어진 청바지에 티셔츠를 입고 음향을 점검했다. 그 교회 목사님이 그에게 집회를 인도할 때는 옷을 바꿔 입을 것인지를 정중하게 물었다. 리치는 그것이 질문이 아니라 요청이라는 것을 알아차리고는 다른 옷을 입을 거라고 했다. 그는 깨끗하고 소매가 긴 흰색 셔츠를 입었지만, 청바지 외에 다른 바지가 없었다. 그 집회 감독하는 일을 도왔던 마리타 메인너츠가 말했다. "그는 사람들이 자신의 모습을 그대로 받아들이지 않았기 때문에 집회를 인도하는 내내 태도가 달랐어요. 사람들이 옷처럼 사소한 것으로 자신을 판단하고 있다고 생각했지요."

리치는, 교회의 목적은 잘 차려 입은 멋진 사람들을 진열해놓은 화랑이 되는 게 아니라 다친 사람들을 위한 병원이 되는 것이라고 믿었다. 그는 교회가 성공한 사람들의 사회가 아니라 용서받은 사람들의 친구라는 것을 상기시키면서 번영을 설교하는 교회에 대해서 신랄하게 말했다. 그는 교회가 사람들의 비위를 맞춰 기분 좋게 해주는 곳이 아니라 하나님을 찾을 수 있는 곳이라고 힘주어 주장했다.

리치는 많은 교회가 문화와 적절히 연관지어 전략을 세우고, 사람들을 위로하고 그들의 기분을 좋게 해주는 메시지로 사람들에게 다가가려고 노력하는 것을 걱정했다. 하지만 실제로 그들에게 필요한 것은 치유받기 전에 마음을 쿡 찌르는 메시지일 것이다. 목사이자 리치의 오랜 친구인 게리 로우 *Gary Rowe* 는 다음과 같이 말했다. "리치는 이제 막 교회를 다니기 시작한 사람들에게 민감한 교회 예배를 정말로 싫어했어요. 그는 정말 교회를 사랑했고, 인간이 의도하는 교회가 아니라 하나님이 의도하는 교회가 되기를 간절히 소원했어요."

　리치는, 교회가 직면한 큰 위험 중 하나가 문화에 항복하고, 문화가 사람들에게 어필하는 방법을 교회에서 채택하는 것이라고 생각했다. 교회가 사람들이 이해할 수 있게 말하기 위해 노력하는 동안, 문화적 관련성(cultural relevance)이 어렵지 않게 타협하도록 한다. 그는 '나라들이 창궐하는 동안에(While the Nations Rage)' 세상의 미혹에 강하게 맞서는 교회를 마음속으로 그렸다.


　　세상의 신들이 평화를 약속할지라도
하나님의 교회는 그들에게 무릎 꿇지 않을 것이다
하나님의 교회는 자신의 자리를 지킬 것이다
반석 위에 굳게 설 것이다
교회가 하나님의 사랑을 실천할 때
나라의 벽이 허물어지는 것을 지켜보라

리치는 세상의 약속이 아무리 좋은 것처럼 보여도 교회는 신념을 굳게 지켜야 한다고 생각했다. 비록 그것이 사람들을 화나게 만드는 결과를 가져올지라도 그는 삶에서 그렇게 할 수 있었다.

그는 많은 교회지도자들이 큰 싸움을 하고 있다고 생각했다. 어떤 이들은 출석인 수를 늘리라고 강요하는 성직자들 밑에서 굉장히 수고한다. 그리고 어떤 이들은 단순히 자기 자존심 때문에 그렇게 한다. 그는 이게 우스꽝스럽다고 생각했다. 그러면서 더 큰 교회가 되려고 애쓰는 대신, 더 큰 기독교인이 되기 위해 노력해야 한다고 말했다. 중요한 문제는 교회 의자에 얼마나 많은 사람들이 앉아 있는가가 아니라 그리스도를 알리기 위해 우리가 얼마나 많은 사람들을 파송하고 있는가이다.

그러나 이런 모든 실망의 한가운데서도 그는 계속해서 소망을 지닐 이유를 찾았다. 그는 어떤 것도 교회를 파괴하지 못할 거라는 그리스도의 약속을 믿었다. 힘이 넘치는 노래 '의인은 살리라(The Just Shall Live)'에서 그는 다음과 같이 말했다.

 교회는 지옥의 문을 향해 진격한다
그리고 교회는 세상의 나라에 의해 정복되지 않을 빛에
딱 달라붙어 있다

그는 교회가 우리의 것이 아니라는 것을 믿었다. 물론 지도자의 재산도 아니다. 그것은 하나님의 재산이다. 따라서 우리가 타협할 때에도 교회는 확고한 태도를 취할 것이다. 전에도 그랬고 앞으로도 그럴 것이다.


# 교회

　리치는 퀘이커교회에서 삶을 시작했고, 크리스천 교회에서 성
장했으며, 감리교회를 섬겼다. 그리고 말년에는 종종 가톨릭교
회에 나가기도 했다. 그는 어떻게 보든 분명히 초교파주의자였
다. 그는 여러 교파의 관례나 신념이 서로 일치할 때까지 그 간
격을 줄이려고 노력하는 일에 전혀 관심이 없었다. 오히려 각 교
파가 자기 교파만의 고유한 것을 제공해주는 것 때문에 다양한
교파를 사랑했다. 그는 다음과 같이 언급했다.

## 66 Rich...

　나는 퀘이커교인들을 매우 존경한다. 나는 항상 퀘이커교인
들이 더욱 '퀘이커교인다워지기를' 바랐다. 그리고 모든 교파
가 그렇게 되기를 바란다. 모두 똑같을 필요는 없다. 침례교인
들은 더욱 침례교인다워지고, 영국 성공회교인들은 더욱 성공
회교인다워지기를 바란다.[17]. 99

　리치는 다양한 교파들이 그 교파만의 고유한 전통을 잃어가는
게 달갑지 않았다. 그는 각 교파가 서로를 교정하기 위해 생겼
고, 각 교파에 중요한 가르침과 관례가 존재하는 것은 다 이유가
있다고 믿었다.

그러나 그는 교파가 지나치게 많은 것은 인간이 약간 변덕스럽다는 것을 입증하는 것이라고 생각했다. '어린 형제들'의 회원인 매트 존슨은 리치가 이것에 대해 다음과 같이 말했다고 했다. "그는 제게 '교파가 다양한 것은 좋은 일이에요. 그것은 하나님이 다스리고 계신다는 것과 우리는 하나님이 어떤 분이라는 것을 알아내려고 애쓰는 사람일 뿐이라는 것을 입증하는 것이니까' 라고 말했어요."

리치는 세상이 서로 다른 것을 좋아하고, 서로 다른 방식으로 일하는 다양한 사람들로 이루어진 것처럼 교회도 그렇다고 이해했다. 그는 그리스도의 몸의 다양성을 가치 있게 생각했고, 그가 다양한 교파에서 봤던 다양성을 칭찬했다. 그는 C. S. 루이스가 '한 우리 안의 양떼라고 해서 꼭 한 웅덩이에 모여 있을 필요는 없다(one fold does not mean one pool)'고 했던 것을 확언했다. 우리는 모두 한 목자를 따르는 양이지만, 모두 다 하나의 거대한 우리 안에 떨어져서 똑같이 될 필요는 없는 것이다.

리치의 누나 샤론은 리치가 다양한 교파를 처음으로 접했던 때를 기억하고 있다. "그가 여러 군(郡)에서 모인 학생들로 이루어진 합창단에서 피아노를 연주하고 있었을 때, 그는 초교파주의를 가지는 법을 배웠어요. 그 합창단은 여러 교파를 가진 아이들로 구성되었고, 그때 웨인은 각각의 교파가 자기 교파만의 방법에 있어 옳다는 것을 배웠어요." 그러한 경험은 그가 다양한 교파의 어떤 점을 찬성하는 방법을 배우는 데 도움이 되었지만, 나이가 들수록 찬성하는 것과 마찬가지로 어떤 결점을 지적하는 것도 능숙해졌다.

가수 겸 작곡가인 빌리 크로켓 *Billy Crockett*은 부랑아 밴드의 초창기 멤버였는데, 그는 다음과 같이 말했다. "저는 그가 교리적 결점 사이에 놓인 경계선을 능숙하게 넘는 방법을 좋아했어요. 그는 동시에 많은 사람들의 방침에 다른 의견을 제기하곤 했죠. 그러나 사실 그는 교리보다 더 심오한 것들에 관심이 있었기 때문에 교리적 문제에 관한 세세한 것까지 따지는 데 시간을 보내지는 않았어요. 그가 관심을 보였던 것은 그것보다 더욱 중요했어요. 그가 주로 이야기했던 것은 그의 삶과 죽음이었어요."

리치의 콘서트에서 객석에 앉아 있으면 빌리 크로켓의 말을 확인할 수 있다. 어느 순간에 그가 교파의 성역을 부수려고 한다는 느낌을 받을 수 있기 때문이다. 그는 보통 그렇게 했다. 그러나 콘서트가 끝날 때쯤엔, 유산의 훌륭한 점을 확인시켜주었다. 리치는 한때 다음과 같이 말했다.

## 66 Rich...

과거에 일어난 모든 것은 실패했고, 그것은 앞으로도 계속해서 실패할 거예요. 저는 그 이유가 하나님이 질투의 하나님이기 때문이라고 생각해요. 그는 심지어 자신에 대한 최고의 생각도 하지 못하게 하실 거예요. 그리스도가 일종의 허위적인 모든 조직신학과 서투른 신교의 모든 어리석음, 가톨릭의 모든 문제를 제거하셨을 때, 그리고 그가 우리가 그에 대해 만들어낸 모든 것들을 제거하셨을 때, 우리는 그의 참모습과 만날지도 몰라요. 그럴 때 우리는 우리의 참모습을 알게 될 거예요.[18] 99

각 교파는 우리 각자처럼 유리를 통해서 하나님을 본다. 그러나 단지 희미하게 볼 것이다. 실제로 우리는, 살아계시고 그다지 유순하지 않은 하나님을 나타내기 위해 그에 대해 알고 있다고 생각하는 것을 깨끗이 제거해야 할 때가 있다. 리치는 항상 이런 종류의 정화작업을 스스로 행하며 살았다.

## 전통 충실히 지키기

리치의 오랜 친구 캐시 스프링클Kathy Sprinkle은 다음과 같이 말했다. "리치는, 우리가 어떤 교파에서 성장했든지 그 안에서 최고의 것을 수용하고 그 안의 유산을 사랑해야 한다고 생각했어요." 그는 우리에겐 전통을 충실히 지킬 의무가 있다고 믿었다. 분명 우리가 속한 교파에서 벗어나 다른 교파를 탐구하는 일이 생각만큼 해롭지 않다는 느낌이 드는 경우가 있을지도 모른다. 그리고 그 교파에서 제대로 성장할 수 있을지도 모른다. 그러나 그는 각자 자기가 속한 교파의 전통을 알고 그것의 유산과 신념을 배우고 현재 위치에서 충실히 지키도록 최선을 다해야 한다고 믿었다. 실제로 스스로도 그렇게 했다.

'어린 형제들'의 일원인 마이클 어코퍼는 비록 당시에 그들이 공동체를 이루어 함께 생활하며 일하고 있었지만, 리치가 각자 자기 교파의 전통을 지키라고 어떻게 격려했는지에 대해 말했다. "그는 '어린 형제들' 회원 모두에게 교회의 유산을 배우고, 우리가 속한 교파에 전념하라고 말했어요. 그는 찬송가를 너무 좋아해서 콘서트뿐만 아니라 매일 갖는 경건의 시간에도 불렀어요. 가톨릭 신자였던 저는 개신교 찬송가가 생소했지만 정말로 찬송가를 사랑하는 방법을 배우게 됐어요." 리치는 마이클 어코퍼에게 자신만의 전통을 지지하라고 격려하는 반면 다른 전통을 음미하는 것을 도와주기도 했다.

리치의 이러한 생각은 다른 전통에서 더 나은 것을 찾는 행위에 대한 냉소에서 비롯되었다. 그의 대학 친구 샘 하워드는 이렇게 말했다. "그는 항상 웃으면서 '네가 어느 교회를 다니든지 그냥 그 교회에 있어. 교회는 모두 혼란스러운 곳이거든' 이라고 말하곤 했어요." 그는 완벽한 교회를 추구하는 것은 시간낭비라고 생각했다. 옛 농담처럼, 만일 (죄 없는 사람들만 다니는) 완벽한 교회를 찾았더라도, 당신이 거기에 들어가는 순간 그 교회는 더 이상 완벽하지 않다. 우리는 모두 죄인이기 때문이다. 그는 무엇보다 사람들이 서로의 전통을 존중하기 원했다. 그는 교회의 가장 큰 비극이자 세상에 그리스도를 전하는 데 실패한 이유는 우리가 서로 싸우기 때문이라고 생각했다.


# 가톨릭에 대한 관심

이 세상에서의 마지막 몇 년 동안 리치는 로마 가톨릭에 점점 더 관심을 가졌다. 그는 로마 가톨릭 신앙의 신비함과 성당의 미적 아름다움, 금으로 만들어진 작품, 예술작품, 조상에 끌렸다. 그가 처음 관심을 가졌던 가장 큰 이유는 아시시의 성 프란시스

Saint Francis of Assisi에 대한 존경심이었다. 프랑코 제피렐리 *Franco Zefferlli* 감독의 영화 '성 프란체스코*Brother Sun, Sister Moon*'를 보기 전까지 그는 성 프란시스에 대해 거의 알지 못했다. 그 영화는 그에게 엄청난 영향을 끼쳤다. "이 영화에서 성 프란시스의 생애를 봤을 때 저는 생각했어요. '저게 바로 내가 정말 하고 싶은 것이다. 정말 가난하게 살고 싶다. 정말 의미 있는 삶을 살고 싶다. 정말 그리스도를 닮고 복음의 법을 지키며 살고 싶다.' 그리고 평생 그렇게 살기 위해 노력했다고 생각해요.[19]"

그러나 비록 가톨릭에 끌렸지만, 그는 가톨릭의 몇 가지 가르침 때문에 괴로워했다. 그는 7개월에 걸쳐 교리문답을 마쳤지만, 결국 가톨릭으로 개종하지 않았다. 그는 이에 대해 다음과 같이 설명했다.

## ❝ Rich...

개신교 사이에 많은 요소들이 서로 다르지만, 가톨릭은 그렇지 않았어요. 하지만 견진성사(Right of Christian Initiation for Adults) 과정을 마쳤을 때 몇 가지 실제적이며 중요한 차이점이 있다는 것을 알았어요. 문제의 어떤 점을 비난해야 하는지 확신이 안 섰어요. 가톨릭을 받아들이는 게 매우 두려웠어요. 저는 십자가조차 세우지 않은 교회에서 성장했기 때문에 많은 것들이 그저 생소하기만 했어요. 오랫동안 존경했던 나이 지긋한 개신교 신자에게 가서 물었어요. "예수님께 충성을 다하며 성실히 살면서 언제 편견을 버려야 하지요? 그리고 언제 그것을 고수해야 하지요?" 그는 그게 가톨릭교인이나 개신교인이 되는 것과 상관없다고 했어요. 그것은 다만 예수님께 충성을 다하며 성실한 사람이 되는 것에 관한 것이라고 했죠. 문제는 우리가 어느 교회에 다니느냐에 관한 게 아니라 예수님이 이끄는 곳으로 따라가고 있느냐에 관한 것이라는 거였죠.[20] **"**

그가 말했듯이 그는 궁극적으로 '예수님께 충성을 다하고 성실할 수 있는 곳'을 열심히 찾고 있었다. 그에게는 그것이 예배를 드리는 것보다 중요했다.

비록 그가 가톨릭교회에 다니진 않았지만, 가톨릭에 대한 그의 올바른 인식은 개신교인들이 가톨릭교회의 가치를 보도록 하는 데 도움이 되었다. 이와 유사하게, 그의 집회에 참석하는 가톨릭교인들이 증가했는데, 이들은 복음적 전통에 깊이 뿌리박힌 생각과 이미지를 접하고 있었다. 리치는 두 그룹을 한자리에 모으는 데 큰 관심을 가지고 있었다. 그는 살아 있을 때, 심지어 세상을 떠난 후에도 그런 일이 일어나도록 많은 일을 했다.


# 하나님의 사람

네바 멀린스는 말한다. "비록 웨인이 가톨릭교인이 되려는 것에 대해 한 번도 얘기한 적이 없었지만, 가톨릭교인이 되었더라도 괜찮았을 거예요. 천국에 가면 어떤 교파도 없을 테니까요." 이런 정신 역시 리치의 생각을 지배했다. 어떤 개신교 광신자들은 가톨릭을 향한 그의 여정에 대해 질문한다. 그 질문에 답하기 위해 그의 누나 데비는 훌륭한 방법을 발견했다. "많은 사람들이 그가 가톨릭교인이 되어 가고 있었는지 물었어요. 저는 말했어요. 그는 하나님의 사람 외에는 어떤 것도 되어가는 중이 아니라고요."

그는, 하나님의 사람이 되기 위해 우리가 교회와 연결되어 있어야 한다고 믿었다. 하나님은 교회를 창조하셨고, 교회에 성경의 법령과 찬송가, 기도와 신조를 주셨다. 우리가 그리스도와 하나가 되는 곳은 오직 교회뿐이다. 우리는 교회에서 그리스도의 죽음과 부활, 불멸성을 함께 경험한다. 교회는 완벽한 사회가 아니다. 그리고 교회는 우리를 축복한 만큼 우리를 좌절시킬지도 모른다. 그러나 우리는 교회가 필요하다. 교회 없이는 살아갈 수 없다. 우리가 교회를 만들지 않았지만 교회는 우리를 만들고 있다.

✱ 묵상을 위한 질문

1. 당신에게 교회는 어떤 의미인가?

2. 노래 '사도신경'의 가사를 읽어 보라. 어떤 소절이 가장 의미 있는가? 그 이유를 설명해보라.

3. 당신이 출석하는 교회의 유산에 대해 생각해보라. 당신은 어떤 교파에서 성장했는가? 만일 어른이 되어 기독교인이 됐다면, 어떤 교파에 소속되어 있을 것 같나? 특별히 그 교파에 있는 이유가 무엇인가?

4. 리치는 우리를 '만들기' 위해 교회가 어떻게 고안되었는지 말했다. 찬송가, 기도, 성찬식, 설교 같은 것 중에서 당신의 여정의 단계에서 가장 큰 격려와 영감을 주는 게 무엇인가?

5. 당신이 다니는 교회의 어떤 부분이 향상되었으면 좋겠는가? 교회가 그렇게 성장하기 위해 당신은 어떻게 참여할 수 있는가?

✱ 생각과 연습

• 사도신경이나 니케아 신조를 외워라. 선배들의 믿음으로 세상을 바라보는 방식을 형성하고 만들어라.

• 당신이 다니는 교회의 목사님께 격려의 편지를 써보아라. 그가 당신에게 얼마나 많은 것을 주고 있는지 알려주어라.

*The Love of God :*
*Encountering the Reckless, Raging Fury*

나는 여기에서 시험을 받고 가치 있는 존재가 되었다
마음이 요동쳤지만 그것들을 제거했다
하나님의 사랑이라고 부르는
무모하고 맹렬한 분노 속에서
– '하나님의 사랑' 중에서

# 하나님의 조건 없는 사랑

우리 모두에게 사실인 한 가지가 있다. 바로 사랑 받기를 간절히 원한다는 것이다. 우리는 그것을 갈망하고, 추구한다. 그것을 전혀 발견하지 못하면 우리는 영적으로 죽는다. 사랑은 우리의 존재를 위한 가장 심원한 이유다. 우리처럼 리치는 무조건적으로 사랑 받기를 간절히 바랐다. 그리고 하나님이 자기를 사랑해주실 거라고 믿기 위해 몸부림치는 죄인이었다. 그러나 신경(creed)이 그를 새롭게 만들면서 그는 자비에 대해 배우기 시작했다. 하나님은 리치에게 약한 자들과 상심한 자들, 죄인들을 위한 자기의 사랑에 대해 가르치고 계셨다.

## 66 Rich...

언젠가 나와 비커는 애팔래치아 산길에서 하이킹을 즐기고 있었어요. 그는 친구 몇 명을 만났고, 그래서 저는 마을로 걸어 내려갔죠. 마을은 산길 아래에 있는 야영지에서 8Km 쯤 떨어져 있었어요. 저는 식당에 들어가 스테이크를 먹고 있었어요. 그런데 한 남자가 제게 말하기 시작했고, 우리는 매우 재미있는 대화를 나누었죠. 참 즐거운 시간이었어요. 그때 그가 말했어요. "여기서 야영지까지는 8Km예요. 이미 어두워졌는데, 거기까지 태워다 줄까요?"

제가 그랬죠. "오, 좋아요!"

그래서 우리는 차에 탔고, 마을의 마지막 불빛이 사라지자마자 그가 이렇게 했어요.

"아무래도 말해야 할 것 같아서요. 사실 전 게이에요."

그 말에 저는 "오, 그렇군요! 전 기독교인이에요"라고 말했어요.

그러자 그가 말을 얼버무렸어요. "음, 내리고 싶으면…"

저는 대뜸 "왜요?"라고 물었어요.

"음, 전 게이고 당신은 기독교인이잖아요"라고 말하더군요.

"아직 8Km나 남았고, 여전히 어두운데요?"

그렇게 말하자 그가 말했어요. "전 기독교인은 게이를 혐오하는 줄 알았거든요."

"그거 재미있네요. 기독교인은 사랑해야 하고, 그것이 기독교인이 지켜야 하는 첫 번째 명령이라고 생각했는데…."

하나님의 조건 없는 사랑

"음, 저는 하나님이 게이를 싫어하실 거라고 생각했어요."

그래서 제가 말했죠. "그거 정말 재미있네요. 저는 하나님이 사랑이라고 생각했거든요."

그러고 나서 그는 저에게 굉장히 중요한 질문을 던졌어요. "당신 생각에 제가 게이라서 지옥에 갈 것 같아요?"

음, 저는 착한 인디애나 주의 주민이기 때문에 "네, 당신은 게이이기 때문에 물론 지옥에 갈 거예요"라고 말하기 위해 입술을 오므렸어요. 그런데 정작 제가 입을 열었을 때에는 "아니요, 당신은 게이라는 이유로 지옥에 가지 않을 거예요"라는 말이 툭 튀어 나와 버렸죠. 그리고 속으로 생각했어요. '오 맙소사! 뉴햄프셔에 있은 지 고작 일주일 밖에 안 되었는데, 벌써 자유주의자로 변해버렸다니. 내가 지금 이 사람에게 뭐라고 말하고 있는 거지?'

저는 그에게 말했어요. "아니요, 게이라서 지옥에 가지는 않을 거예요. 자기의 행위 때문에 지옥에 가는 사람은 아무도 없어요. 다만 하나님이 우리에게 간절히 주고 싶어 하는 은혜를 거절했기 때문에 지옥에 갈 뿐이죠. [1]" **"**

# 죄에서 은혜로

두 가지 사건 덕분에 리치는 하나님의 무조건적인 사랑이라는 기본 개념을 현실로 승화시켰다. 그 사건들은 그의 인생과 음악, 사역을 변화시켰다.

1989년, 리치는 데이비드 버즈비 *David Busby*라는 젊은 목사와 사역했다. 데이비드 버즈니 목사는 '하나님이 당신을 더욱 사랑하게 하기 위해 당신이 할 수 있는 일은 아무것도 없다. 그리고 하나님이 당신을 덜 사랑하게 하기 위해 당신이 할 수 있는 일도 아무것도 없다'고 말했다. 리치는 비록 전에 하나님의 사랑에 대해 들어본 적이 있지만, 이렇게 대담한 표현을 듣자 다시 한 번 충격을 받았다. 그는 하나님의 사랑이 우리가 하는 일, 또는 우리가 하지 않은 일에 기초하지 않는다는 사실을 처음으로 안 듯했다. 하나님이 각 사람들을 사랑하시는 것은 하나님이 사랑이시기 때문이고, 그것은 그의 본성에서 솟아나온 것이다. 하나님의 사랑은 우리의 행실이나 잘못, 성공이나 죄에 기초하지 않는다. 하나님의 사랑은 실재다. 하나님은 절대 변하지 않은 채 끊임없이 우리를 사랑하신다.

리치가 이 개념에 열중하기 시작하자 하나님과 자기 자신에 대한 견해가 깡그리 새로운 형태를 취하기 시작했다. 그것은 우리의 영혼은 굉장히 크고, 우리는 천천히 변한다는 것이었다. 리치는 그때 그것이 사실이기를 바라는 것에서 실제로 그것을 믿는 쪽으로 움직이게 하는 중요한 순간이었다.

## 66 Rich...

우리는 (운전하는 동안) 트럭에서 수차례 침묵하는 연습을 한다. 그래서 테이프 같은 것들이 거의 없다시피 한다. 그러나 침묵하는 연습을 하는 특정한 규칙이 있는 것은 아니다. 원하는 것은 무엇이든 할 수 있다. 그래서 비커는 브레넌 매닝의 테이프를

틀었고, 사실 나는 그것을 정말로 듣고 싶지 않았다. 브레넌 매닝이 누구인지 모른데다 평소에 설교를 좋아하지 않기 때문이다. 그런데 나는 금세 "아, 좋아"라고 말하고, 5분 정도 설교에 대해 생각했다. 그리고 길가에 차를 세웠다. 소리치고 싶었기 때문이다. 나는 생각했다. '나는 아주 어렸을 때 교회를 갔다. 아마 태어난 지 일주일이 지났을 때부터 갔을 거야. 그런데 마치 지금 이 설교가 그리스도의 복음을 전하는 첫 번째 설교인 것 같아. 그는 어떤 쟁점이나 신학적 견해에 대해 설교하고 있지 않아. 복음 외에는 어떤 것도 말하지 않아.' 그리고 이어서 계속 생각했다. '와우, 이것은 정말 내가 간절히 듣고 싶었던 설교야. 죽고 싶을 만큼 듣고 싶었던 것이지.[2]' **"**

스피커에서 흘러나오는 복음에 대한 브레넌 매닝의 선언은 리치에게 강력한 영향을 미쳤다. 나중에 리치와 브레넌 매닝은 만나서 절친한 사이가 되었다. 심지어 리치는 브레넌 매닝의 책 《부랑아 복음*The Ragamuffin Gospel*》을 읽은 후에 자기 밴드 이름을 '부랑아 밴드'라고 지었다.

데이비드 버즈비처럼 브레넌 매닝 역시 리치에게 큰 영향을 끼쳤다. 그는 이렇게 말했다. "하나님은 이 모습 이대로 우리를 사랑하신다. 우리가 마땅히 되어야 하는 사람이 되었기에 사랑하시는 것이 아니다. 우리는 결코 되어야 하는 사람이 되지 못할 것이기 때문이다." 하나님의 사랑에 대한 두 가지 진술(하나님은 이 모습 이대로 우리를 사랑하신다, 우리가 그런 사랑을 바꾸기 위해

할 수 있는 일은 아무것도 없다) 탓에 리치가 하나님에 대해 생각하는 방식은 극적으로 변했다.

그리고 그것은 리치의 말과 음악, 사역의 방향을 완전히 바꿔 놓았다. 1986년에서 1997년까지 리치의 매니저였던 게이 퀴즌베리Gay Quisenberry는 말했다. "리치의 생애 마지막 5년 동안 콘서트의 주제는 하나님의 사랑이었어요. 순회공연을 할 때마다 그는 초반에 공연의 주제를 찾곤 했어요. 더욱 기도하고 깨닫기 위한 것이었죠. 주제는 매번 달랐어요. 하지만 콘서트가 마지막 단계에 이르렀을 때, 초점은 항상 하나님의 사랑이었어요. 그는 그것을 모든 사람들이 들어야 한다고, 한 번만이 아니라 계속해서 들어야 한다고 말했어요. 비록 그게 자기 입술에서 나올지라도 사람들이 하나님의 사랑에 대해 계속 들어야 한다고 말했어요."

새로운 신념이 예전의 신념을 대체하는 데는 시간이 걸리기 때문에 리치는 이 진리를 계속 반복해서 말했다. 리치가 자라면서 들은 메시지는 브레넌 매닝의 설교와 달랐다. 그가 들은 메시지는 정죄에 대한 것과 죄의식을 갖게 하는 훈계였다. 그리고 그는 그것을 믿었다. 그것이 리치의 영혼 어딘가에 심어졌고, 그는 그것을 들으면서 하나님과 자신에 대해 생각하는 방식을 결정했다. 그것은, 하나님은 진노하시는 심판자이고 자기는 오직 지옥에 갈 운명에 처한 죄인이라는 것이었다.

진노하시는 하나님을 사랑하는 것은 분명 힘들다. 게다가 스스로 가치 없는 사람이라고 믿는다면 자기를 하나님의 사랑하는 자녀로 생각하기는 더욱 힘들다. 리치는 두려움과 자기혐오라는 영적인 적과 친구가 되었다. 하지만 그는, 브레넌 매닝의 글과 우정 덕분에 서서히 그러나 확실히 예수님께 가까이 다가갔다. 그리고 얼마 지나지 않아 하나님의 사랑에 대한 중요한 진리를 발견했다. 그것을 발견했을 때 리치는 흥분한 채로 가장 아름다운 노래를 만들었다.

## 하나님의 사랑

하나님의 자비는 넓고 크다
나에게서는 그런 자비를 발견할 수 없다
그리고 그는 돌같이 딱딱한 마음을 녹이기 위해
자기 사랑의 불꽃을 계속 타오르게 하신다
그런 사랑을 계속 사모하게 하소서
하나님의 사랑이라고 부르는
무모하고 맹렬한 분노에
사로잡히는 기쁨을 맛보게 하소서

지금은 천사 밴드가 보이지 않지만
나는 군인의 노래를 들은 적이 있다
사랑이 그 노래에 기치처럼 걸려 있다
그 노래에 담긴 사랑이 나를 계속 이끈다
삶의 여정에서 승리를 일군다
그것은 결코 멈추지 않을 것이다

자비와 하나님의 격렬한 사랑은 계속 커진다
오, 하나님의 사랑
오, 하나님의 사랑
하나님의 사랑

기쁨과 슬픔이 이 바다에 있다
그리고 모든 밀물과 썰물에 있다
지금 주님이 문을 여셨다
모든 지옥의 권세가 결코 닫을 수 없는 문을
여기에서 나는 시험받고 가치 있는 존재가 되었다
마음이 요동쳤지만 그것들을 제거했다
하나님의 사랑이라고 부르는
무모하고 맹렬한 분노 속에서

　리치는, 하나님의 사랑은 단순히 우리에게 필요한 어떤 것이
아니라 우리가 만들어진 이유라는 것을 깨달았다. 하나님은 우
리를 사랑하셔서 실제로 존재하게 만드셨다. 우리가 태어나기
전에 하나님은 우리를 보았고, 우리가 존재해야 한다고 선언하
셨다. 존재하는 모든 것은 하나님의 사랑으로 존재하게 되었다.
우리는 사랑 받기 위해 만들어졌다.
　우리는 모두 소중한 존재가 되기를 필사적으로 원한다. 우리
는 사람들이 우리를 있는 그대로 받아들이기를 간절히 원한다.
우리의 소원(명성, 권력, 쾌락 등) 중 사랑 받고 싶은 소원은 가장
깊은 곳에 간직되어 있다. 이런 사랑을 발견하지 못하면 극심한

고통을 받게 되고, 하나님의 사랑을 발견하는 데 도움이 된다고 생각하는 활동으로 (종종 잠재의식 속에서) 내몰린다.

구루병(뼈의 발육이 좋지 못해 척추가 구부러지는 병)을 앓는 아이들은 '벽에서라도 석회(철분)를 긁어내리려고 한다'는 말이 있다. 마찬가지로 우리도 사랑 받지 못하고 있다고 느낄 때에는 '벽에게서라도 사랑을 받으려고' 한다.[3] 우리는 사랑 받기 위해 무슨 일이든 할 것이다. 남을 웃기기 위해 애쓰고, 성공하기 위해 노력할 것이다. 심지어 외모를 바꾸기까지 할 것이다. 우리는 하나님께 받아들여지는 방법을 찾기 위해 완벽해지거나 성인처럼 되려고 노력할 것이다. 그러나 그 방법을 찾으려는 모든 시도는 결국 실패할 것이고, 그에 따르는 고통을 부인하거나 무시하기 위해 노력할 것이다. 아니면 술이나 약의 기운을 빌어 치료해야 할 것이다. 그러나 우리는 반드시 하나님께 받아들여져야 한다. 인간의 영혼은 사랑 받지 못하면 견딜 수가 없다.

리치는, '그들에게 할 말(To Tell Them)'이란 노래에서 다음과 같이 썼다.

주님이 구원하실 수 없을 만큼
그렇게 나쁜 사람은 없기 때문이다
하나님의 사랑이 필요 없을 만큼 훌륭한 사람은 없다
사람들에게 보여주어야 할 것이 한 가지 있다
그들이 볼 수 있게 해줘야 할 것이 오직 한 가지 있다

어쩌면 당신도 원하고 있을지 모른다
그들에겐 하나님의 사랑이 필요하다
그것이 그들에게 필요하다

  우리가 다른 무언가를 원한다고 생각할지도 모르지만 우리에게 필요한 것은 하나님의 사랑이다. 리치는 자기에게 가장 급한 바람이 하나님의 사랑을 느끼는 것이라는 것을 알고 있었다. 하지만 그전에 먼저 자기의 죄성(罪性)을 해결해야 했다. '하나님이 나처럼 죄 많은 사람을 어떻게 사랑할 수 있겠어?' 실제로 우리가 갈망하고 있는 사랑은, 비록 우리가 연약하고 실패할 수 있는데도 불구하고 사랑하는 게 아니라 우리가 연약하고 실패할 수 있기 때문에 사랑하는 것이다.
  우리는 비록 우리의 약점을 다른 사람들이 알더라도 그 모습 그대로 사랑 받기를 갈망한다. 오직 그럴 때만 우리가 정말 사랑 받는다는 것을 느낄 것이다. 그러나 이런 종류의 사랑은 오직 하나님만이 가지고 계신다. 사람들은 너무 제한적인 존재이기에 그런 사랑을 줄 수 없다. 그것이 하나님 외의 다른 것에서 그런 사랑을 찾을 수 없는 이유다.


## 하나님의 사랑 발견하기

  데이비드 버즈비와 브레넌 매닝의 말은 리치의 생각을 변화시킨 길고 느린 과정이었다. 그는 하나님이 세 가지 방법으로 사랑을 보여주신다는 것을 알게 되었다. 우선 첫 번째 방법은 창조를 통해서다. 리치는 자연의 아름다움과 무조건적인 복종을 통해 하나님의 사랑의 구체적인 모습을 보았다. 사람들은 대개 나무를 볼 때 나무 외에는 아무것도 보지 못한다. 하지만 그는 나무를 보면서 나무를 향한 하나님의 사랑을 깨달았다. 그리고 그는 새의 노랫소리와 아이의 웃음소리, 산의 장엄함 속에서 하나님의 사랑을 느꼈다. 우리에게 들을 귀가 있다면, 리치가 아주 좋아한 자연이 하나님의 사랑을 외치고 있다는 것을 알 것이다. 리치는 다음과 같이 썼다.

## 66 Rich...

나는 주변 경치가 변하는 방식을 매우 좋아한다. 시골의 지형이나 사람들이 땅 위에 지은 것들을 보면 '이것을 놓치지 마세요. 이것은 수백만 개의 경치 중 하나예요'라고 말하는 것 같다. 그런 고요한 경치 중에 있으면 혼동되고 흥분된 느낌이나 생각들이 차분해지면서 하나님의 사랑의 모습이 서서히 나타나기 시작한다.4 99

하나님이 사랑을 보여주시는 두 번째 방법은 예수님의 인격을 통해서다. 하나님의 사랑에 대해 광범위하게 적은 사도 요한에게 하나님이 우리를 사랑하는지를 어떻게 알 수 있냐고 물어보면, 그는 다음과 같이 간단하게 대답할 것이다. "예수님을 보세요." 성경은, 하나님이 세상을 사랑하사 예수님을 보냈다고 말하고 있다. 예수님의 삶과 죽음은 사랑의 현현, 즉 하나님의 인격을 드러내는 것이다. 리치는 자기를 사랑할 수 있는 하나님의 능력을 의심했지만, 예수님의 인격은 결코 무시할 수 없었다. 그래서 그는 '하나님의 나라가 임하시면(All the Way to Kingdom Come)'이라는 찬양에서 '외형을 주셨고… 이름을 주셨다'고 했다. 리치의 동생 데이비드는 '그는 항상 자기 가치(self-worth)의 감정과 싸웠다. 하지만 그는 예수님의 죽음에서 자신의 가치를 발견했다. 그는 만일 예수님이 자기를 위해 기꺼이 죽었다면 자기는 분명 가치 있는 존재라고 확신했다'고 말했다.

사도 바울에게 하나님이 우리를 사랑한다는 증거를 보여주라고 부탁하면, 그는 다음과 같이 말할 것이다. '우리가 아직 죄인 되었을 때에 그리스도께서 우리를 위하여 죽으심으로 하나님께서 우리에 대한 자기의 사랑을 확증하셨느니라'(롬5:8) 하나님의 사랑에 대해 이보다 더 훌륭한 증거는 없다. 게다가 그는 모든 사람들을 위해 죽었다. 그들의 죄와 상관없이 말이다. 리치는 콘서트에서 이러한 개념에 대해 이렇게 설명했다.

## 66 Rich...

여러분, 하나님은 여러분을 위해 그리스도를 보내기 전에 여러분이 최악의 상황에 처해 있다는 것을 아셨어요. 그리고 기독교의 복음은 그리스도가 훌륭한 소년, 소녀들을 만들기 위해 이 땅에 오셨다고 말하지 않아요. 그리스도는 하나님과 여러분 사이에 끼어든 죄를 없애기 위해 오셨어요. 나는, 여러분이 차를 몰고 가면서 괴로워하는 사람이나 화가 난 사람들을 보면서 그냥 지나쳐버리는 것이 너무 슬퍼요. 만일 하나님이 여러분을 얼마나 사랑하시

는지를 여러분이 알았다면 그러지 않았을 텐데 말이죠 ⁵ **99**

하나님이 사랑을 보여주시는 세 번째 방법은 다른 사람을 통해서다. 리치의 믿음은 변증법적 기술이 아닌 다른 기독교인들의 사랑을 바탕으로 형성되었다.

## **66** Rich...

나는 기독교인이다. 하나님을 아는 사람들의 삶에서 드러난 하나님의 사랑을 보았기 때문이다. 말씀이 육신이 되었고, 하나님의 존재를 증명하는 사람들을 통해 하나님을 만났다. 하나님은 절대 거부할 수 없는 존재였다. 나는 기독교인이다. 다른 사람들이 내게 기독교의 요점을 설명해주었기 때문이 아니라 기꺼이 그 요점이 되려는 사람들이 있었기 때문이다. ⁶ **99**

하나님의 사랑은, 우리가 서로에게 경험하는 사랑 속에서 명확해진다. 그것은 하나님의 사랑과 맞닿아 있다.

하나님의 사랑에 대한 이해가 자라남에 따라 리치는 때때로 그것을 분명히 경험했다. 그의 어머니는 다음과 같이 말했다. '그는 하나님의 사랑을 실제로 느꼈어요. 그는 가는 곳마다 낯선 사람이었기 때문에 하나님께 의지했고 하나님께 가까이 갔죠. 그는 성인(聖人)은 아니었지만, 하나님의 사랑을 받고 있다고 느꼈고, 그것이 그를 다른 사람들과 구별되게 만들었죠.” 리치는 어머니가 자신을 사랑한다는 것을 분명히 느꼈다. 절대 의심하지 않는 사랑 말이다. 폭풍 같은 그의 삶 속에서 일종의 닻의 역할을 했던 사랑 말이다. 그녀는 성실하게 그에게 믿음의 본을 보였다.

인간의 사랑은 더 큰 사랑을 반영한다. 태양의 빛이 우리 몸에 닿아 따뜻하게 느껴지더라도 그 온기는 태양 자체에서 나온 것이다. 마찬가지로 우리가 다른 것들을 통해 하나님의 사랑을 경험하더라도 그것은 단지 부차적인 방법일 뿐이다. 리치의 가장 영향력 있는 노래인 '내가 서 있다면(If I Stand)'에서 그는 다음과 같이 말했다.

 친구 사이의 사랑보다
더욱 격렬한 사랑이 있다
그 사랑은 아기를 팔에 안고 있는 엄마의 사랑보다
더욱 온화하다

어머니와 친구에게 느낀 사랑이 리치를 지탱해주었고, 그 사랑이 하늘에 계신 아버지의 사랑, 더욱 강력하고 더욱 온화한 사랑의 증거가 되었다는 것은 의심할 여지가 전혀 없었다.

창조와 예수 그리스도, 다른 이들의 사랑, 이 세 가지 증거가 하나로 합쳐져 주목하지 않을 수 없는 하나님의 사랑의 모습을 형성한다. 그러나 그것은 강압적이지 않다. 우리는 여전히 믿음으로 그것을 믿어야 하는 입장에 있다. 하나님은 분명 간청하시지만, 결코 강요하시지는 않는다. 우리가 하나님께 받아들여지기 위해서는 하나님의 도움이 필요하다.

# 하나님의 사랑 받아들이기

　이런 사랑은 한두 번 느껴보는 것으론 충분치 않다. 그것은 우리 안에서 자라야 하는 것이다. 그러나 하나님의 사랑을 받아들이기 위해서는 직면해야 하는 장애가 많기 때문에 그 사랑을 온전히 받아들이기까지는 시간이 오래 걸린다.

---

하나님이 우리를 사랑하시는 것은, 우리가 사랑스럽기 때문이 아니라 그가 사랑 그 자체이기 때문이다.　　　　　　　· C. S. 루이스 ·

---

　리치는 하나님의 사랑을 이해하는 게 매우 힘들었다. 그것은 우리도 마찬가지다. 하나님이 얼마나 많이, 얼마나 열정적으로, 얼마나 섬세하게 우리를 사랑하시는지 이해할 수 있는 사람은 아무도 없다. 이런 사랑을 온전히 이해하는 것은 우리의 능력을 넘어서는 것이다. 에이미 그랜트는 (지저스 앨범 *The Jesus Album*의) (미치 맥비커와 함께 만든) 리치의 노래 '당신을 넘어서는 것은 없네(Nothing Is Beyond You)'에 대해 다음과 같이 말했다. "이 노래를 처음 들었을 때, 마음이 몹시 요동쳤어요. 지금까지도 이 노래를 들을 때마다 여전히 마음을 뒤흔드는 소절은 '당신을 넘어서는 것은 아무것도 없다는 말을 제외하곤 당신이 저를 어떻게 사랑하게 되었는지 설명할 수 없어요' 예요.[7] "

이런 종류의 사랑은 우리에게 매우 생소하기 때문에 설명할수 없다. 우리가 종종 말하는 사랑, 그러니까 우리에게 익숙한 사랑은 사랑하는 사람이 소중히 여기는 것에 기초한 감정이다. 우리는 상대의 어떤 점이 굉장히 멋있기 때문에 사랑에 빠진다. 그 감정은 강해지거나 약해지는데, 그것은 사랑하는 사람에 의해 좌우된다. 사랑하는 사람이 변하면, 감정 역시 변한다. 사람들은 항상 이런 사랑에 빠지고 그것을 버리기도 한다.

우리가 어떤 행동을 하는지와 상관없이 사랑 받고 있다는 것과 비록 연약하지만 받아들여지고 있다는 것, 날마다 정확히 똑같은 수준으로 소중히 여겨지고 있다는 것은 우리에게 매우 낯설다. 리치는 우리가 얼마나 쉽게 혼란스러워지는지를 통찰력 있게 말했다.

## 66 Rich...

20세기를 사는 우리는 성경을 보다가 '사랑' 이라는 말이 나오면 해석해버린다. 바로 우리가 영화에서 보거나 바보 같은 소설을 읽을 때 나오는 그런 종류의 사랑으로 말이다. 하나님의 사랑은 예수 그리스도의 죽음에서 매우 잘 나타난다. 하나님은 격렬하게 우리를 사랑한다. 그는 우리를 열심히 쫓아다닌다. 만일 그가 당신이 훌륭하기 때문에 사랑한다면, 그는 절대 하나님이 아니다. 하나님이 기분 좋은 하루를 보내고 있기에 당신을 사랑한다고 해도 마찬가지다. 하나님은 당신을 필사적으로, 열정적으로 사랑하신다. 그리고 그것을 잡는 것은 힘든 일이다. 그러나 나는, 지금이야말로 사랑을 해석하는 방법을 버리고, 그

사랑이 실제로 어떤 사랑을 의미하는지 알아봐야 할 때라고 생각한다.[8] 〞

　리치는, 우리를 향한 하나님의 사랑은 감정이 아니라 하나님의 본질을 나타내는 것임을 깨달았다. 바울이 말했던 것처럼, 그리스도의 죽음은 하나님이 우리를 사랑한다는 명백한 표시이자 명백한 증거다.

　하나님의 사랑은 감정이 아닐 뿐만 아니라 우리가 받을 수 있을 만한 것도 아니다. 우리가 사는 세상은 상벌체계를 기준으로 움직인다. 우리가 잘하면 상을 받고, 그러면 사랑 받는 듯한 느낌을 받는다. 반면에 우리가 잘하지 못하면 벌을 받고, 사랑 받지 못한다고 느낀다. 그러나 하나님의 사랑은 우리가 어떻게 하는지에 따라 우연히 일어나는 게 아니다. 그것은 지속적이다. 불행하게도 많은 기독교인들은 이미 소유하고 있는 사랑을 얻기 위해 필사적으로 애쓰고 있다. 그리고 절대 잃어버릴 리 없는 사랑을 잃을까봐 두려워한다. 이러한 체계는 완전히 고쳐져야 한다.

　예수님은 이런 점을 알았기에 우리의 이해를 돕는 우화를 많이 들려주셨다. 그는 서로 다른 시간에 일을 시작했지만 똑같은 품삯을 받는 일꾼들과, 아버지에게 자기의 몫을 미리 받아 모두 탕진하고 결국 집에 돌아와 잔치에 참여한 이기주의자에 대해 말했다. 예수님은 창녀를 반갑게 맞았고, 죄인들과 함께 음식을 나누었다. 비는 착한 사람에게든 나쁜 사람에게든 내린다. 하나님의 사랑 역시 마찬가지다. 그런데 우리가 생각하기에는 그것이 정말 불공평한 것 같다. 그것은 이런 사랑이 우리가 아는 사랑과는 전혀 다른 종류의 사랑이기 때문이다.

하나님이 우리를 사랑하신다는 사실을 받아들이지 못하도록 방해하는 가장 큰 장애물은 아마 우리의 죄성일 것이다. 리치는, 자기가 되고자 했던 사람과 실제 자기의 모습 사이에 굉장히 큰 차이가 있다는 것을 매우 잘 알고 있었다. 그는 자기의 실수에 대해 심지어 무대에서까지 솔직하게 말했다.

그런 차이 때문에 우리는 대부분 수치심을 느낀다. 우리는 하나님과 약속하고, 기꺼이 순결하고 완벽한 사람이 되려고 한다. 하지만 금세 한계에 직면하고, 가끔은 자기가 저지른 악행에 충격을 받는다. 리치가 그랬듯이, 하나님과 하나님에 대한 것들을 추구하는 사람들은 이런 고통을 훨씬 더 심하게 느낄 것이다. 리치의 절친한 친구로 몇 년간 국제구호기구에서 함께 일했던 알리사 로코타*Alyssa Loukota*는 다음과 같이 말했다. "리치는 하나님이 자기를 사랑한다는 것을 필사적으로 믿고 싶어 했어요. 하지만 종종 자기의 죄 때문에 그것을 의심했어요. 그는 다른 사람들도 그럴 거라고 생각했어요. 그는 하나님의 손이 자기 머리 위에 있다는 것을 알고 있었어요. 제 생각엔 그것이 리치를 두렵게 만들었던 것 같아요. 그래서 자기가 하나님의 사랑을 받을 만한 가치가 없다는 것을 증명하기 위해 잘못된 일을 하곤 했죠." 그러나 하나님의 사랑은 우리의 행동을 기초로 하지 않기 때문에, 그는 결코 그것을 증명할 수 없었다.

실패를 거듭하면 악마의 활동 무대가 된다. 실패를 할 때마다 악마가 다음과 같이 속삭이기 때문이다. "이봐, 당신은 사기꾼이고 협잡꾼이고 죄인이야. 그리고 하나님이 그것을 너무 잘 아시지. 당신은 하나님이 당신을 정말로 사랑한다고 생각하나? 그건 망상이야. 당신은 망상에 사로잡혀 있다고!" 이런 비난의 목소리에 주의를 기울이면, 하나님이 우리를 사랑하신다는 믿음은 금세 파괴되어 버리고 만다.

---

우리의 인자한 주님은 자기의 종들이 자주, 심하게 죄를 저지른다고 해서 그들이 절망하는 것을 원하지 않으신다. 우리의 타락이 그가 우리를 사랑하는 것을 방해하지 못하기 때문이다.

· 노리치의 레이디 줄리안 *Lady Julian* ·

---

아무튼 우리가 죄를 계속 짓고 실패하면 하나님이 우리를 좋게 생각하신다고 믿기가 힘들어진다. 그러나 리치는, 브레넌 매닝과의 우정과 성경공부, 깊은 묵상을 통해서 하나님의 사랑이 우리의 죄성보다 훨씬 크고, 심지어 우리가 가장 암울한 순간에 처했을 때에도 그는 우리를 사랑하실 수 있다는 진리를 서서히 이해했다. 그리고 리치는 그것에 대해 점점 더 크게 말하게 되었다. 언젠가 그는 다음과 같이 썼다.

## 66 Rich...
우리의 행동에 초점에 초점을 맞추는 것은 우리와 하나님과의 관계를 끊어버린다. 그러나 그것은 성공하지 못한다. 하나님의 은혜는 우리가 지은 최고로 사악한 죄보다 위대하기 때문이다.

그것은 당신의 의(義)에 관한 게 아니다. 당신의 의는 모두 예수님 안에 있다. 따라서 하나님 나라에서 당신이 얼마나 중요한지, 또는 교회가 성장하는 데 당신이 얼마나 중요한지에 대해 혼란스러워하지 말라. 하나님은 항상 이렇게 말씀하시는 것 같다. "내가 네 현재 모습을 기뻐하는 것만큼 네가 어떻게 행동하는지에 대해 그렇게 걱정하지 않는다." 성경 역시 실패나 연약함, 탐닉에 대해 너무 혼란스러워하지 말라고 기록하고 있다. 하나님이 여전히 당신을 사랑하기 때문에 그것은 당신을 하나님에게서 떼어 놓지 못한다.² ""

## 자존심의 죽음

리치의 글을 볼 때, 그가 하나님의 사랑을 획득하려는 욕망을 내려놓았고, 그런 욕망이 일종의 죽음이라는 것은 분명해졌다. 우리는 무엇을 획득하는 것을 좋아한다. 그리고 "나는 약하고 부서졌어요. 나는 사랑을 요구할 자격이 없어요. 하지만 그럼에도 나는 사랑 받고 있어요"라고 인정하는 것보다, 훌륭한 행실때문에 하나님의 사랑을 받을 만하다고 생각하는 게 훨씬 더 기분 좋을 것이다. 그러나 전자의 마음가짐이 정확히 예수님이 우리가 지녀야 한다고 강조했던 부분이다. 이렇게 겸손하게 고백하기 위해 우리는 부서질 필요가 있다. 하나님의 사랑은 단순한 위로가 아니라 고통이다. 우리가 가치 있는 존재라고 느끼고 싶은 욕구를 제거해야 한다는 점에서 말이다. 이것은 평안을 얻기 위해 자부심을 가져야 한다고 말하는 세상의 정신에 반하는 견해다. 리치는 이것을 종종 '이루어지지 않는 노력(losing effort)'이라고 했다. 우리에게 자부심을 준다고 생각하는 것(잘난 외모, 재능, 재산, 지능 등)은 항상 변하기 마련이고 순식간에 없어질 수 있기 때문이다. 리치는 사람들을 불편하게 하는 노래 '하나님의 사랑'의 한 소절에 대해 다음과 같이 변호했다.

## 66 Rich...

(특히 미국에서 성장한) 기독교인의 생활에서 가장 힘든 것은 우리가 매우 거만하다는 것이에요. 그리고 하나님이 우리를 깨뜨리도록 허락하는 일이죠. 주께서는 사랑하시는 자를 단련시키세요. 그리고… 우리가 깨지지 않는다면 결코 구원받지 못할 거예요. 하나님이 우리를 싫어하기 때문에, 또는 우리에게 화났기 때문에 그가 우리를 깨뜨리는 게 아니에요. 말을 길들여야 하는 것처럼, 우리는 깨져야 해요.

나는 사람들이 이렇게 말하는 걸 알아요. "음, 당신은 왜 사람들이 '하나님의 사랑이라고 부르는' 것을 '무모하고 맹렬한 분노'라고 말했죠?" 이에 제가 답할 수 있는 유일한 것은 '당신이 일찍이 하나님의 사랑을 알았다면, 그 사랑이 얼마나 무모하고 맹렬한지를 알았을 거라는 거예요. 하나님께 사랑 받는 것은 이 세상에서 가장 고통스러운 일이에요. 물론 그것은 우리를 구원할 수 있는 유일한 것이기도 하죠.[10] 99

가수 겸 작곡가인 게리 채프먼 *Gary Chapman*은 하나님의 자비함 속으로 들어가는 여행을 하는 동안 리치와 유사하다는 것을 느꼈다. "리치는 그런 고백이 필요하고, 그런 필요를 기쁘게 인식하는 입장에서 말했어요. 그는 자기가 가치 없는 사람이라는 것을 자각해서 기뻐했어요. 그것이야말로 영적인 사람이 되기 위한 최고의 상태예요." 이와 유사한 맥락에서, 캐시 스프링클은 다음과 같이 말했다. "리치는 하나님의 사랑을 경험하기 위해, 우리가 우리의 무가치성을 움켜쥐어야 한다는 것을 잘 알고 있었어요."

이런 깨달음을 얻는 것은 쉽지 않다. 하지만 그것이 믿는 자들의 운명이고, 거짓에서 진리로 가는 여정이다. 하나님이 우리에게 가장 원하는 것은 미덕이 아니라 마음이라는 것을 알아야 한다. 리치는 그것을 청중에게 이런 방식으로 말했다. "이렇게 설명해볼게요. 하나님은 당신을 절대 단념하지 않으실 거예요. 그는 당신 사랑하기를 절대 멈추지 않을 거예요. 그 사랑은 당신이 무엇을 하든지에 상관없이 진실이에요. 하나님은 우리에게 천사가 되라고 명령하지 않아요. 그는 우리에게 그의 사람이 되라고, 그리고 그 안에 거하는 사람이 되라고 명령하세요.[11]"

하나님은 우리에게 자기 사람이 되라고 명령하신다. 그리고 그것은 그의 사랑을 그의 조건대로 받아들이는 방법을 배워야 한다는 것을 의미한다. 언젠가 위대한 낭만주의 시인인 윌리엄 블레이크는 다음의 내용을 포함하는 시를 썼다. '그리고 우리는 이 세상의 작은 공간에 있으면서, 사랑의 빛을 견뎌내는 법을 배워야 한다.[12]' 리치는 비록 고통스럽지만, 사랑 받는 법을 배우기 위해서 이 땅에 태어났다는 것을 깨달았다.

우리를 향한 하나님의 사랑은 감상적이고 달콤한 사랑이 아니라 우리를 위해 기꺼이 죽는 현실적이고 실제적이며 지독한 사랑이다. 언젠가 리치는 다음과 같이 말했다. "예수님의 메시지는 나중에 천국에 갈 수 있게끔 착한 소녀가 되라는 내용이 아니에요. 그의 메시지는 '나는 너를 사랑한다. 그 사랑이 너무 깊어 나를 죽이기까지 하는구나.[13]' 죠. 그는 잡지 〈릴리스*Release*〉에 실은 칼럼에서 다음과 같이 물었다.

## 66 Rich...

하나님은 느낄 수 있을까? 하나님도 열정적일 수 있을까? 아니면 그는 엄격해야 할까? 하나님을 아버지로 생각하면 편안하고, 사랑하는 사람으로 생각하면 불편한가? (어떤 사람들은 하나님을 부모님으로 생각하는 것을 더욱 좋아한다. 이것은 그다지 매력적인 생각은 아니다. 하지만 이상적인 생각이다.) 하나님을 창조주로 생각하는 것은 행복하지만, 그를 창조적인 존재로 생각하는 것은 두려운가? 하나님을 기술자로 생각하는 것은 좋지만, 예술가로 생각하는 것은 망설여지는가? 그를 논리학자라고 하면 편안하지만, 시인이라고 하면 위협적인가? 우리는 훈훈한 하나님의 빛은 즐기지만, 그의 뜨거운 불꽃으로부터는 숨는가? 예수님이 자기 발에 기름을 부은 죄 많은 여자와 자기 가슴에 머리를 기대고 쉬는 요한에게 너그럽게 대했다는 생각이 우리를 어색하게 하는가? 그리고 그가 그것을 즐기셨다는 생각이 우리를 실망시키는가? 모세가 불이 붙었으나 타지 않는 떨기나무를 봤다는 것은 받아들일 수 있지만, 하나님이 격렬하고 절대 식지 않는 사랑

으로 우리를 사랑할 수 있다는 것은 의심스러운가? [14] **99**

프렌즈 대학 재학시절에 리치는 캠퍼스 교제 모임(Campus Fellowship Meeting)에서 수업을 몇 개 맡는데 동의했다. 그는 성경 본문으로 아가서를 선택했다. 그때 나는, 하나님을 연인으로 표현하는 말을 듣고 굉장히 큰 충격을 받았다. 리치는 하나님의 사랑에 '푹 빠진' 사람이 되라고 강요했다. 그는 하나님에 대한 케케묵고 정적인 견해를 버리고 하나님이 절대적으로 우리와 사랑에 빠지셨다는 개념에 대해 탐구하기를 원했다. 그는 콘서트에서 이렇게 말한 적이 있다.

## **66** Rich...

어떤 사람들은 너무 겁이 많아서 하나님이 우리를 바라보지 않으실 거라고 생각해요. 그래서 그의 주의를 끌기 위해 온갖 종류의 일을 하려고 세상으로 나가죠. 하지만 여러분, 하나님은 당신을 주목하고 계세요. 사실 그 분은 당신에게서 눈을 뗄 수가 없으세요. 그런데도 우리는 자기 자신을 안 좋게 생각해요. 하나님은 우리에게 반하셨어요. 하나님은 당신을 사랑합니다. 심지어 어떤 사람들은 언젠가 나쁜 짓을 너무 많이 해서 더 이상 하나님이 자기를 주목하지 않으실 거라고 두려워해요. 자, 다시 말하지만 하나님은 우리를 완전히 사랑하세요. 그리고 그는 우리를 조금이라도 사랑하기 전, 우리가 최악의 상황에 있었을 때부터 우리를 알았어요. 하나님의 사랑은 등급이 없어요. 오직 사랑만 있을 뿐이에요. [15] **99**

# 메신저와 메시지

하나님이 '우리에게 반하셨다' 는 생각을 움켜쥐는 것은 대부분의 사람들에게는 너무 급진적인 단계다. 그래서 리치는 그 생각을 많이 전하기 시작했다.

그는 청중들을 민감하게 느끼고 있었고, 콘서트를 찾는 많은 사람들이 하나님이 자기를 사랑한다고 생각지 않는다는 것을 알았다. 그것이 그가 세상을 떠나기 전 마지막 5년 동안 오직 하나님의 사랑을 전하면서 보낸 이유다. 그는 무조건적인 하나님의 사랑을 이해하기 위해 몸부림쳤지만, 때때로 자기 자신조차 그것을 의심했다. 오래 전부터 마음속에서 들려오는 정죄의 목소리를 없애기란 힘들기 마련이다. 하나님의 사랑이 가장 분명하게 느껴지는 순간에 그는 하나님이 자기를 정말로 사랑한다는 것과, 이런 깨달음이 너무 강력해서 온 세상이 그것을 알기를 바라고 있다는 것을 알았다.

리치는 콘서트를 찾는 대부분의 사람들이 자기와 같다는 것을 알았다. 그들은 하나님을 섬기고, 하나님의 도구로 쓰이고 싶어했다. 하지만 그들은 결코 자기들이 하나님으로부터 사랑 받고 있다는 행복한 확신에 빠지지 못했다. 그는 자기가 깨달은 진리를 전하는 것을 좋아했다. "태국에 있을 때, 어떤 선교사를 만났어요. 그녀에게 이렇게 말했어요. '아시겠지만, 전 단지 주님이 저를 사용하시길 원해요.' 그러자 그녀가 말했어요. '음, 잊어버리세요. 하나님은 무슨 일을 하기 위해 당신을 필요로 하지 않아요. 하나님은 당신을 사용하는 것을 원하지 않아요. 그가 원하는

것은 당신이 그를 사랑하는 것이에요.' [16]

   청중들 역시 자기와 똑같은 오해를 하고 있다는 것을 안 리치는 노래를 부르는 중간에 혹독할 만큼 하나님의 사랑을 전했다. 그는 언젠가 이렇게 말했다. "제게 하나님의 사랑은 매우 강력한 메시지이기 때문에 꽤 오랫동안 그것을 전했어요." 메시지를 전하는 것이 그의 영적인 여행의 초점이었기 때문에, 그것은 콘서트의 초점이 되었다. 하나님의 사랑을 깨달은 후에 그는 평안해졌고 삶의 의미를 찾았으며 기쁘게 살았다. 그래서 그는 다른 사람들에게 그것을 전하지 않을 수 없었다. 그는 말했다.

## 66 Rich...

   나의 가장 큰 기쁨은 나를 사랑하는 아버지가 정말 계시다는 것과, 그가 수동적으로 나를 사랑하지 않음을 알고 있다는 것이에요. 그는 나를 너무 많이 사랑하셔서 내 죄를 사하시기 위해서 예수 그리스도를 보내셨어요. 그것은 현실이에요. 그 일은 실제로 일어났어요. 살면서 내가 기뻐할 일이 있다면, 그것은 나를 사랑하는 하나님이 있다는 것을 알고, 나를 하나님으로부터 갈라놓는 죄를 하나님이 없앴다는 것을 다른 사람들이 알도록 해 줄 때에요. 그것을 선포하는 것보다 더 큰 기쁨은 없어요. [17] 99

   부랑아 밴드의 지미 아배그는 이렇게 말했다. "생이 끝날 무렵 리치는 자기 사역의 중심을 발견했어요. 그것은 하나님의 사랑이었죠."

우리를 향한 예수의 사랑이 얼마나 큰지를 안다면, 아무리 우리가 가난하고 약하고 영적으로 초라하고 결점이 많아도 그에게 가는 게 결코 두렵지 않을 것이다. 오히려 우리를 향한 그의 사랑의 본질을 이해할 때 가난하고 절망적인 상태로 그에게 가는 것을 더욱 좋아하게 될 것이다. 그의 능력이 우리의 불완전함 안에서 완전해진다는 것을 우리가 정말로 믿을 때, 우리는 절망적인 상태에서도 기뻐할 수 있다. · 토마스 멀튼 *Thomas Merton* ·

리치의 메시지는 청중과 몇 년간 함께 연주한 사람들에게 영향을 끼쳤다. 그의 친구이자 시온 밴드의 동역자였던 베스 루츠는 이렇게 말했다. "리치의 얼굴에는 은혜가 넘쳤어요." 그녀의 남편 마크 역시 영향을 받았다. "저는 제가 하나님과 어디에 서 있는지 결코 확신하지 못했어요. 저는 하나님이 리치를 강력하게 사용하시는 것을 지켜봤어요. 리치는, 하나님이 그를 좋아하게 하기 위해 그가 해야 한다고 생각했던 일들을 하지 않았어요. 저는 생각했어요. '하나님이 리치를 정말 사랑하시는구나.' 그러고 났는데, 하나님이 저를 사랑하신다는 생각이 갑자기 떠올랐어요. 그것이 리치가 내게 준 가장 위대한 선물이었어요."

스튜디오 음악가 필 매더는 리치의 순회공연에서 연주한 적이 있다. 필 매더는 리치의 음악을 그리 잘 알진 못했지만 그에 대해 잘 알고 싶었기 때문에 공연을 같이 했다. 그는 말했다.

"1994년 순회공연 당시, 리치가 매일 밤 했던 말이 생각나요. '하나님이 당신을 더욱 사랑하게 하도록 하는 데 당신이 할 수 있는 일은 아무것도 없어요. 그리고 그가 당신을 조금 덜 사랑하게 하도록 하는 데 당신이 할 수 있는 일 역시 아무것도 없어요.' 1년 후, 제 자신과 싸우는 과정에서 고난을 극복하는 데 그 말이 큰 도움이 되었죠."

1995년에 리치와 순회공연을 했던 가수 애쉴리 클리브랜드 *Ashley Cleveland*는 다음과 같이 말했다. "리치는 콘서트에서 노래를 부르는 중간에 복음을 전하곤 했는데, 그것이 당시 기독교인이 아니었던 남편 케니의 마음을 움직였죠. 리치가 하나님의 사랑을 말했을 때, 케니는 눈물을 글썽거리며 청중들 틈에 끝까지 앉아 있었어요. 그리고 그 콘서트 직후에 케니는 스스로 예수님을 영접했어요."

리치와 함께 많은 앨범을 녹음했고, 그의 순회공연 시작 부분에서 연주했던 기타리스트 빌리 크로켓은 하나님의 사랑을 전달하는 리치의 방식은 특별한 데다 신비적인 요소를 가졌다고 말했다. "콘서트에서 그의 말을 들었을 때, 하나님의 사랑이 진짜라는 것을 알게 되었죠. 그는 청중들에게 하나님의 사랑을 흘려보내는 도관의 역할을 담당했어요. 저는 제 순서가 끝난 후에 방을 서성이면서 그가 어려서 하나님의 숨결을 얼굴로 느꼈다고 말하는 것을 듣는 청중들의 표정을 지켜보곤 했어요. 청중들의 얼굴이 반짝반짝 빛나고 있었어요."

리치에게 하나님의 사랑을 전달하는 것은 의무였다. 비록 모든 장르의 음악을 좋아했지만, 특히 기독교 콘서트는 메시지를 지녀야 한다고 생각했다. "그거 아세요? 세상에는 음악가들이 매우 많습니다. 세상이 갈망하는 것은 그리스도예요. 제가 단순히 콘서트에 가고 싶다면 (아일랜드 밴드인) 치프턴스*The Chieftains*나 교향악단, 재즈, 록 콘서트에 가겠죠. 하지만 기독교 콘서트에 간다면 그곳에서 하나님이 '사랑의 하나님' 이라는 것과 그가 나를 용서했다는 것, 소망이 있다는 것을 상기시켜 주기를 바랄 거예요.[18] "

우리가 하나님께 드릴 수 있는 가장 큰 영광은 기쁘게 사는 것이다. 바로 그의 사랑을 알기 때문이다.　　　　· 노리치의 레이디 줄리안 ·

작곡가 겸 기독교 음악가인 빌리 스프레그*Billy Sprague*와 리치는 여러 차례에 걸쳐 함께 일했고, 그는 리치에게서 많은 영향을 받았다. 그는 다음과 같이 말했다. "하나님의 사랑은 육체를 영혼과 결합시킬 때 터지는 섬광이었어요. 그것은 리치를 앞으로 나아가게 만드는 힘이 되었죠. 빌리 그래함*billy Graham* 목사님 역시 똑같은 말을 했어요. 그것은 하나님이 우리를 사랑한다는 것이었죠. 리치의 경우, 정치나 정의, 순종 등 어떤 말을 하든지 결국엔 하나님이 우리를 사랑하신다는 말로 끝을 맺었죠. 그는 제게 그랬어요. 앞으로 어떤 일이 일어날지 모르지만, 하나님의 사랑 속에는 분명히 기쁨이 있다고요. 그의 메시지는 '종착역에 다다르면 모든 게 다 잘될 것이다' 였어요. 리치는 어두운

부분이 있다는 것을 부인하지 않았지만, 하나님이 선하시고 사랑이 많으신 분이라는 것을 분명히 말했어요."

## 사랑에 사로잡힌 기쁨

리치는 무모하고 맹렬한 분노와 같은 하나님의 사랑에 사로잡혔고, 그 사랑 때문에 변했다. 그는 삶의 마지막 때에 사람들에게 그 메시지를 깊고 확실하게 전했다. 그리고 그럴 때 청중들은 그의 말이 사실이라는 것과 그것이 그의 영혼의 깊은 곳에서 솟아나온 것임을 알았다. 에릭 호크는 그것을 다음과 같은 방식으로 설명했다. "리치는 말로 할 수 없고 이해할 수도 없는 하나님의 자녀가 되는 (사랑하는 아버지에게 용서와 사랑을 받는) 기쁨을 알았어요. 이것을 통해 […] 리치는 하나님이 자기를 사랑하기 위해 반드시 관통해야 했던 일을 자기가 얼마나 많이 저질렀는지, 그리고 그럼에도 불구하고 예수 그리스도가 여전히 자기를 사랑하기 위해 그 모든 것과 싸운다는 것을 알게 되자 눈물을 흘리며 깊이 신음했어요."

이것이 리치를 변화시킨 진리고, 그 진리는 그를 통해서 우리를 변화시키고 있다.

**❋ 묵상을 위한 질문**

1. 하나님이 당신을 사랑한다는 것을 얼마나 확신하는지에 대해 스스로를 어떻게 평가할 것인가? (예를 들어, 나는 그것을 믿지 않는다, 나는 그것을 믿기 위해 애쓴다, 나는 그것을 믿기 시작했다, 나는 갖은 죄와 실패에도 불구하고 하나님이 나를 사랑하신다는 것을 믿는다, 나는 하나님의 사랑을 완전히 확신하면서 산다, 그리고 나는 근본적인 믿음을 가지고 산다 등) 그 이유를 설명해보라.

2. '하나님의 사랑'의 가사를 읽어보라. 어떤 소절이 당신에게 가장 의미 있는가? 그 이유를 설명해보라.

3. 당신이 부모님에게서 경험한 사랑이 당신을 향한 하나님의 사랑을 느끼는 방식에 어떻게 영향을 끼쳤는가?

4. 하나님의 사랑을 보는 세 가지 방식 (창조, 예수 그리스도, 다른 사람들의 사랑) 가운데 당신에게 가장 의미가 있었던 것은 무엇인가?

5. 당신의 주위 사람들 중 누가 '은혜가 넘치는 얼굴'을 가졌고, 하나님의 사랑을 당신이 실제로 느끼게 해주었나?

**❋ 생각과 연습**

• 요한일서 4:10, 19을 외워보라.

• 이번 주에 다른 사람에게 '은혜가 넘치는 얼굴'을 보여라. 하나님의 사랑을 의심하는 사람들을 찾아서 그를 향한 하나님의 냉혹할 정도로 열렬하고 무조건적인 열정에 대한 복음을 전하라.

*Boy Like Me / Man Like You :*
*Trusting in Jesus*

제가 앞으로 정말 자란다면,
주님, 저는 꼭 당신처럼 되고 싶어요
– '나와 같은 소년/당신과 같은 사람' 중에서

# 인간 예수님

　　당신이 잠깐이라도 리치와 시간을 보냈다면 그가 예수님을 얼마나 사랑했는지를 금세 알아차렸을 것이다. 리치는 구원자에게 맘껏 헌신했고, 평생을 그를 알고 따르기 위해 애썼다. 그러나 그만의 특이한 점은 '실제 예수님'을 알고 사랑하고 싶어 했다는 것이다. '실제 예수님'이란 인간이 되신 하나님이요, 요셉과 마리아의 아들이요, 성전의 선생들에게 깊은 인상을 남긴 소년이요, 손으로 일을 한 목수요, 울고 웃고 부활할 수 있었던 사람이었다.

　　리치는 〈릴리스〉의 칼럼에서 다음과 같이 썼다.

**❝ Rich...**

예수님은 보이지 않는 하나님의 표상이다. 그는 서양식 사고 방식이 아닌 동양식 사고방식으로만 이해할 수 있다. 그는 인간이 생각조차 할 수 없는 곳 너머에서 오셨다. 우리의 사고 체계 범위에서 그를 억지로 이해하려고 하면 그는 사라지고 만다. 그는 우리 이해력의 범위를 초월하신 후 다시 나타나서서 (매우 다양한 방법으로) 말한다. "아무도 내게서 생명을 빼앗을 수 없다. 아무도 내게 자기 뜻을 강요하지 못한다. 나는 네가 경시하고 조종하는 네 소유물이 아니다. 너는, 내가 사랑하고 거룩하게 만들 나의 것이다." 그의 안에는 신성이 충만하다. 그 안에서 만물이 연합된다. 그 안에서 우리는 사랑이 무엇인지를 알게 된다. 다시 말해, 사랑은 하나님 안에서 시작되고, 그에 의해 힘을 얻는다는 것을 알게 된다. 따라서 우리는 모든 것에 대해 하나님께 감사한다. 아름다움에 대해, 기적적인 광경에 대해, 음악과 음악을 듣는 것의 놀라움에 대해, 만지는 것의 온기와 느낌에 대해 감사한다. 그러나 우리는 그리스도에 대해 더 많이 감사한다. 그가 없으면 우리는 귀머거리가 되고, 무감각한 사람이 되고, 눈먼 사람이 될 것이기 때문이다.[1] ❞

## 인간으로 오신 하나님

성육신, 즉 인간으로 오신 하나님이라는 개념은 우리가 이해할 수 없는 것이다. 예수님이 하나님인 동시에 인간이었다는 사실은 우리의 이해를 초월한 불가사의한 것이다. 우리는 피곤해하고 화를 내며 걱정하는 예수님의 인간적인 모습에 기분이 좋을지도 모른다. 아니면 그를 보다 신적인 존재로 만들어서 절대 의심하지 않고 먹지 않으며 늙지 않고 전지전능하며 기적을 행하는 존재로 생각하고 싶을지도 모른다. 진실은 우리가 그에 대해 어떻게 알고 있든 간에 그는 그것보다 더욱 뛰어난 분이라는 것이다.

리치는 '우리의 사고 체계 범위에서 그를 억지로 이해하려고 하면 그는 사라지고 만다' 는 문제에 대해 분명히 이해했다. 그는, 예수님은 우리가 아는 것보다 더 큰 분이고, 우리가 보다 잘 이해할 수 있는 존재로, 자기가 작아지는 것을 허락지 않을 것임을 알았다. 우리는 종종 이런 저런 잘못을 범하고 사는데, 그보다 더욱 흔히 범하는 잘못은 예수님을 인간적인 존재로 여기지 않고 신적인 존재로만 여긴다는 것이다. 대부분의 사람들에게 예수님은 슈퍼맨이다. 그는 높은 빌딩으로 뛰어오르고, 빠르게 날아오는 총알을 막는다. 그리고 시끄러운 인간들의 삶을 초월한 곳에 산다. 많은 기독교인들에게 그는 전적으로 하나님이고, 단지 인간의 모습을 하고 숨어 사는 존재다.

리치는 비록 기분이 나쁠지 모르지만, 예수님의 인간성을 무시하는 것은 정말 위험하다고 믿었다. 성경은, 예수님이 완전한 인간이 아니었다면 그는 우리에게 아무 가치가 없다고 강조한다. 우리를 구원하시기 위해 그는 우리와 똑같이 되어야 했다.

그런데 하나님이 어떻게 인간이 될 수 있었을까? 절대자가 어떻게 젊은 유대 처녀의 자궁에서 태어날 수 있었을까? 하늘과 땅을 만드신 분이 어떻게 그의 어머니 앞에 앉아 플래시 카드(순간 파악 연습용 카드)를 들고 히브리 문자를 배울 수 있었을까? 이것은 리치를 어리둥절하게 만드는 한편, 그의 호기심을 자극했다. 그래서 그와 비커는 이와 관련해서 노래를 만들었다.

## 66 Rich...

'나와 같은 소년/당신과 같은 사람(Boy Like Me/Man Like You)'은 어려운 개념인 성육신과 예수님에 대해 우리가 대화하면서 만든 노래에요. 제가 비록 교회에서 자랐지만⋯ 그것은 여전히 내가 속고 있는 무엇이었어요. 어떻게 예수님이 온전히 인간이고 온전히 하나님일까? 어떻게 온전히 두 가지 존재가 될 수 있을까? 중요하지만 이해조차 할 수 없는 것을 어떻게 전하겠어요? 그것이 이 노래를 만든 이유예요.[2] 99

이 노래에서 말하는 사람은 리치의 입장에 서서 예수님께 삶, 특히 그의 어린 시절이 자기의 어린 시절과 같았는지 물어보고 있다. 예수님은 개와 뒹굴고 그의 코를 핥았을까? 그는 물 호스로 만든 물보라 아래에서 놀았을까? 우주를 다스리는 자도 때로는 어리석고 때로는 아름다운 평범한 어린 시절을 경험했을까? 리치는 그가 그랬을 거라고 추측했다. 그리고 그가 그랬다면 그것은 정말 멋지지 않은가?

## 나와 같은 소년 / 당신과 같은 사람

당신은 한때 저처럼 아기였고 아침에 일찍 일어나 울었죠
당신은 마구간에서 태어났고 저는 리드 미모리얼 *Reid Memorial*
에서 태어났어요
당신은 강보에 싸였고 저는 파랑색 아기 옷을 입었죠
하지만 열두 살 때 교회당에서 노인들의 기도 소리를 들었어요
그들이 무슨 말을 하는지 이해하려고 부단히 노력했어요
당신은 성전에 있었고 사람들은 당신이 이미 알고 있는 것을 알
기에는 당신이 어리다고 말했죠

당신은 자라면서 배고픈 적이 있나요? 당신은 빨리 자랐나요?
여자 아이들 옆을 지나갈 때 그들이 당신을 보고 깔깔 웃었나요?
그들이 무엇 때문에 웃었는지 궁금해했나요?
사람들에게 예전에 살았던 성도들에 대해서 들어보았나요?
그들의 믿음에 대해서도 들어보았나요?
사람들은 아이가 용감하게 자라게 해주는 이야기를,
바르게 살게 해주는 이야기를 들려주죠
당신은 한때 저처럼 소년이었어요, 단지 저처럼 말이죠
저는 인디애나 주 근처에서 자랐고
당신은 갈릴리 근처에서 자랐어요
그리고 제가 앞으로 정말 자란다면 주님,

저는 꼭 당신처럼 되고 싶어요
당신은 개와 뒹굴고 그의 코를 핥아준 적이 있나요?
물 호스로 만든 물보라 아래에서 놀았던 적이 있나요?
겨울에 눈이 오면 천사를 만들어본 적이 있나요?

숨바꼭질을 하면서 무서워해본 적이 있나요?
무릎을 긁혔을 때 소리를 지르지 않으려고 애쓴 적이 있나요?
졸졸 흐르는 시냇가의 돌을 밟고 건너뛴 적이 있나요?

사람들에게 예전에 살았던 성도들에 대해서 들어보았나요?
그들의 믿음에 대해서도 들어보았나요?
사람들은 아이가 용감하게 자라게 해주는 이야기를,
바르게 살게 해주는 이야기를 들려주죠

그리고 정말로 제가 정말 자란다면
언젠가 당신처럼 될지도 몰라요


　　이 노래는 우스꽝스러운 동시에 심각하다. 이 노래를 들을 때
면 예수님이 숨바꼭질을 하면서 무서워했고, 돌 위를 깡충깡충
뛰면서 시내를 건너는 모습을 상상할 수 있다. 이웃집 여자 아이
앞에서 수줍어하는 예수님의 모습을 정말 상상할 수 있을까? 아
니면 예수님이 서기관보다 더 똑똑하다고 생각하는 게 편할까?
이 노래는 전능하신 하나님이 우리와 함께 살기 위해서 자기를
낮추신다는 생각에 반한 리치가 만든 것이다.

## 66 Rich...

나와 비커가 성육신의 완전한 신비에 대해 이야기를 시작했을 때… 우리가 생각한 문제는 다음과 같다. 전능하신 하나님이 되면 어떤 기분일까? 선지자들에게 영감을 주어 위대한 성경을 모두 쓰게 하면 어떤 기분일까? 그리고 모세에게 오경을 쓰게 하면 어떤 느낌이 들까? 그리고 어린 소년이 되어서 히브리 학교를 인내하면서 다니고, 자기가 태어나기 전에 썼던 것에 대해 재잘거리는 몇 명의 랍비들의 말을 들으면 어떤 기분이 들까? 그리스도가 되면 어떤 기분일까? 그러니까 그도 공을 가지고 논 적이 있을까? 이웃집 창문을 깨뜨린 적이 있을까? 12,000원을 빌리기 위해 아버지에게 그 이유를 설명해야 했던 적이 있을까? 그래서 우리는 하나님이 사람이 되는 것이 얼마나 이상한 일인지에 대해 이야기하기 시작했다. 한때 우리는 아무것도 아니었지만 그 후에 이 세상에 태어났다. 굉장하지 않은가? 그리고 우리가 태어났다는 게 기쁘지 않은가?[3] 99

성육신은 어떻게 보든 하나님의 대단한 농담이다. 재미있는 농담은 우리를 완전히 놀라게 한다. 우리의 예상을 완전히 빗겨간다. 그리고 농담은 모순에 기초하고, 공간을 초월한 것에 관한 내용이다. 고양이는 모자를 쓰지 않는다. 따라서 모자를 쓴 고양이 그림을 보면 웃음이 나온다. 아흔 살을 먹은 여자들은 임신을 하지 않는다. 그래서 사라는 웃을 수밖에 없었다. 재미있는 농담은 모두 우리를 웃게 만드는 것이다.

성육신은 놀라운 일일 뿐만 아니라 앞뒤가 맞지 않는 사건이었다. 선지자들이 신비한 이야기를 하지 않았다면 우리는 결코 성육신이 오시는 것을 보지 못했을 것이다. 그것은 정말이지 세상을 구원하기 위한 기묘한 방법인 것 같다. 성육신은 앞뒤가 맞지 않는다. 하나님은 육체를 가질 수 없다. 게다가 아기로 태어난다는 것은 더욱 말이 되지 않는다. 그리고 마구간에서 태어났다는 것은 정말이지 상식을 벗어난다. 왕의 왕이요 주의 주께서, 눈살을 찌푸리고 쳐다보는 소, 나귀의 구유에 누워 있다는 것 말이다.

## 천국이 내려와 땅에 입 맞췄다

예수님이 우리와 같은 인간이 되었다는 것보다 더 확실하게 위대한 하나님의 사랑을 나타내는 것은 아무것도 없다. 그날 밤 베들레헴에서 하나님은 처음으로 우리가 들이마시는 공기를 마셨다.[4] 예전에 생긴 이 세상의 왕국은 하나님이 인간의 형상으로 분명히 나타나셨을 때 파괴되었다. 이 세상을 창조하신 예수님은 모든 창조물을 새롭게 하고 계셨다. 예수님을 통해 천국이 내려와 땅에 입을 맞췄다.

---

모든 것을 아시고 온 우주를 창조하신 영원한 존재가 사람이 되었다. 뿐만 아니라 그는 (그 이전에) 아기였고 그 이전에 여자의 몸 안에 있

던 태아였다. 그것의 의미를 이해하고 싶다면 달팽이나 게가 된다면
어떤 느낌일지 생각해보라. · C. S. 루이스 ·

사도 요한은 예수님의 인성에 대해 분명히 말했다. 그는 예수
님을 보았고 만졌다는 것을 말하면서 첫 번째 편지를 시작한다
(요일1:1). 그는 실제로 존재했다. 그리고 우리와 같은 인간이었
다. 성경에는 하나님이 우리와 같이 되셨지만, 그의 인성을 의심
하고 그가 온전한 인간이 되신 것을 불편해하는 사람들이 있었
다고 기록되어 있다. 그랬기 때문에 요한이 다음과 같이 말하면
서 편지를 썼던 것이다. 요약하면, '보라, 우리는 그와 함께 걸었
고 그를 보았으며 그를 만졌다. 그는 나나 당신과 똑같다' 이다.
때때로 이 말을 받아들이기 힘들 때가 있다. 하나님도 기저귀를
차야 했고, 감기에 걸렸고, 어머니의 돌봄이 필요했다는 것을 생
각할 수 없기 때문이다. 하지만 하나님은 분명히 그렇게 했다.

## 리치가 알았던 예수님

언젠가 리치는 이렇게 말했다. "하나님이신 예수님은 하나님
이 어떤 분인지를 완벽하게 나타내준다. 인간이신 예수님은 완벽
한 인성을 나타내준다. 그를 발견하는 것은 하나님과 우리의 참
된 자아를 발견하는 것이다.[5] " 리치는 실제 예수님 알기를 갈망
했고 그렇게 함으로써 자기의 정체성을 깨닫기를 간절히 원했다.

실제 예수님을 알기 위해 리치는 일반적인 개념을 넘어서야 했다. 어려서부터 그는 신약성서를 공부했고, 신시내티 바이블 칼리지에서 신학 수업을 들었다. 그러나 그는 학계에서 주장하는 예수님에 대한 의견이 진짜 예수님을 관심 없이 대충 보고 있는지도 모른다고 생각했다. 진정한 예수님을 알기 위해 열심을 보였던 그의 노력은 분명 성공을 거두었다. 리치의 대학 시절 친구 게리 로우는 말했다. "리치는 예수님을 매우 실제적인 존재로 만들 수 있는 방식을 사용해서, 우리가 주일학교에서 배운 '예수님'에 대해 말하고 노래했어요. 그는 나에게 예수님이 실제로 존재하게 만들었죠. 단지 내가 원했던 예수님의 모습이 아니라 실제 예수님을요."

우리의 기대를 충족시키는 방향으로 예수님의 이미지를 정하는 것은 비단 어제 오늘의 문제가 아니다. 그것은 모든 시대의 문제였다. 비록 예수님이 완전한 인간이었다는 것을 이해하더라도 우리는 여전히 그가 훌륭하게 행동하기를 원한다. 예수님의 제자들조차 그가 정말 하나님이 약속하신 메시아라는 것을 이해하기 힘들어했다. 예수님은 전혀 왕처럼 행동하지 않았다. 말씀을 읽을 때 리치는 이것을 깨달았고, 다음과 같이 언급했다.

## 66 Rich...

마침내, 제자들은 하나님이 인간이 되어 우리와 함께 살 수 있다는 것을 이해하기 시작해요. 그런데 정신을 차리고 보니 하나님은 인간일 뿐만 아니라 바보처럼 행동하시고 있었죠! 그는 아이들과 놀고 있었어요. 알다시피 그들을 축복하고 있었죠. 여러분들은 '아이들을 어떻게 축복하지?' 라고 생각할 거예요. 내가 아는 최고의 방법은 아이들을 들어서 할 수 있는 한 높이 던졌다가 땅에 떨어지기 직전에 잡는 거예요. 네 발로 기어서 방을 돌아다니는 아이들을 등에 태워서 떨어뜨리거나… 아이들의 배에 입을 대고 재미있는 소리를 내는 것도 있죠. 예수님도 아마 이 모든 것을 하셨을 거예요. 제자들은 창피했죠! 그래서 이렇게 말했어요. "그렇게 바보처럼 행동하시면 안 돼요!" 그러자 예수님이 말하셨죠. "자, 자, 친구들, 내가 여기를 지배할 것이다. 나는 바보일지 모르지만, 하나님이다. 다른 말을 해줄까? 만일 내 나라에 들어가고 싶으면 이 아이들처럼 되어야 해. 그렇지 않으면 결코 들어가지 못할 거야. [6]" **"**

리치는 성경에서 본 예측할 수 없는 세속적인 예수님에게 끌렸다. 그의 친구이자 동료 아티스트인 캐롤린 아렌즈는 다음과 같이 말했다. "그는 성경의 방식과 똑같이 예수님을 보았어요. 그리고 참신한 방법으로 성경을 읽었고, 대부분의 사람들과 다른 방식으로 예수님을 바라보았어요. 그는 예수님과 성경을, 세상과 하나님의 마음을 들여다보는 매혹적이고 유쾌하며 심오한 창문으로 생각했어요."

우리가 예수님을 알 때, 우리는 그가 어떤 하나님인지 어떤 분인지를 알게 된다. 그는 하나님의 진짜 형상이다. 아이들을 공중에 던지거나 그들을 매우 재미있게 해주는 예수님에 대한 생각이 리치의 눈에 비친 예수님의 고매함을 감소시키진 못했다. 오히려 그는 그것 때문에 예수님께 더욱 가까이 가기 수월해졌다.

우리는 종종 예수님이 즐거운 분이었다는 것을 잊는다. 그는 제자들에게 이렇게 말했다. '내가 이것을 너희에게 이름은 내 기쁨이 너희 안에 있어 너희 기쁨을 충만하게 하려함이라'(요 15:11) 우리는 이에 제자들이 "오, 아니에요. 선생님의 기쁨은 됐어요! 괜찮아요!"라고 응답했는지 알 수는 없다. 그러나 분명한 것은 그가 기쁨을 제공해준다는 것을 알았기 때문에 그 기쁨을 받기 원했다는 것이다.

리치의 글과 노래, 삶을 살펴볼 때, 리치는 예수님이 죄 짓는 것을 제외하고 인간과 똑같이 모든 것을 경험한 진짜 사람이었다는 것을 확실히 믿었다는 것을 알 수 있다.

그의 음악에는 많은 사람들이 거의 생각지 않은 예수님이 나온다. 아이들과 놀았고, 매춘부와 저녁을 먹었고, 상처 입은 사람들과 연약한 사람들, 버림받은 사람들을 돌보는 데 시간을 보낸 예수님 말이다. 그가 알았고 노래했던 예수님을 통해 그의 친구들은 도전을 받곤 했다. 수차례 리치의 순회공연 계획을 도왔던 마리타 메인너츠는 "그는 제가 전혀 생각하지 않았던 방식으로 인간으로 오신 예수님에 대해 생각하게 만들었어요"라고 인정했다. "저는 보수적인 복음주의 교회에서 신앙생활을 했는데, (리치는) 예수님이 진짜 인간이셨다는 것을 생각하게 했어요. 예를 들어, 부모님과 교제하는 어린 소년이었던 예수님 말이죠. 그는 정말이지 예수님을 바라보는 독특한 방법을 가졌어요."

리치는 콘서트에 모인 청중들에게 예수님의 존재에 대해 가지고 있는 고정관념을 깨라고 촉구했다. 밴드 멤버인 지미 아배그는 다음과 같이 말했다. "리치는 종종 청중들에게 예수님이라는 사람에 대해 생각해보라고 했어요. 그리고 그들에게 다음과 같은 질문을 던져 당황하게 만들곤 했죠. '당신은 어떤 예수님을 믿나요? 보수적인 예수님인가요? 문화적으로 만족스러운 훌륭한 선생인 예수님인가요? 당신의 친구가 되는 뉴 에이지식 예수님인가요? 아니면 대의를 위해 활동하는 행동주의자인 좌익의 예수님인가요?' 리치에게 예수님은 실제적이고 완전하며 우리와 관계 맺기를 요구하는 온전한 사람이었어요. 리치는 자기들의 기호에 맞는 예수님의 어떤 부분만을 좋아하고, 나머지 부분을 무시하는 사람들에게 실망했어요."

## 지저스 레코드

세상 사람들이 진짜 예수님 알기를 원하는 리치의 소원은 '지저스 레코드The Jesus Record' 프로젝트 가운데 하나로 실현되었다. 이 앨범에는 예수님에 관한 열 곡의 노래가 수록되었다. 그는 이 앨범에서 예수님을 정이 많고 평범하고 예측 가능한 존재로 그렸다. 그는 이 앨범이 사람들을 위로하고 치유하는 것을 넘어서 그들의 생각을 각성시킬 수 있기를 원했다.

그러나 불행히도 리치는 이 앨범을 완전히 끝내지 못했다. 그는 앨범 계약에 서명한 직후에 죽었고, 결국 이 앨범을 완성하지 못했다. 그러나 리치는 열 곡 중 아홉 곡을 만들었고, 오래된 교회에 홀로 앉아 녹음기에 녹음했다. 다행히 현대의 과학 기술 덕분에 테이프는 복구되었고, 노래는 CD에 옮겨졌다. 그리고 부랑아 밴드와 음악 산업에 몸담고 있는 그의 친구들이 그 노래를 스튜디오 버전으로 만들었다.

'지저스 레코드'에서 그려진 예수님은 가난한 사람과 압제받는 사람, 평화를 어지럽히는 사람들의 위대한 구원자로, 우리의 고통이나 어둠을 걷어내는 강한 연인으로, 물 위를 걷고 바다를 잔잔하게 만든 집 없는 사람으로, 손바닥에 구멍이 난 기적의 사람으로, 어린이들과 놀고 학자들을 당황하게 하는 사람으로, 지금은 광채 속에서 살지만 한때는 친구들에게 버림받았던 신인(神人, the God-Man)으로, 마지막으로 앞으로 우리가 살 천국을 다스리시고 통치하시는 사람으로 오시는 분이다.

리치는 우리가 자기와 함께 그런 창문을 통해 예수님을 보기 원했다. 그렇게 하면 우리가 완전한 예수님을 볼 수 있을 거라고 믿었기 때문이다. 그 예수님은 다름 아닌 우리에게 필요한 예수님이다. 성경은, 하나님이 세상을 사랑하셔서 자기의 독생자인 예수님을 보내 우리가 영생을 얻게 하려 했다고 말한다(요 3:16). 예수님은 우리가 생명을 얻게 하고 더 풍성히 얻게 하려고 오셨다고 말했다(요10:10). 이런 삶을 사는 것은 우리의 가장 큰 욕구다.

그러나 그런 삶은 예수님만 소유하기 때문에, 리치는 사람들을 예수님에게 연결시켜주고 싶었다. 우리는 이것을 종종 잊고 예수님을 우리의 죄를 해결할 수 있는 사람쯤으로만 여긴다. 리치는 이 점을 분명하게 이해했을 때, 이렇게 이야기했다.

## 🦶 Rich...

도시 전체를 대상으로 한 청소년 부흥회에 참여했을 때, 어떤 목사님이 이렇게 말했어요. "이 아이들이 임신하지 않고 약물을 복용하지 않고 이 모든 일을 하지 않도록 그들에게 예수님에 대해 말해야 해요." 그때 나는 생각했어요. '맙소사, 우리가 이 아이들에게 예수님에 대해 말해야 하는 이유는 이 아이들이 자기에 대해 알기를 예수님이 원하시기 때문이야. 그것은 아이들의 성적인 품행, 그들의 몸이나 마음을 관리하는 것과는 아무 관계가 없다고. 그것은 오직 하나님이 우리를 사랑하시고, 우리가 그 사랑을 알도록 그가 육신을 입고 내려오셨다는 것과만 관계가 있어. 즉 그가 예수님이 되셨다는 것을 우리가 알기를 하나님이 간절히 원하시는 것과만 관계가 있는 거지.[7]' 🦶

확실히 하나님은 원치 않는 임신과 약물을 걱정하시지만, 리치는 우리가 죄를 짓는 근본 원인은 우리가 하나님을 멀리하기 때문이라고 믿었다. 우리에게 가장 필요한 것은 하나님의 사랑이 분명하게 드러난 최상의 증거인 예수님을 통해 그와 연합하는 것이다. '그의 나라가 임할 때까지(All the way to Kingdom Come)' 라는 노래에서 리치는 다음과 같이 썼다.

 그가 올 때까지 사랑이 무엇인지 몰랐다
그리고 그는 사랑의 형체를 만들고 사랑에게 이름을 지어주었다

그리고 그는 하늘이 햇빛과 비를 거저 주듯이 사랑을 거저 주었다
우리는 영웅을 찾았지만 그는 길 잃은 자들을 찾으러 왔다
우리는 영광을 추구했지만 그는 우리에게 고난을 보여주었다
이제 우리는 사랑이 무엇인지 안다.
그의 나라가 임할 때까지 그가 우리를 사랑하기 때문이다

리치는, 우리에게 필요한 예수님은 성령의 능력을 통해 아버지의 사랑을 우리에게 보여주는 예수님이라고 말했다.

## 66 Rich...

만일 나사렛 예수의 삶이 어떤 의미를 가진다면, 그것은 다음과 같을 거예요. 그것은 우리를 창조하신 하나님이 계시다는 것이고, 우리를 너무 많이 사랑하셔서 우리를 자기에게 데려가기 위해서는 어떤 일도 서슴지 않을 하나님이 계신다는 것이에요. 그리고 우리가 정말로 알고 싶은 오직 한 가지는 '우리가 사랑받고 있을까?'예요. 그리고 만일 예수님이 어떤 것을 의미한다면, 그것은 당신이 사랑 받고 있다는 것이에요. 나는 여러분이 그것을 알기 원해요. 그리고 여러분이 모르는 모든 것들에 대해 걱정하지 않았으면 좋겠어요. 그것들은 그다지 중요하지 않으니까요.[8] 99

# 그는 우리보다 먼저 있었고
# 그게 어떤 것인지를 안다

하나님의 사랑은, 예수님을 인간으로 보내어 우리가 절대 할 수 없는 것을 하도록 했다. 예수님은 우리가 살 수 없는 삶을 살면서 자기 삶을 우리에게 나누어주었다. 그는 신으로서는 죽음을 물리쳤지만, 인간으로서는 고통을 당하고 죽었다. 하나님은 고통을 받거나 죽을 필요가 없었고, 실제로 그것은 그의 본질이 아니다. 인간이 되지 않았다면 하나님은 절대 죽을 수 없었다.

우리를 위해 죽으신 것 이상으로 예수님은 완벽한 인간의 삶을 우리에게 보여주었다. 그러기 위해 그는 우리와 똑같이 되어야 했다. 하나님은 할리우드 스타처럼 거칠고 냉철하며 무감각한 종류의 사람이 될 수 있었다. 하지만 대신 그는 울 줄 아는 사람, 우리가 일찍이 느낄 수 있었던 모든 것(고독, 배신감, 공포 등)을 느낄 줄 아는 사람이 되었다. 반면 우리는 가끔 예수님이 외로우셨을 거라고 생각하기를 꺼려할 때가 있다. 그러나 내 동료 크리스 캐틀러Chris Kettler는 이렇게 말한다. "그리스도가 외로웠기 때문에, 우리가 외로울 때 우리는 더 이상 혼자 외롭지 않다.[2]" 예수님은 우리 주위에서 가장 연약한 사람들이 직면했던 것과 똑같은 것들을 직면했다. 그리고 그 때문에 우리가 겪는 모든 것을 이해할 수 있다. 우리는 그리스도의 죽음으로 얻은 승리뿐만 아니라 그의 삶에 나타나는 완전함(completion)과 온전함(wholeness)이 필요하다.

분명 우리 삶에 고통이 있지만 우리는 그때마다 팔을 뻗어 예수님을 꽉 잡을 수 있다. 그는 우리보다 먼저 계셨고, 고통이 어떤 것인지 알기 때문이다. 당신은 그가 거기에 계신다는 것을 발견할 것이다. 우리는 우리를 이해하고, 우리가 살 수 없는 삶을 사시는 하나님이 필요하다. 그는 우리가 승리를 함께 나눌 수 있도록 도우시기 때문이다.

## 그의 사랑은 우리를 아름답게 한다

예수님을 통해 하나님과 연합하면 우리는 변한다. 완전히 다른 사람이 되는 것이다. 우리는 더 나은 사람이 되고, 세상을 다르게 보기 시작한다. 리치는 예수님에 대해서 다음과 같이 썼다.

**❝ Rich...**

매력적이고 아름다운 사람들이 그의 관심과 애정을 받는 게 아니다. 그의 시선과 사랑으로 사물이나 사람들이 매력적이고 아름답게 되는 것이다. 그의 손이 닿자 눈먼 사람들이 보게 되었고, 그의 옷깃을 만지자 치유의 능력이 흘러나갔다. 그가 내 귀의 장애물을 걷어주실 때까지 나는 참새 소리를 들어본 적이 없고, 그를 만나기 전에 나는 결코 사랑을 알지 못했다.[10] ❞

그는 우리가 그에게 가기 전에 거룩하고 완벽한 사람이 되어야 한다고 요구하지 않는다. 그는 우리가 아프고, 그래서 의사가 필요하다는 것을 알기 원한다. 이미 우리에게 손을 뻗고 계신 예수님께 우리가 손을 뻗을 때, 우리는 온전하고 아름다워진다. 그리고 세상도 그렇게 된다. 우리는 모두 영적으로 눈이 먼 상태고, 우리가 세상을 제대로 볼 수 있도록 예수님이 시력을 회복시켜준다. 한편, 예수님은 우리가 참 자아를 회복해서 온전하게 되기를 바란다. 그는 우리에게 자기의 비전을 줄 뿐만 아니라 미덕도 함께 나누어준다.

## 담대한 증인

자기 영혼을 건설하는 예수님과의 개인적인 관계 때문에 리치는 하나님이 얼마나 훌륭하고 사랑이 많으시며 강력한 분인지를 알았다. 이것이 그가 예수님 전하는 것을 결코 부끄러워하지 않았던 이유다. 그는 오직 예수님만이 우리를 구원하고 변화시킬 수 있다고 믿었다. 결국 성육신이 진실이라면, 그것은 인류 역사를 통틀어 가장 위대한 사건이다. 그는 성육신이 진실이라고 믿었고, 그래서 기독교인들이 예수님에 대해 말하는 것을 왜 꺼려하는지 궁금해하곤 했다. 그의 평가는 정확했다. 기독교인들은 대부분 예수님에 대해 말하는 일보다 새로운 진공청소기에 대해 말하는 일에 더욱 열심이었다.

"리치는 '예수'라는 이름에 매우 헌신적이었어요." 동료 음악가인 쉐리 맥크리디는 리치에 대해 이렇게 말했다. "CCM에 몸담고 있는 사람들은 대부분 예수님 전하는 일을 피하고 있었어요. 그런데 그는 '예수'가 세상 사람들을 위한 유일한 이름이고,

유일한 희망이라는 것을 알았지요. 그래서 자기의 모든 음악이 어떤 면에서는 예수님을 고양시켜야 한다고 생각했어요."

리치의 오랜 친구인 샘 하워드는 다음과 같이 말했다. "리치는 종종 이렇게 말하곤 했어요. '나는 삶에 대한 철학 때문에 기독교인이 되지 않았어. 예수님이 하신 일 때문에 기독교인이 됐지.' 그는 그리스도에 대한 믿음이 확고했기 때문에 예수님을 담대하게 전했어요. 가끔은 지나칠 정도로 예수님에 대해 복음주의적 색깔을 띠었죠. 특히 낯선 사람들에게 더 심했어요."

리치는 처음 보는 사람뿐만 아니라 친하다고 생각하는 사람들에게도 그랬다. 그는 '지저스 레코드' 앨범 작업을 계속하고 싶었다. 세상 사람들이 그 앨범을 들을 수 있기를 바랐을 뿐만 아니라 그것이 부랑아 밴드에게 긍정적인 영향을 끼칠 거라고 믿었기 때문이다. 부랑아 밴드의 멤버인 마크 로버슨*Mark Robertson*은 다음과 같이 말했다. "그는 예수님께 초점을 맞추라고 요구했어요. 단순히 주제에 관한 게 아니었어요. 그는 이 프로젝트를 통해 우리가 더 나은 사람, 그러니까 밴드 멤버로나 개인으로나 더욱 충실한 사람이 되기를 원했어요." 다른 멤버인 릭스 엘리어스*Rick Elias*는 이에 덧붙여 말했다. "그는 우리 밴드를 잘 알았어요. 그 역시 부랑아 밴드의 멤버였으니까요. 그는 자기에게 그런 것처럼, 우리에게도 예수님이 필요하다는 것을 알고 있었어요. 우리 모두가 예수님에게 집중하는 데 시간을 보내게 할 음반을 만들고 싶어 했어요."

# 내가 정말로 성장한다면…

어려서부터 리치는 예수님에 대해 알고 싶었고, 그와 같은 사람이 되고자 하는 열정을 가졌다. 그의 누나 샤론은 다음과 같이 기억했다. "그는 항상 예수님에 대해 아는 게 많았어요. 목사님과 주일학교 교사의 설교를 귀 기울여 들었죠." 어렸을 때 리치는 예수님 가까이 있으려고 노력했고, 할 수 있는 한 예수님의 가르침을 따랐다. 그리고 예수님이 사랑한 것을 사랑하고 예수님이 싫어한 것을 싫어하려고 했다. 그의 큰 누나 데비 가레트는 예수님처럼 되고자 하는 그의 열정을 처음 알아차렸을 때를 다음과 같이 이야기했다. "저는, 말하자면 말괄량이였어요. 밖에서 일하시는 아버지를 도울 때는 아들 역할을 했죠. 웨인은 감수성이 매우 풍부하고 예술적이어서 저는 그가 세상에서 상처 받지 않도록 강하게 키워야 한다고 생각했어요. 어느 날 저는 동생이 반격할 때까지 몰아붙이기로 결심하고, 동생을 뒤뜰로 데리고 갔어요. 그는 전혀 싸우려고 하지 않았거든요. 저는 동생을 몇 번이나 때려 눕혔고 반격하라고 소리 질렀어요. 하지만 동생은 전혀 그럴 맘이 없었어요. 저는 그를 땅에 엎어뜨리고 꼼짝 못하게 누르며 말했어요. '웨인, 나랑 싸우자.' 그러자 그는 매우 슬프고 심각한 표정으로 저를 보면서 말했어요. '예수님은 내가 싸우는 걸 바라지 않으셔.' 나는 그렇게 한 일에 대해 오랫동안 죄책감을 가졌어요. 동생 말이 맞았죠. 그때를 절대 잊지 못할 거예요. 그때 동생은 비록 어렸지만, 정신은 매우 어른스러웠어요."

리치는 항상 이런 소망을 품었다. 심지어 방황할 때도 그는,

기독교인의 생활은 예수님을 사랑하고 예수님에게 온전히 헌신하는 것이어야 한다고 믿었다. 그는 자신의 삶과 친구들의 삶을 보면서, 우리가 얼마나 쉽게 예수님을 사랑하는 삶에서 예수님에 관한 교리를 따지는 삶으로 변하는지를 깨달았다. 그는 그 과정을 다음과 같이 설명했다.

## 66 Rich...

기독교는 인간으로 오신 예수님과 함께 매일 걸어가는 종교다. 기독교 신앙의 핵심은 예수님을 철저하게, 분별 있게 믿고 그에게 초점을 맞추는 것이다. 하지만 사람들은 대부분 그 예수님을 사랑하고 그에게 헌신하는 것, 순종하는 것에서 일련의 교리로 초점을 교묘하게 옮겨간다. 삶은 하나님으로부터 오는 것이지 교리나 훌륭한 도덕에서 오는 게 아니다. 당신은 완벽하게 도덕적인 사람으로 살거나 그렇지 못할 수 있다. 예수님은 우리에게 생명을 주시기 위해 오셨지, 결코 도덕을 주시기 위해 오시지 않았다. 나는 훌륭한 도덕을 반대하지 않는다. 단지 가끔 주객이 전도되었다고 생각할 뿐이다.[11] 99

리치는 예수님을 하나님의 생명과 능력의 통로로 생각했다. 예수님에게 붙어 있으면, 요한의 말따나 예수님 안에 '거하면' (요15:4) 우리는 그 생명과 연결될 수 있다. 교리나 도덕원칙에 집착한다고 해서 생명을 얻을 수 없다. 그는, 교회가 예수님과 함께 매일 걸어가는 삶에서 예수님에 관한 일련의 신념으로 옮겨가는 것을 교회의 일반적인 문제라고 생각했다.

리치는 부활한 그리스도를 따라가는 삶에 계속 집중하기 위해 끊임없이 노력했다. 리치의 친구 스티브 스토크먼*Steve Stockman*은 다음과 같이 말했다. "그는 예수님을 따르는 일에 모든 생각을 집중한 사람이었어요. 그는 교계의 지도자나 교단의 입장, 교리를 따르는 일에는 전혀 관심을 가지지 않았어요. 그는 정말이지 예수님을 기쁘게 해드리고 싶어 했어요."[12]

리치에게 예수님을 믿는 것은 예수님의 말씀을 따르고 지키는 것이었다. 그는 다음과 같이 말하는 게 큰 모순이라고 했다. (모든 기독교인들이 말한다) "나는 예수님을 믿어요." 그러고 나서 "하지만 그가 말씀하신 것을 행하는 일에는 관심이 없어요." (애석하게도 많은 사람들이 이렇게 말을 하진 않지만 행동으론 이렇게 말하고 있다.) 리치는 이 문제에 대해 다음과 같이 언급했다.

## 66 Rich...

알다시피 기독교인으로서 항상 스스로 묻는 중요한 질문 중 하나는 이런 거예요. '우리는 예수님을 믿는다. 그리고 교회의 가르침을 믿는다. 하지만 그것을 실천하는 것은 어떤가?' 우리는 '나의 이 말을 행하는 자는 그 집을 반석 위에 지은 지혜로운 사람 같'다는 예수님의 말씀을 종종 대충 넘기니까요. 그는 '나의 이 말을 듣고 생각하는 자는' 또는 '나의 이 말을 듣고 동의하는 자는' 이라고 말씀하시지 않았어요. 오직 '나의 이 말을 듣고 행하는 자는' 이라고 말씀하셨지요.[13] 99

우리는 예수님의 말씀을 행하는 것으로 그를 따르라고 부름받았고, 그가 또한 하나님이라는 것을 믿기에 그렇게 한다. 따라서 그는 단순히 훌륭하고 모범적인 삶을 산 게 아니라 우리가 따라야 할 말씀까지 주셨다.

## 예수님처럼 되는 것은 힘들지만…

하지만 예수님의 말씀대로 사는 것은 절대 쉽지 않다. 예수님은 오른쪽 뺨을 맞으면 왼쪽 뺨을 내밀고, 원수를 사랑하고, 우리에게 해를 입힌 사람을 용서하라고 말씀하셨다. 어느 것 하나 쉽게 지킬 수 있는 게 없다. 지금껏 우리는 되받아치고 미워하고 원한을 품는 훈련을 계속해서 해왔다. 리치 역시 예수님의 말씀대로 산다는 것이 어렵다는 것을 잘 알고 있었다. 그래서 그는 '힘든 일(Hard)'이라는 노래에서 다음과 같이 썼다.

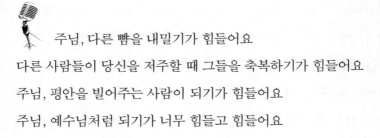
주님, 다른 뺨을 내밀기가 힘들어요
다른 사람들이 당신을 저주할 때 그들을 축복하기가 힘들어요
주님, 평안을 빌어주는 사람이 되기가 힘들어요
주님, 예수님처럼 되기가 너무 힘들고 힘들어요

다른 사람을 용서하지 않는 것은 그에게 벌을 주는 게 아니다. 오히려 자기에게 벌을 주는 것이다. 계속해서 근심이나 아픔을 마음속에 담아두어야 하기 때문이다. 앤 라모트*Anne Lamott*는

다음과 같이 썼다. '누군가를 용서하지 않는 사람은 쥐약을 먹은 쥐가 죽기를 기다리는 것과 같다' [14]. 예수님의 말씀은 결코 시험받거나 부족한 적이 없다.

리치는 기독교인으로 사는 게 어렵지만은 않다는 것을 알았고, 그래서 예수님의 도움을 간절히 구했다. 그것은 하나님의 도움 없이는 불가능하기 때문이다. 그는 '예수(Jesus)'라는 노래에서 다음과 같이 기도했다.

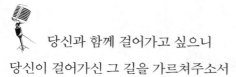

당신과 함께 걸어가고 싶으니
당신이 걸어가신 그 길을 가르쳐주소서

결국 이런 소망 때문에 그는 새로운 방식으로 예수님을 따라가려고 노력하게 되었다. 미치 맥비커는 다음과 같이 회상했다. "가장 기억에 남는 것 하나는… (리치가) 예수님과 함께 시간 보내는 일에 헌신했다는 거예요. 어느 해에는 사순절을 맞아 예수님과 한 시간을 더 지내기 위해 평소보다 한 시간 늦게 자는 훈련을 했어요. 그는 겟세마네 동산에서 예수님이 기도하실 때 제자들이 예수님과 함께 깨어 있지 못했다고 했어요. 리치는 영웅이 되기 위해 그렇게 한 것이 아니었어요. 다만 예수님이 우리에게 부탁하신 것을 하고 싶었을 뿐이에요."

예수님을 따라 사는 방법은 말씀을 읽고 묵상하고 기도하는 데 시간을 보내는 것이다. 리치에게 이러한 영적 훈련은 항상 중요했다. 특히 이 땅에서의 마지막 해에는 더욱 그랬다. 그는 자기만의 여행에 대해 설명했다.

## 66 Rich...

위대한 성경학자가 되는 게 목표가 아니에요. 단지 교리를 잘 알아서 인정받는 게 목표가 아니에요. 예수님처럼 되는 게 목표에요. 그때 성경이 나를 도울 것이에요. 나는 성경을 읽을 것이에요. 그 안에서 하나님을 찾을 수 있기 때문이죠. 성경은 인간으로 오신 예수님과 함께 매일 걸어가는 것에 관한 것이에요.[15] 99

# 예수님처럼 성장하기

리치는 자신의 부족함을 민감하게 의식하고 있었기에 예수님과 비교되는 것을 분명히 반대했다. 하지만 그의 수많은 친구들은 그의 삶을 통해 그리스도의 모습을 보았다고 증언한다. 동료 음악가 필 케이기는 말했다. "그는 여러 면에서 예수님 같았어요. 그들은 모두 종교 사회에서 규범을 따르지 않는 사람이었어요. 그리고 그들은 모두 하나님을 간절히 바라는 마음을 지녔지요. 그들은 모두 구약성경에 새로운 생명을 불어넣었어요. 그들은 모두 허세와 과시는 불필요하고, 오히려 정작 중요한 것은 혼자 조용한 장소에 있을 때 일어난다고 생각했어요. 저는 그의 안에서 우리가 보기 원하는 예수님을 보았어요."

바울은 기독교인을 '그리스도의 향기'(고후2:15)라고 했다. 다시 말해 이 말은 어쨌든 사람들이 우리에게서 예수님의 어떤 향기를 맡을 수 있어야 한다는 것이다. 리치를 알았던 거의 모든 사람들은 그에게서 (리치가 가장 좋아하는 화장수인 파출리의 은은한 향기와 함께) 예수님의 향기를 맡았다.

그의 긴 머리와 거무스름한 피부, 그리고 그 당시에 길렀던 턱수염은 우리가 보통 상상하는 예수님의 모습과 비슷해 보였다. 그러나 그는 예수님의 외적인 모습을 흉내 내는 것에는 관심이 없었다. 다만 '예수님이 내 입장이었다면 어떻게 사셨을까?' 를 따져 보며 그렇게 살기 원했다. 그는 무엇보다 예수님을 필요로 하는 세상 사람들에게 자기가 알고 있는 예수님을 전하고 싶어 했다. 그는 예수님처럼 살고, 콘서트나 음악을 통해 예수님의 선하심을 전하려고 열심히 노력했다. 비록 예수님처럼 되는 게 불가능하다는 것을 알고 있었지만, 그는 결코 노력을 멈추지 않았다.

---

주님은 '나를 따르는 자는 어두움에 다니지 아니' 한다고 말씀하셨다. 그는, 우리가 마음의 모든 무지를 깨닫고 그것으로부터 자유로워지고 싶다면 자기 삶을 본받으라고 우리에게 충고하신다. 그러므로 우리는 힘써서 예수 그리스도의 삶을 연구해야 한다.

· 토마스 아 켐피스 *Thomas A Kempis* ·

---

그의 노래를 듣는 사람들은 노래 전체를 통해 '당신이 걸어가신 길을 따라 걸을 수 있도록 인도해주소서' 라는 기도가 울려 퍼지는 것을 들을 수 있다.

그와 보낸 마지막 6개월 동안, 나는 내가 전에 보지 못했던 깊음을 알아차렸다. 그리스도처럼 살려는 그의 헌신은 매우 집중적이고 강렬했다. 그는 '어린 형제들' 회원들에게 매일 경건의 시간을 갖고 예수님의 가르침에 비추어 그들의 삶을 점검해야 한다고 말했다. 그는 자기가 이 젊은 청년들에게 모범이 되어야 한다는 것을 알았다. 그리고 그는 예수님께 헌신적인 제자로 사는 일에 솔선수범했다. 내가 리치의 추도 예배에서 "그가 세상을 떠나기 전 마지막 한 해 동안, 저는 그에게서 아담의 모습보다는 그리스도의 모습을 더 많이 보았습니다"라고 말했듯이 말이다.

결국, 우리는 정말 예수님처럼 성장한 사람을 보았다.


✿ 묵상을 위한 질문

1. 인간으로 오셨던 예수님의 어떤 점, 다시 말해 그도 한때 소년이었다는 것과 그도 웃고 울 수 있었다는 것, 그도 당신이 겪는 모든 고통을 당하고 느꼈다는 것 중 어떤 것이 당신에게 가장 위로가 되는가?

2. '나와 같은 소년/당신과 같은 사람'의 가사를 읽어보라. 어떤 소절이 당신에게 가장 의미가 있는가? 그 이유를 설명해보라

3. 당신은 예수님이 온전히 하나님이면서 온전히 인간이었다는 것을 어떻게 이해하는가? 이해하기 힘들다는 것을 아는가? 설명해보라.

4. 이 장을 읽은 후 당신이 전에 예수님에 대해 생각하던 방식이 달라졌는가?

5. 리치는 커서 예수님처럼 되고 싶다고 했다. 예수님의 어떤 삶이 가장 닮기 쉽고, 어떤 삶이 가장 닮기 어렵다고 생각하는가? 설명해보라.


**✽ 생각과 연습**

• 일주일간 복음서의 일부분을 정해서 읽어보라. 그리고 예수님의 인격에 주목하라. 그가 하는 말이 아니라 하는 일에 주목하라. 배를 타고 기도하러 산에 올라가고 결혼식에 참석하는 그를 마음속에 그려보도록 노력하라. 할 수 있는 한 그 장면에 실제로 당신이 있다고 상상해보라. 매일 몇 분간 이런 식으로 예수님 곁에서 걸어보라.

• 예수님과 함께 있기 위해 리치가 했던 훈련(한 시간을 덜 자며 묵상했던 것)을 해보라. 그러나 그것을 지나치게 영적인 훈련으로 만들지 말라. 단지 당신과 함께 방에 있는 친구로서 예수님과 함께 하라(한 시간이 너무 길면 15분 정도만 해도 좋다).

*Calling Out You :*
*Understanding His Roots*

하늘에서 천둥이 친다
금방이라도 비가 내릴 것 같다
그리고 대초원이 당신의 이름을 외쳐 부르는 소리가 들린다
– '당신의 이름을 외쳐 불러봅니다' 중에서

# 창조, 그 분의 놀라운 솜씨

창조된 세상은 리치에게 영감을 주었다. 그는 산과
강, 언덕, 평야를 매우 좋아했다. 그것들이 하나님을 나타냈기
때문이다. 그는 꽃과 별 속에서 하나님의 영광을 볼 수 있는 눈
을 가졌다. 그리고 그런 영광을 보고 창조된 세상의 아름다움
을 노래한 찬송가 몇 곡을 우리에게 만들어주었다.

많은 사람들에게 대초원은 광활하고 적막한 것처럼 보였지만,
리치에게 그것은 하나님의 이름을 외쳐 부르고 있는 것처럼 보
였다. 리치가 테네시 주의 집근처에 있는 존슨즈 크리크
*Johnson's Creek*에서 시간을 보냈을 때 그는 하나님의 놀라운

사랑을 느꼈다. 실제로 리치는 가는 곳마다 하나님을 보았다.

## 66 Rich...

(에이미 그랜트의 '언가디드*Unguarded*' 앨범 출시기념으로) 그녀와 순회공연을 하고 있었을 때 '당신의 이름을 외쳐 불러봅니다 (Calling Out Your Name)' 라는 노래의 첫 소절을 썼다. 우리는 차를 타고 네브래스카 주를 지나가고 있었는데 크고 아름다운 보름달이 하늘에 떠 있었다. 그리고 어떻게 일어난 일인지 모르겠지만 '음, 달이 네브래스카를 지나고 추운 다코타 주의 언덕에 대고 웃고 있다' 라는 가사가 떠올랐다. 그 노래는 그곳에서 시작되었다. 나는 '이 말을 언젠가는 써야지. 어디에 쓸지는 모르겠지만 쓸 데가 있을 거야' 라고 생각했다. 그래서 그냥 그 가사를 저장해두었다. 그러고 나서 캔자스 주의 플린트힐*Flint Hills*에서 자동차를 타고 가면서 노래를 꽤 많이 완성했다. 이 노래는 6년 후에 마치게 된다. 나는 그런 식으로 노래를 만드는 편이다. 그때그때 생각나는 가사를 적어서 간직한다. 나의 글 쓰는 방식을 보면 여기에서 조금 메모하고 저기에서 조금 메모해서 그것들을 함께 붙이기 때문에 직조공보다는 퀼트를 만드는 사람에 더욱 가까울 것이다.[1] 99

---

세상은 하나님의 웅장함으로 가득 차 있다.

· 제라드 맨리 홉킨스 *Gerard Manley Hopkins* ·

---

영원한 예술가이신 하나님은 리치의 예술적 기교에 영감을 주셨다. 그는 네브래스카 주의 하늘에 떠 있는 보름달을 바라보다가 갑자기 어떤 생각이 떠올랐다. 아마도 달빛은 단지 스산한 언덕 위에 떠 있는, 태양으로부터 반사된 빛이 아니라 퍼지고 있는 웃음이었을지도 모른다는 생각 말이다. '당신의 이름을 외쳐 불러봅니다' 라는 노래를 들을 때 우리 주위의 창조된 세상이 정말로 얼마나 경이로운지, 그리고 그것을 보는 것을 게을리 하는 우리는 얼마나 어리석은지 말해주는 어떤 사람의 목소리를 듣는 것 같다.

리치는 평야의 저녁에 흔히 보이는 무엇인가를 보면서 야곱의 사닥다리를 오르락내리락 하는 천사들을 봤다. 밝은 오렌지색의 일몰에서 하나님의 영광을 보았다. 그는 꿩의 날개짓에서 맹렬한 폭풍우 속의 천둥소리를 느꼈고, 그 모든 것들이 함께 하나님의 이름을 큰 소리로 외쳐 부르고 있는 것처럼 느꼈다. 빌리 스프레그가 말했듯이 사람들은 리치의 노래를 들으면서 묻는다. "저 사람이 어떤 창문을 통해서 보고 있는 거죠?" 리치는 예수님께서 보셨던 것과 같은 똑같은 창문을 통해서 세상을 바라보았다. 그는 우리가 하나님이 감싸고 있는 우주에 산다고 생각했다. 리치의 경우, 두 눈으로 보기에는 주위에 아름다운 것이 너무 많이 있었다. 하지만 그는 최선을 다해 보았고 자기가 본 것을 다른 사람들이 어렴풋이라도 볼 수 있도록 노래를 만들었다.

# 당신의 이름을 외쳐 불러봅니다

달이 네브래스카를 지났고
추운 다코타 주의 언덕에 대고 웃었다
그리고 천사들은 야곱의 사닥다리 위에서 춤을 췄다
이런 황무지에 고요한 침묵이 흐른다
그리고 캔자스 주 위로 펼쳐진 우주가 고요하다
기도하는 사람의 속삭임으로
그리고 매 한 마리가 갑자기 날기 시작했다
그리고 동쪽에서 지평선 전체가 불타오르고 있었다

하늘에서 천둥이 친다
하늘이 금방이라도 비를 내릴 것 같다
그리고 대초원이 당신의 이름을 외쳐 부르는 소리가 들린다
우르르 몰려가는 들소의 발굽소리 아래로
땅이 진동하는 것을 느낄 수 있다
그리고 맹렬하게 퍼덕이는 꿩의 날개짓 소리도 들린다
그것은 나에게 주님이 성전에 계시고
산을 옮길 수 있는 믿음이 여전히 있으며
하늘을 울릴 수 있는 사랑이 있다고 말해준다
신성한 강들이 만나는 곳
평원을 지키는 사람의 보호 아래에

창조, 그 분의 놀라운 솜씨

아침이 점점 밝아 오는 곳에서부터
헛되이 부르지 않은 노래 속에서
소망을 가지고 마음껏 살게 하기 위해서
이런 목마름이 오래 지속되지 않을 것이라는 소망을 가지고
그 목마름이 곧 채워질 것이라는 소망을 가지고 살게 하기 위해서
주님이 어떻게 이 오래된 세상의 구석구석을 사용하시는지
그리고 어떻게 우리를 동요하게 해서 앞으로 나아가게 하시는
지, 우리를 자유롭게 하시는지
시간이 흘러도 결코 알지 못하는 것을…
때때로 당신이 알 때까지 계속 볼 수 있다

이런 목마름이 오래 지속되지 않을 것임을 안다
그 목마름이 헛되이 부르지 않은 노래 속에서 곧 채워질 것이다.
하늘에서 천둥이 친다
하늘이 금방이라도 비를 내릴 것 같다
대초원과 함께 당신의 이름을 외쳐 부르고 있다

## 창조물은 하나님을 나타내고 있다

리치는 농장에서 자랐기 때문에 자연과 가깝게 지냈다. 그는
아버지가 인디애나 주에서 수많은 식물과 나무를 키우는 것을
보았다. 그는 트랙터를 타고 몇 시간을 보내곤 했다. 그는 손에
흙을 묻히면서 어린 시절과 청년시절을 보냈다. 그리고 그는 농

사일을 좋아하지 않았지만, 그런 경험을 통해 하나님에 대해 배웠다. 네바 멀린스는 다음과 같이 말했다. "농사일을 통해서 하나님에 대해 배워요. 도시에 사는 사람들은 우리에게 필요한 모든 것이 어떻게 땅에서 자라는지와 전혀 관계가 없어요. 시골보다는 도시에서 기독교인으로 사는 것이 더 힘들다고 생각해요. 시골에서는 하나님의 창조질서를 알 수 있고, 그것을 통해서 인내와 의존성에 대해서 배우게 돼요."

시편 기자가 말했다. '하늘이 하나님의 영광을 선포하고 궁창이 그의 손으로 하신 일을 나타내는도다 날은 날에게 말하고 밤은 밤에게 지식을 전하니 언어도 없고 들리는 소리도 없으나 그의 소리가 온 땅에 통하고 그의 말씀이 세상 끝까지 이르도다' (시19:1~4a)

하나님은 창조된 세계를 통해 자신을 우리에게 나타내신다. 우리는 세상을 볼 때 질서와 아름다움을 본다. 세상은 지속적이고 일관되고 강직하고 전조적이다. 우리가 사는 과학의 시대에 우리는 만물을 단지 어떤 진정한 목적이 없는 물질로 격하시키는 경향이 있다. 대부분의 사람들은 소풍가는 날 비 올 기미가 없으면 하늘을 거의 쳐다보지도 않는다.

리치의 경우, 하늘은 낮이나 밤이나 말하고 있었다. 그에게 있어 자연은 하나님의 혀였고 창조된 세상의 모든 경관은 하나님의 말이었다.

그의 두 번째 앨범의 타이틀곡인 '하늘의 풍경(Pictures in the Sky)' 에서 그는 다음과 같이 노래했다.

주 예수님,

당신은 하늘을 만드신 분이십니다

당신은 언젠가 저를 거기로 데리고 가실 거예요

하지만 그 때까지 하늘은 계속 거기에 있겠죠

당신이 저를 사랑하신다는 것을 말하기 위해서요


　우리가 주의 깊게 보지 않는 구름은 하나님이 그를 사랑한다고 리치에게 속삭였다. 어떤 사람들은 그의 노래를 듣고 리치가 하늘과 별과 달과 같은 창조물을 보다 영적인 것을 나타내는 은유로 사용했다고 생각했다. 그는 이 의견에 반대했다. 그에게 하늘과 별과 달은 그것 자체가 영적이었다. 그는 다음과 같이 썼다.

## 66 Rich...

　"하지만 그것은 단지 하늘일 뿐이에요"라고 말할지도 모른다. 하늘을 한 번도 보지 않았다면 그렇게 말할 수 있을 것이다. 그리고 "아, 하늘은 단지 은유법이고, 그는 가령 하나님의 사랑과 같은 영적인 것에 정말로 압도당한 거예요"라고 말 할지도 모른다. 하지만 하늘이 단지 은유법이라면 그것은 하나님의 은유법이고 단지 하늘을 올려다본다면, 음, 딱히 표현할 말이 없다. 하지만 그런 하늘이 있다. 너무나 촘촘히 펼쳐져 있어서 막 터질 것 같은 하늘 말이다.[2] 99


　리치는 사람들이 고개를 들어 하늘을 주시하고, 하나님이 우리를 창조하시기 전에 창조하신 하늘과 땅의 설교에 집중하기를 원했다. 그는 자연은 맨 처음 생긴 창조물이고 우리가 배울 것들이 많이 있다고 믿었다.

---

우리 주변의 창조된 세상에서, 우리는 영원한 예술가, 즉 영원한 사랑이 작용하고 있는 것을 본다. · 이블린 언더힐*Evelyn Underhill* ·

---

리치에게 하늘과 땅은 성체와 같았다. 정의를 내리자면 성체는 보이지 않는 은혜를 볼 수 있게 나타낸 표시다. 리치는 세상의 윙윙거리는 소리와 새들의 지저귀는 소리와 짐승이 우는 소리 속에서 "하나님은 성실하시다. 하나님은 선하시다. 하나님은 우리를 사랑하신다" 라는 소리를 들었다. '불타는 떨기나무(Burning Bushes)'라고 제목을 붙인 기사에서 리치는 다음과 같이 썼다. '아마도 우리는 귀뚜라미의 찌르르 우는 소리나 옛 친구들의 웃음소리에서 그것을 들을 수 있을지도 모른다. 아마도 하늘은 정말로 하나님의 영광을 선포할지도 모른다. 그리고 하늘은 그의 손의 행사를 선포할지도 모른다. 어쩌면 하늘은 그 자체가 그의 선언이고 그의 포고이며 그의 성체다. 사람들이 하나님이 만드신 모든 것에서 하나님의 성실하심을 알기 바란다.[3] '

리치는 "그의 보이지 아니하는 것들 곧 그의 영원하신 능력과 신성이 그가 만드신 만물에 분명히 보여 알려졌나니"(롬1:20)라고 말한 바울의 말에 동의했다. 세상은 그 속에서 하나님을 찾으려는 사람들에게 하나님을 증거한다. 리치에게, 떨어진 모든 나뭇잎은 일종의 불타는 떨기나무였고, 모든 초원에 부는 바람 속에는 세미한 음성이 담겨 있었으며, 모든 산은 변화산 사건이 일어난 변화의 장소였다. '바람을 자기 사신으로 삼으시고 불꽃으로 자기 사역자를 삼으시며(시104:4)'라고 하나님께 말한 시편 기자의 정신으로 볼 때 모든 창조물은 끊임없이 하나님을 나타내고 있다는 것이 리치의 생각이었다.

미치 맥비커는 뉴멕시코의 나바호 인디언 보호구역에서 리치와 함께 살았던 시간을 다음과 같이 회상했다. "그는 보호구역 주위의 경치를 매우 좋아했어요. 항상 자연에 대해 알고자 하는 열정이 있었어요. 지구의 플레이트가 움직이고 산을 만드는 것처럼, 왜 이런 저런 것들이 생겨났는지 열심히 배우려고 했어요. 그는 자연을 하나님의 인격의 연장이라고 믿었기 때문에 자연에 대해 경외심을 가졌어요. 우리는 거의 매일 하이킹을 가곤 했는데, 그는 항상 바위나 이끼나 풀과 같은 우리 주위의 사소한 것들에 주목하게 만들었어요. 그는 자연을 하나님의 선물로 보는 방법을 나에게 가르쳐 줬어요. 그리고 우리 주위에 있는 것 중에 우연히 일어난 것은 아무것도 없으며 그것은 하나님의 수공품이라고 말하곤 했어요."


# 하나님은 초록색을 발명하셨다

창조물을 볼 때 리치는 하나님의 예술적 기교를 볼 수 있었다.

그 모든 창조물의 색깔과 복잡성 속에서 하나님은 뛰어난 창조 주라는 것을 알았다. 그는 한 가지 색깔이 그의 생각을 어떻게 바꿨는지 그리고 그 색깔이 어떻게 노래를 만들도록 이끌었는지 설명했다.

## 66 Rich...

저는 초록색이 얼마나 아름다운지 생각하고 있었어요. '겨울의 밀밭을 내려다보고, 하늘을 파란색으로 만들고 이 들판을 찬양으로 가득 채우는 초록색을 만든 것을 기뻐하라' 는 가사를 따라 어떤 것을 생각하고 있었어요. 저는 예배당에 가던 중 단지 사람들과 함께 모여 있지 않았다 뿐이지 자기가 이미 예배당에 있다는 것을 깨달은 노인을 생각하고 있었어요. 즉, 그는 이미 하나님의 임재하심에 둘러싸여 있었던 것이죠. 그는 주위를 둘러봐요. 물론 그는 농부이기 때문에 계절을 감상할 줄 알아요. 그런 것들을 감상할 줄 알죠. 그리고 갑자기 그는 하나님이 초록색을 만드셨다는 것을 깨닫게 돼요.[4] 99

리치는 어떤 점에서 하나님이 분명히 초록색을 발명하셨다고 생각했다. 우리는 하나님이 동산에서 열매 맺는 나무를 바라보시고 '하나님이 보시기에 좋았더라' (창1:12)고 하셨다는 것을 알고 있다.

이것은 하나님의 인격에 대한 완전히 새로운 시각을 만들어낸다. 하나님은 차가운 분이 아니시고, 그의 역사는 세속적인 것이 아니다. 하나님은 열정과 에너지와 독창성으로 불타오르고 있다. 예수님은 하나님이 들판의 풀을 만드신 것 이상의 일을 하신다고 말했다. 그는 들풀을 입히신다(마6 : 29). 그는 풀과 백합을 입히신다. 그리고 어떤 현대 패션 디자이너도 그것들의 아름다움에 필적할 수 없다. 이것은 자연의 색깔이 완벽하기 때문이다. 흰색과 주황색과 붉은색과 파란색은 어떤 변화가 필요 없다. 모네와 같은 화가들은 단지 하나님의 색채의 배합을 시도하고 모방할 수밖에 없었을 것이다. 그들이 만든 색조는 진짜 색깔 곁에서 그 빛이 바랜다.

하나님의 예술적 기교를 생각할 때, 하나님이 자신에게 필요하기 때문에 세상을 창조하신 것이 아니었다는 것을 깨닫게 된다. 하나님이 세상을 창조하신 목적은 세상이 자기를 찬양하고 우리를 자기에게 인도하기 위함이었다. 하나님은 자신의 사랑 때문에 세상을 창조하셨다. 리치는 자동차를 몰고 공원으로 갔던 때와 그곳에서 겪은 일에 대해 다음과 같이 썼다.

## 66 Rich...

지금은 해질녘이고 저 멀리 동쪽 하늘은 이미 땅에서 저절로 만들어진 그림자로 물들어지고 있었다. 좀 더 가까이에 있는 별들은 잠에서 깨고 있다. 나는 인디애나폴리스에 있는 한 공원에 있었는데 바로 지금 이곳에 있는 큰 나무들은 어떤 그림자도 드리우지 않고 있다. 초록색깔의 나뭇잎에 이미 진 태양의 마지막 빛이 어른거리고 있고 서쪽 하늘은 밝고 청록색이며 '준 보석' 처럼 빛나고 있다. 마치 어떤 돌도 '준 보석' 이 될 수 있다는 듯이 말이다.

그리고 내 눈에 보이는 모든 것 위에, 내 오토바이와 자동차, 이 거인 같은 단단한 나무의 줄기와 가지 위에, 짧게 깎은 잔디와 지금은 사용하지 않는 테니스 코트와 야구장 위에, (여전히 흐리고, 여전히 그리고 요즈음 매우 아름다운) 하늘 위에 그리고 내 위에 큰 평안이 밀려온다. 그 평안은 땅에서 올라오고 하늘에서 내려온다.[5] **,,**

---

모든 과학기술을 사용하더라도 굴(oyster)을 만들 수 없을 때, 이렇게 잘 짜인 하늘과 땅이 우연히 생겼다고 생각하는 것보다 더 바보 같은 생각이 또 있을까?
· 제레미 테일러 *Jeremy Taylor* ·

---

리치에게 있어서 우주는 살아 있었고 모든 것에게 축복을 내뿜고 있었다. 하나님은 새벽부터 황혼까지 창조된 세상을 통해 부드러운 찬송을 부르시는 것으로 우리에게 자신을 낮추신다. 성경은 하나님을 쳐다보고 살 수 있는 인간은 아무도 없다고 말한다. 따라서 하나님은 자기의 영광을 다양한 형태로 나타내신다. 가령 나무와 별과 동물과 인간과 물과 하늘 등을 통해 나타내신다. 도시적 껍질을 벗어 버리고 그런 것들을 살피는 것은 우리에게 달려 있다. 그리고 그것이 정확히 리치가 했던 일이다.

그는 자동차를 타고 시골을 돌아다니는 것을 좋아했다. 그것은 시골의 특징을 느끼는 데 도움이 됐기 때문이다. 게이 퀴즌베리는 말한다. "그는 창조물의 복잡성에 매혹되었어요. 한 번은 나에게 서른두 가지의 다양한 풀이 있다는 것에 매우 놀랐다고 말했어요. 단지 그 사실이 풀 자체보다 더욱 놀라웠던 거예요."

리유니온 레코드 *Reunion Records* 사의 중역 돈 도나휴 *Don Donahue*는 리치와 함께 차를 타고 시골을 돌아다녔던 때를 다음과 같이 회상했다. "그는 아론 코플랜드 *Aaron Copland*의 음악을 틀고 시골을 지나면서 '저 들판의 무늬를 보세요' 라고 말하곤 했어요. 당시에는 그런 것에 관심이 없었지만 이것만은 말할 수 있어요. 리치 때문에 지금은 들판의 무늬를 분명히 볼 수 있게 됐어요."

## 하나님은 기쁨으로 충만하시다

리치는 하나님이 정말로 우주를 즐긴다고 믿었다. 그리고 그보다 훨씬 더 우리가 우주를 즐기기를 바란다고 확신했다. 우리는 하나님이 기쁨의 창조자라고 말한 C. S. 루이스의 말을 쉽게 잊어버린다. 우리는 종종 무언가를 즐기는 문제에 있어 하나님이 완고한 입장을 취한다는 것과, 우리가 할 수 있는 가장 영적인 일이 부루퉁하고 실망한 얼굴로 돌아다니는 것이라고 생각한다. 우리는 만일 재미있다면, 그것은 분명히 죄일 거라고 생각한다. 리치는 잘 알고 있었다. 그는 우리가 창조된 세상을 즐기는 것을 보는 것을 하나님이 즐긴다는 것을 분명히 알았다.

하나님이 자연을 창조하셨기 때문에, 다시 말해 그의 사랑과 예술적 기교로 자연을 발명하셨기 때문에 우리는 자연을 존경해야 한다.

· C. S. 루이스 ·

우주는 변함이 없다. 그렇다고 생명이 없는 것은 아니다. 매일 태양이 뜨지만, 그것은 판에 박힌 따분한 일이 아니다. 리치는 하나님이 매일 모든 생물에게 '그래!'라고 외치신다는 것을 G.K 체스터튼에게 배웠다. 하나님은 초록색을 발명하셨다. 하나님은 태양에게 영감을 주신다. 만일 우리가 볼 수 있는 눈을 가졌다면, 하나님은 우리에게도 영감을 주실 것이다.

리치가 체스터튼에게 배운 것은 또 하나 있다. 바로 우주가 수동적으로 서서히 느슨해지는 것이 아니라, 끊임없이 창조하시고 자기의 능력을 부어주시는 하나님에 의해 정력적으로 활동하고 있다는 것이다. 체스터튼은 다음과 같이 썼다. "하나님이 매일 아침 태양에게 '다시 하라'고, 그리고 매일 저녁 달에게 '다시 하라'고 말하는 것은 가능하다. 하나님은 기계적으로 모든 데이지(식물)를 똑같이 만드는 게 아닐지도 모른다. 하나님이 모든 데이지를 따로따로 만드시지만, 그러면서 결코 싫증을 내지 않았다는 것을 의미하는 것일 수도 있다. 자연에서 일어나는 반복적인 일은 단순한 반복이 아닐 수도 있다. 그것은 극장에서 하는 앙코르 공연일 수도 있다.[7]"

창조, 그 분의 놀라운 솜씨

# 어디에 가든지 당신을 봅니다

윌리엄 블레이크는 다음과 같이 고백했다.


한 알의 모래 속에서 세계를 보고
한 송이 들꽃 속에서 천국을 본다
손바닥 안에 무한을 잡고
순간 속에서 영원을 붙잡는다 [8]


리치 역시 꽃과 풀과 나무 속에서 천국을 보았다. 그는 다른 사람들도 그렇게 보기를 간절히 바랐다. 그는 캔자스 주의 평원에서 천국을 보았다. 그리고 뉴잉글랜드 해변의 파도나 얼음이 녹고 있는 테네시 주의 시내에서 천국을 보았다. 그는 가는 곳마다 하나님을 보았고, 그 모든 것의 경이로움으로 벅찼다. 이런 점에서 그는 우리와 달랐다. 그는 '당신을 봅니다(I See You)'에서 다음과 같이 썼다.

 주여, 당신은 저를 인도하고 계십니다
낮에는 구름으로
밤에는 타오르는 불꽃으로
그리고 어디를 가든지 당신을 봅니다


독수리가 날고 강물이 흐릅니다

밤을 통해서 당신을 봅니다

그리고 저는 떠오르는 태양을 볼 수 있습니다
그리고 어디를 가든지 당신을 봅니다


　　그는 '여기 미국에서(Here in America)' 에서 보고 싶은 갈망을
다음과 같이 묘사했다.

　우리 주위에는 두 개의 눈으로 보기에는 벅찰 만큼
아름다운 것들이 많지만, 나는 어디를 가든지 볼 것이다

　　리치는 계속해서 눈을 크게 떴다. 그가 특별히 안타깝게 여겼
던 것은 이런 아름다움을 보는 데 눈이 두 개밖에 없다는 것이었
다. 눈이 더 많아서 모든 것들을 받아들일 수 있다면 멋지지 않
을까? 그는 '여기 미국에서' 에서 하나님이나 예수님을 직접적
으로 언급하지 않는다. 그래서 어떤 사람들은 리치가 이 노래를
왜 불렀는지 이해할 수 없다고 했다. 이 노래는 단순히 뉴잉글랜
드의 부서지는 파도와 애팔래치아 산맥에 대해 말하고 있기 때
문이다. 이에 리치는 이렇게 설명했다. "어떤 사람들은 미국이
얼마나 아름다운 곳인지에 대한 노래를 만드는 것은 시간낭비라
고 생각해요. 하지만 저는 그 아름다움을 알아차리지 못하는 것
은 눈의 낭비라고 생각해요.[2] "

베스 루츠는 이렇게 말했다. "(리치의) 음악은 마치 카메라 같았어요. 그는 아름다운 장소를 보곤 했는데, 그러고 나면 그것이 가사가 되곤 했어요." 리치는 '놀라운 세상(With the Wonder)'에서 테네시 주 벨스버그의 집 근처를 묘사했다.

존슨즈 크리크 아래에
나무들이 크게 자라 있어요
자기의 영혼을
당신의 말씀으로 먹이는 사람처럼 말이죠
그리고 물속을 들여다보면
별이 떨어지는 것을 볼 수 있어요
불이 딱딱 소리를 내며 타는 소리를 들어보세요
그리고 귀뚜라미가 찌르르하고 우는 소리를 들어보세요
그리고 깎아지른 듯한 절벽이 있어요
컴벌랜드의 강둑 위에서
멀리 떨어진 세상으로부터
해돋이를 볼 수 있어요
그리고 당신이 만드신 아름다운 세상에서
당신이 하신 놀라운 일들을 볼 수 있어요

한 겨울에 세상은 온통 하얗죠
여름에는 푸르고요
가을에는 울긋불긋하죠

강물이 녹는 봄의 축제 속에서
세상은 활동하죠
그리고 꽃은 활짝 피죠
그리고 거미줄에 이슬방울이 맺혀요
햇살 속에 세세한 먼지들이 떠돌아다니죠
뼈와 근육과 땀과 타액으로 이루어진 우리는
살기 좋은 세상에서 함께 살아요

　이 노래는 리치가 이슬방울이나 세세한 먼지와 같은 사소한 것들에 어떻게 주의를 기울였는지를 보여준다. 그는 기계소리와 경적소리, 자동차 바퀴의 진동소리, 덜거덕거리는 소리, 빗방울이 후드득 떨어지는 소리, 고양이가 목을 가르랑거리는 소리 등 세상의 소리에 귀를 기울였다. 그리고 그는 그 모든 것들의 경이로움으로 가득 찼다.

# 내가 기억할 수 있는 한 최고의 세상

　1989년 순회공연 기간 중 리치는 무대에 오르기 전 똑같은 의식을 행했다. 그는 화이트보드 위에 대륙의 윤곽을 그린 다음 나라를 그리기 시작했다. 그는 매니저가 나가야 할 시간이라고 신호를 줄 때까지 빠른 속도로 이렇게 하곤 했다. 그러고 나서 지도 위에 다음과 같이 썼다. '이것이 내가 기억할 수 있는 한 최고의 세상이다. 리치 멀린스 작.' 그리고 그 문장은 그의 가장 훌륭한 작품인 '내가 기억할 수 있는 한 최고의 세상(The World as Best as I Can Remember It)'의 제목이 되었다. 그는 세상에 매료되었지만 그 세상을 받아들일 수도 (눈이 두 개밖에 없으므로), 그가 원하는 만큼 분명하게 기억할 수도 없다는 생각으로 괴로워했다. 그래서 그는 힘 닿는 데까지 세상을 기억하는 것으로 만족했고, 잊어버리지 않기 위해 연습을 하기로 했다. 그는 이런 연습을 통해 공연의 압박감에서 해방될 수 있었고, 주위에 더 큰 세상이 있다는 것도 떠올릴 수 있었다.

그가 사망한 직후에 그와 친했던 몇 명은 그가 썼던 글의 사본을 받았다. 그 글은 1997년 9월 초에 썼던 것이었다. 그 글의 마지막은 다음과 같았다. '북두칠성의 움직임을 도표로 만들고 가능한 한 태양에 흠뻑 빠져보라. 내 달력보다 더 큰, 그러니까 내 감정보다 더욱 영구적인, 내 업적보다 더욱 영광스러운 세상에 살아보라(그것은 쉬울 것이다).' 리치는 북두칠성을 올려다보거나 유럽과 아시아에 있는 나라를 그려보는 것으로 자기 자신을 보다 크고 영구적인 것에 연결시켰다. 그는 이런 시각을 계속 유지하고 싶었고, 다른 사람들도 자기와 같은 시각을 가지길 원했다. 그는 사람을 격려하는 매우 특별한 기술을 가지고 있었다. 그는 우울한 사람들에겐 집 주변을 걸어 다니면서 모든 나무의 이름을 알아보라고 했다. 그는 사람들이 자기 편견(self-preoccupation)이라는 작은 껍질 밖으로 나올 수 있다면 많은 문제에서 벗어날 수 있다고 믿었다. 그들이 떡갈나무의 힘에서, 박태기나무의 아름다움에서 하나님의 경이로움을 볼 수 있을지 모른다고 생각했다. 잠시나마 (종종 스스로 부과한) 고통을 잊고 더욱 크고 영속적인 것을 볼 수 있을지도 모른다고 생각했다. 그리고 그런 간단한 행위로 자유롭게 될 지도 모른다고 생각했다.

리치는 '어린 형제들' 의 매튜 존슨을 자기가 좋아하는 모든 명소에 데리고 갔다. 매튜는 그것을 다음과 같이 기억한다. "그가 정말 세세한 부분에까지 주의를 기울이는 것을 보고 깜짝 놀랐어요. 바위에 낀 이끼까지 감상했을 정도였죠. 그는 항상 제게 말했어요. '눈을 크게 뜨게. 볼 게 많으니까.'" 마이클 어코퍼는 다음과 같이 말했다. "누군가 바람과 비와 별과 평야에 대해 말하는 것을 듣는 것은 당시 19살이었던 제게는 굉장히 낯선 것이었죠. 그러나 그것은 결국 제게 영향을 끼쳤어요. 그때 저는 하나님의 창조물을 감상하지 않았었지만, 지금은 하거든요."

리치가 이럴 수 있었던 까닭은 그가 현대의 기계장치의 노예가 되지 않았기 때문일 것이다. 다행히도 그는 텔레비전에 나오는 쇼에 대해 하나도 몰랐다. 그의 동료였던 빌리 스프레그는 다음과 같이 말했다. "하나님은 항상 우리에게 무언가를 말하려고 애쓰고 계세요. 그는 늘 '내가 있다는 것을 알아차려라' 는 전보를 치고 있죠. 리치는 대부분의 사람들보다 많은 안테나를 가지고 있었어요. 그는 케이블방송이나 채널 안내방송을 보지 않았죠. 그는 산 속을 걸었죠. 그는 히치하이크에서 돌아올 때 거의 30개나 되는 곡을 한아름 안고 돌아오곤 했어요."

# 평야의 찬송가

리치의 마지막 프로젝트 중 하나는 뮤지컬이었다. 그는 몇 년 간 그것을 꾸준히 준비해왔다. 1997년, 드디어 그것이 공개되었다. 그것은 성 프란시스에 관한 드라마였다. 리치는 내게 줄거리를 설명했다. "프란시스, 나는 그를 프랭크라고 불러요, 아무튼 그는 전쟁에서 돌아온 후로 아버지의 기대를 저버리고 부(富)를 멀리하죠. 그리고 교회를 건축하라는 하나님의 부르심을 받고 버즈(버나드 형제)와 함께 일하죠. 그러다가 클레어라는 여자를 만나고 하나님을 신뢰하면서 바람이 이끄는 곳으로 다니죠."

내게 처음으로 떠오른 생각은 '그가 노래를 만드는 일에만 충실해야 한다' 는 것이었다. 하지만 해를 거듭할수록 그 이야기는 점점 사람들의 흥미를 끌었다. 그리고 결국 리치와 비커와 미치 맥비커는 노래와 대본을 썼다. 리치는 몇 가지 이유로 자기를 성 프란시스와 연관지었는데, 그 가운데 한 가지 확실한 이유는 그 이탈리아계 성인이 창조의 장관에 집중했다는 것이다. 13세기의 인물인 성 프란시스는 자기가 '해와 달의 찬송가(The Canticle of the Sun and Moon)' 라고 부른 찬송가를 작곡했다. 리치는 자기의 뮤지컬을 '평야의 찬송가' 라고 불렀다. 그것은 창조에 대한 리치의 가장 훌륭하고 완벽한 작품이다.

# 창조하기 위해 창조된

리치에게 '평야의 찬송가'를 제작하는 위험을 감수하는 일은 그리 힘들지 않았다. 그는 상업적인 성공을 거두는 일에 별로 관심이 없었기 때문이다. 리치는 무언가를 창조하고 싶은 소망은 하나님으로부터 나온 것이고, 그 소망을 따르는 것은 모든 기독교인들의 의무라고 믿었다. "저는 창조성이 매우 기독교적인 것이라고 생각해요. 우리가 하나님의 형상대로 창조되었다는 것은 우리에게도 창조하고 싶은 충동이 있을 거라는 것을 의미한다고 생각해요.[10]"

하나님이 아담에게 시킨 두 가지 일은 동산을 경작하고, 동물들의 이름을 지으라는 것이었다. 우리는 창조하기 위해 창조되었다. 따라서 리치는 창조를 고귀한 소명이라고 믿었다. "나는 직업이 매우 거룩한 것이라고 생각한다. 그리고 직업을 매우 심각하게 결정한다. 많은 사람들은 영적인 훈련을 일단 퇴근하고 집에서 하는 것이라고 생각하지만 직장에서 하는 일이 신앙서적을 읽기 위해 따로 떼어놓은 20분만큼이나 영적인 것이다.[11]"

리치는 사람들이 세상에서 일을 끝내고 나서 별도로 영적인 일을 한다는 개념이나, 다른 사람들은 파트타임 사역을 하는 반면 어떤 사람들은 풀타임 사역을 한다는 개념을 좋아하지 않았다. "만일 당신이 배관공인데 기독교인이 되었다면, 설교자가 되기 위해 배관공을 그만두지는 않을 것이다. 당신은 훌륭한 배관공이 됐어요. 당신의 일은 당신의 믿음에 의해 고취되기 때문이에요.[12]"

리치는, 직업은 하나님이 주신 선물이고, 모든 직업은 하나님에게 중요하다고 믿었다. 우리는 무언가를 창조할 특권이 있다. 하나님이 우리를 창조가 필요한 피조물로 만드셨기 때문이다.

## 리치가 음악을 만드는 이유

리치는 창조하고 싶은 충동의 배출구를 음악에서 찾았다. 그에게 노래를 만드는 것은 자기의 직업을 표현하는 수단일 뿐만 아니라 자기를 표현하는 수단이기도 했다. 그는 할 수 없어서 음악을 창조했다. "당신은 세상이 당신의 음악을 필요로 한다고 해서 곡을 쓰지 않는다. 당신은 무언가를 정리하고 조직할 필요가 있기 때문에 곡을 쓴다. 만일 당신이 음악가라면 음악을 만드는 것으로 매우 인간적이고 일반적인 욕구를 표현한다. 그리고 만일 당신이 빵 굽는 사람이라면 빵을 굽는 것으로 그렇게 한다. 그것은 모두 똑같이 선한 것이다. 단지 선 자체를 다양한 분야에서 나타내는 것일 뿐이다.[13] "

사과나무가 사과를 내는 것처럼, 리치는 음악을 만들었다. 그것은 선천적이고, 때때로 열광적인 과정이었다. 그리고 일어나지 못하게 막을 수 없는 과정이었다. 음악을 연주하는 것은 항상 열정적인 경험이었다. 어려서 리치는 너무 열의를 다해 피아노를 쳐서 선생님들이 말렸어야 할 정도였다. 리치의 누나 샤론은 다음과 같이 회상한다. "그에게 피아노를 가르쳤던 메리 켈너 선생님이 종종 이렇게 말하는 것을 들었어요. '좋아, 리처드. 이

제 악보대로 쳐보렴.' 그는 한 번도 악보대로 친 적이 없었어요. 그는 악보에 나와 있는 것 이상의 것을 느꼈고, 노래에 완전히 몰입했어요."

베스 루츠는 신시내티 대학의 연습실에서 그가 작곡하는 모습을 지켜본 경험에 대해 이야기했다. "그는 정말로 열심히 피아노를 쳤어요. 그때, 어떤 교수님이 들어와 그가 너무 분별없이 피아노를 친다며 피아노 뚜껑을 닫고 그를 내쫓았어요. 아이러니한 것은, 그는 계속해서 곡을 만들었고, 그것을 나중에 데비 분Debby Boone이 녹음해서 큰 인기를 얻었다는 거예요."

리치에게 음악은 분출구였고, 일종의 치료수단이었다. 그는 말했다. "음악의 멋진 점은 그것이 불필요하다는 것이다. 음악은 모든 것 중에서 가장 보잘것없고 쓸모없다. 당신은 그것을 먹을 수도 없고, 그것을 운전할 수도 없고, 그 안에 살 수도 없고, 그것을 입을 수도 없다. 하지만 만일 음악이 없다면 삶은 그렇게 가치를 가지지 못할 것이다.[14]"

그런 의미에서 음악은 불필요할지 모르지만, 영혼에는 꼭 필요한 것이다. 음악은 소리와 말을 찾는 사랑이고, 우리는 그것이 필요하다.

리치는 유명해지기 위한 배출구가 아니라 자기 속에 있는 것을 끄집어낼 배출구로 음악을 만들었다. 게리 채프먼은 다음과 같이 언급했다. "리치는 성공한 사람이 되어야겠다고 생각해본 적이 한 번도 없을 거예요. 그는 그렇게 살지 않았어요. 자신의 음악에 신경 썼고, 그것을 자랑스러워했어요. 그것은 당연했죠. 그의 음악은 믿을 수 없을 만큼 놀라운 창조물이었으니까요. 그는 다른 사람들의 노래와는 많이 다른 노래를 만들었어요. 그의 노래가 그리워요. 그의 노래들은 틀에 얽매이지 않은 자유로운 것이었어요. 그의 노래에는 1온스의 '군더더기'도 없었어요. 그 속에는 정확히 필요한 말만 들어 있었죠."

리치는 성공하고 싶은 욕구에 사로잡히지 않았다. 다만 창조하고 싶은 욕구에 사로잡혔다. 창조적인 활동을 하면서 가장 힘든 것은 마음속 깊은 느낌을 세상 사람들에게 나타낼 수 있는 용기를 가지는 것이다. 마이클 어코퍼는 리치를 보면서 이것을 배웠다. "그는 마음속에 모든 노래가 담겨 있다고 말했고, 그것을 세상에 내놓을 용기를 가지길 바랐어요. 그에게 깊이 탐구하는 것은 매우 힘든 일이었고, 개인적인 고통을 세상 사람들이 알게 말하는 것은 당황스러운 일이었을 거라고 생각해요. 하지만 그는 내게 두려워하지 말라고 가르쳤고, 그의 본은 정말로 나를 고무시켰어요."

리치는 깊이 탐구했기 때문에, 그의 음악은 단연 돋보인다. 가수 겸 작곡가인 마이클 W. 스미스는 다음과 같이 간결하게 말했다. "그처럼 노래를 만든 사람은 지구상에 아무도 없어요." 그의 음악은 놀라울 정도로 이미지와 소리가 잘 섞여 있다. 가사는 매우 심오하지만 음은 가볍고 경쾌하다. '세 번째 날(Third Day)'이라는 밴드의 멤버 타이 앤더슨*Tai Anderson*은 리치의 음악적 매력을 다음과 같은 방식으로 설명했다. "그의 노래에는 초록색의 초원, 별이 쏟아지는 밤, 놀고 있는 아이들, 사랑에 빠진 사람들의 이미지가 담겨 있어요. 하지만 노래를 들을 때 마음속에 떠오르는 그림은 항상 예수님의 얼굴로 바뀌죠.[15]"

리치는 음악 사업을 해야겠다는 소명을 가지고 시작했다. 그 사업을 하면서도 그는 사역할 때와 똑같은 마음을 유지했다. 다른 사람들을 위해 몇 년간 노래를 만든 후에 당시 리유니온 레코드 사의 사장이었던 제프 모셀리*Jeff Mosely*에게 편지를 보내 공연 가수(Performing Artist)가 되고 싶은 바람을 표시했다.

## 66 Rich...

저는 가능한 한 교회 사역에 많이 참여하고 싶습니다. 사람들이 그리스도 안에서 사는 것을 추구하도록 도전하고 격려하기 위해 구체적으로 계획된 환경에서 일하고 싶습니다. 노래를 부르고 싶을 뿐만 아니라 가르치고도 싶어요. 사람들과 '친하게 지내고' 그들이 다가오기 쉬운 사람이 되고, 그들에게 믿음의 본을 보이고, 가수가 아니라 믿음을 실천하는 사람으로서 그들과 함께 있고 싶습니다.[16] 99

그가 음악 사업에 뛰어든 것은 사람들에게 감동을 주기 위한 것도 아니고, 이름을 떨치기 위한 것도 아니었다. 그리고 돈을 벌기 위한 것도 아니었다. 그는 사람들을 위한 사역을 하기 위해 뛰어들었고, 음악을 만드는 것은 하나님이 그에게 주신 분명한 은사였다.

# 아버지처럼

리치는 하나님의 창조물을 통해서 창조의 영감을 얻었다. 그에게 자연은 하나님의 예술 작품이었고, 음악은 자기의 예술 작품이었다. 이 두 가지 형태의 예술 작품은 그의 글에 잘 조화되어 나타나 있다. 언젠가 리치는 다음과 같은 일기를 썼다.

### 66 Rich...

아름다운 밤이다. 칠흑 같은 하늘에 밝고 환한 달과 별이 수놓아져 있고, 그 아래 위치타 마을의 불빛이 반짝이고 있었다. 나는 밤에 '현을 위한 아다지오(Adagio for Strings)'를 들었다. 정말 아름다운 선율이었다. 나도 언젠가 이만큼 아름다운, 오늘 밤만큼 아름다운 곡을 쓸 수 있을 것이다. 내게 자식이 있다면 밖에 있는 모든 것들에 주의를 기울여 내가 말해 줄 수 없는 것을 들으라고 할 텐데. 그리고 그 녀석 안에서 볼 수 없는 것을 그 안에서 보라고 할 텐데. 그리고 밤이 녀석의 아름다움을 부러워할 날이 올 거란 걸 알고 있으라고 할 텐데.[17] 99

확실히 리치가, 경이로운 자연이 하나님의 이름을 외쳐 부르는 소리를 듣는 동안, 하나님은 그를 부르고 계셨다. 그가 들은 것은 그의 열세 개의 앨범에, 수많은 일기와 에세이, 인터뷰에 분명히 나와 있다. 리치는 하나님의 음성을 듣는 것뿐만 아니라 응답하는 것에도 주의를 기울였다.

마음속에서 노래를 부르지 않으면 피아노를 잘 칠 수 없다.

· 아서 루빈스타인 *Arthur Rubenstein* ·

　　리치와 함께 시간을 보내면서 하나님이 창조한 세상을 바라보는 내 방식도 달라졌다. 지금은 다음과 같이 묻는 나를 발견한다. '오늘은 무엇을 봤지?' 점점 나아지고 있지만 거의 보지 못하고 지나가는 날이 대부분이다. 리치가 이렇게 묻는 소리가 들린다. '당신이 무엇을 놓쳤는지 알고 있어요?' 나는 내가 얼마나 많이 놓쳤는지를 안다. 하지만 어떻게 보고 듣는지를 배운 것이 너무 기쁘다. 나는 초록색을 새로운 방식으로 본다. 불쾌해하지 않고 귀뚜라미가 찌르르 우는 소리를 듣는다. 그리고 어제 밤하늘에서 본 별들이 아름다웠다는 것과, 아브라함은 별들을 어떻게 바라보았을까를 생각했다. 나는 올려다보는 것을 기억한 후에 모든 것들을 보았고, 그것을 내게 가르쳐준 것에 대해 누구에게 감사해야 하는지를 알고 있다.

❋ 묵상을 위한 질문

　　1. 자연과 당신과의 관계를 설명하라. 그 동안 자연과 당신과의 관계는 계속 의미가 있었는가? 당신은 도시나 실내에 있는 것을 좋아하는가? 아니면 그보다 산에서 아름다움을 발견하는가? 평원에서 발견하는가? 바다에서 발견하는가?

2. '당신의 이름을 외쳐 불러봅니다' 의 가사를 읽어보라. 당신에게 어떤 소절이 가장 의미 있는가? 그 이유를 설명해보라.

3. 창조된 세상, 즉 아름다움이나 질서, 야생, 광활함, 복잡함 중에서 무엇으로부터 하나님에 대해 가장 많이 배웠는가?

4. '하늘이 하나님의 영광을 선포' 한다고 느꼈던 경험을 설명해보라.

5. 하나님은 창조물을 즐길 뿐만 아니라 창조하라고 우리를 부르신다. 당신은 무엇을 창조하는가? 창조하고 있을 때 어떤 느낌이 드는가?

## 생각과 연습

• 당신이 사는 곳 주위에 있는 나무들을 알기 위해 노력하라. 이름을 모르면 다른 사람들에게 물어보거나 도서관에서 책을 찾아서 확인해보라.

• 리치의 목표 가운데 하나는 북두칠성의 움직임을 도표로 만드는 것이었다. 일주일간 별을 주목해보라. 잠자기 전에 단지 하늘을 보기 위해 잠깐 밖으로 나가보라(그리고 세상이 당신보다 훨씬 크다는 것을 깨달아보라).

*Bound to Come Some Trouble :*
*Growing through Stuggle and Pain*

우리 삶에는 분명 고통이 있다는 것을 알지만
예수님에게 팔을 뻗어서 꽉 잡을 수 있다
그는 우리보다 먼저 계셨기 때문에
고통이 어떤 것인지 안다
그가 우리와 함께 계심을 발견할 것이다
– '고통이 올지라도' 중에서

# 착한 사람에게도 고통은 온다

　　리치가 시종일관 반대한 가르침 중 하나는 어떤 사람들이 말하는 '번영의 복음(prosperity gospel)'이었다. 그것은 예수님을 믿으면 부유하고 건강하며, 살면서 맞닥뜨리는 모든 상황이 조화를 이루어 꼭 들어맞을 거라는 신념이다. 그리고 그것은 비극이 일어나 육체적 고통을 견디며 실망을 경험한 사람들은 분명 믿음이 부족하다는 것을 암시한다. 리치는 이런 내용의 메시지를 들은 후에 그것을 자기의 삶과 성경에 비추어 비교·평가했다. 그리고 그것이 절대 거짓임을 알았다.

## Rich...

교회에 한 가지 큰 문제점이 있다고 생각해요. 사람이 살면서 고통을 받으면 정말 성령충만을 경험하지 못한 사람이거나 매일 성경을 읽지 않는 사람, 나쁜 일을 하고 있는 사람이라고 여기는 거죠. 본질적으로 삶은 투쟁이라고 생각해요. 알다시피 부나 건강, 번영에 관한 교리를 믿든지 그렇지 않든지 간에 그런 생각들은 우리가 기독교에 대해 생각하는 대부분의 것들을 오염시켰어요. 즉, 정말 훌륭한 기독교인은 투쟁을 하지 않는다고 생각하게 되었죠.

그러나 사도 바울은 분명 성령이 충만했고, 성경을 공부한 사람이었으며, 살아계신 그리스도를 진짜로 만났어요. 그런데 그는 하나님께 이렇게 기도했어요. "주님, 이 가시를 제 몸에서 제거해주세요." 그리고 이렇게 말했죠. "주님, 이 질병을 없애달라고 계속 기도했는데 들어주시지 않으시는군요."

그때 하나님은 그를 내려다보시며 "그건 네가 영적으로 미숙하기 때문이다, 그건 네가 믿음이 부족하기 때문이다"라고 말씀하지 않으셨어요. 그리고 "음, 만일 네가 더 일찍 일어나서 두 시간 정도 기도하면"이나 "네가 시편을 10장 더 외운다면"이라고 말씀하지도 않으셨어요. 그는 그런 말을 전혀 하지 않으셨어요. 단지 이렇게 말씀하셨죠. "내 은혜가 네게 풍성하다. 내 은혜가 네게 족하다."[1]

리치는 문제의 핵심을 찔렀다. 그것은 '본질적으로 삶은 투쟁이다' 는 것이다. 삶은 모든 사람들에게 힘들다. 리치는 자기 삶에서 고통을 느꼈고 주위 사람들의 고통을 날카롭게 의식했다. 그는 투쟁과 좌절이 항상 죄 때문에 일어나는 게 아니며, 단지 삶의 일부라는 것을 알았다. 리치는 다음과 같이 언급했다. "때때로 삶이 좋다는 것을 믿기 힘들 때가 있어요. 삶은 항상 유쾌하진 않지만, 그것은 굉장한 선물이고 우리가 할 일은 할 수 있는 한 최고의 삶을 사는 거예요. 기독교가 제 모든 질문에 대해 대답해주거나 저를 평안하고 행복하게 만들어주는 것은 아니에요. 다만 삶을 위한 환경을 제공해주죠."[2]

리치는 한때 자기 자신에게 도전했다. 그것은 자기에게 자녀가 있고, 자기가 곧 죽을 것이란 걸 안다고 상상하면서 글을 쓰는 연습이었다.

---

하나님의 길은 매일 십자가의 길이다. 인생을 쉽게 살고 천국에 들어가는 사람은 아무도 없다.　　　· 시리아의 성 이삭 *Saint Isaac of Syria* ·

---

그의 과제는 자기가 지닌 최고의 지혜에 대해, 자기가 없을 때 자녀에게 전해주고 싶은 모든 것에 대해 한 장 분량으로 쓰는 것이었다. 리치는 책상에 앉아 다음의 가사를 썼다.

# 고통이 올지라도

우리 삶에는 분명히 고통이 있겠지만
두려워할 필요가 없다
우리 삶에는 분명히 고통이 있겠지만
두려워할 이유가 없다
우리 삶에는 분명히 고통이 있다는 것을 알지만
예수님에게 팔을 뻗어 꽉 잡을 수 있다
그는 우리보다 먼저 계셨기 때문에 고통이 어떤 것인지 안다
그가 우리와 함께 계심을 발견할 것이다


분명히 눈에서 눈물을 흘릴 때가 있지만
부끄러워할 필요가 없다
우리 삶에는 분명히 눈물을 흘릴 때가 있다는 것을 알지만
두려워할 이유가 없다
우리 삶에는 분명히 눈물을 흘릴 때가 있다는 것을 알지만
예수님에게 팔을 뻗어 꽉 잡을 수 있다
그는 우리보다 먼저 계셨기 때문에 고통이 어떤 것인지 안다
그가 우리와 함께 계심을 발견할 것이다


사람들은 아마 상황이 더 좋아질 거라고 말한다
사람들은 아마 오래 걸리지 않을 거라고 말한다




착한 사람에게도 고통은 온다

그리고 사람들은 아마 내일 아침에 눈을 뜨면
그것이 모두 사라질 거라고 말한다
의지할 무언가가 필요할 때
나는 단지 그것만으로 충분하지 않다는 것을 잘 알고 있다
분명한 게 오직 한 가지 있다


우리 삶에는 분명히 고통이 있겠지만
두려워할 필요가 없다
우리 삶에는 분명히 눈물을 흘릴 때가 있다는 것을 알지만
두려워할 이유가 없다
우리 삶에는 분명히 고통이 있다는 것을 알지만
예수님에게 팔을 뻗어 꽉 잡을 수 있다
그는 우리보다 먼저 계셨기 때문에 고통이 어떤 것인지 안다
그가 우리와 함께 계심을 발견할 것이다


　리치에게 확실한 한 가지는 삶이 고난의 연속이라는 것이다. 심지어 가장 독실한 기독교인들조차 고난과 고통을 겪는다. 그는 성경에 나오는 경건한 인물들을 떠올려보았고, 그들 모두 고난을 겪었음을 알았다. 요셉의 형들은 그를 죽게 두고 갔다. 다윗은 동굴 안에 숨어 자기 목숨이 끊어질까 두려워했다. 욥은 온몸이 종기로 뒤덮였고, 자기 삶이 파괴되는 것을 지켜보았다. 예수님은 채찍을 맞고 갖은 조롱을 당한 후에 십자가에 매달려 죽임을 당했다. 바울은 죽을 고비를 다섯 번이나 넘겼고, 옥에 갇혔고 결국 그곳에서 죽었다. 이런 예는 수없이 많다. 리치는 사

람들은 모두, 심지어 가장 신실한 사람들조차 시험 받는다는 것을 깨달았다. 그는 이것을 성경을 통해 깨달았을 뿐 아니라 자기 삶 속에서도 배웠다.

## 개인적인 고통

리치의 동생 데이비드는 다음과 같이 말한다. "형은 살면서 많은 고통을 당했어요. 삼촌이 제2차 세계대전에 참전했다가 죽었고, 형은 파혼했어요. 아버지가 돌아가셨고, 내쉬빌은 그가 기대했던 곳이 아니었어요. 그곳은 사역지라기보다 사업하기에 적합한 곳이었죠. 그래서 그의 이상이 산산조각 났어요. 한번은 제게 이렇게 말했어요. '살기 힘들다. 그리고 기독교인이 돼도 삶이 조금도 편해지질 않아.' 그는 어떤 사람들이 선포한 번영의 복음을 무척이나 혐오했어요. 그의 접근 방법은 '당신이 고통에 맞서 싸우고 있다는 것을 사람들에게 보여주고 그것을 속이지 말라' 였어요."

어떤 사람들은 리치가 콘서트에서 솔직히 털어놓는 말을 듣고는 깜짝 놀랐다. 그는 자기 자신만의 고통이나 두려움, 심지어 하나님께 성실하고자 하는 온갖 고투에 대해 이야기하는 것을 두려워하지 않았다. 그가 그렇게 한 이유는 사람들에게 충격을 주기 위한 게 아니라, 사람들이 느끼는 고통은 하나님의 저주의 표시가 아니라 연약함 속에서 하나님께 나아갈 수 있는 기회라는 것을 깨닫게 하기 위함이었다. 리치는 이렇게 말했다. "솔직히 사랑 받기를 원하는 사람은 모두 상처 받을 거라고 생각해요. 당신의 삶은 하나님의 선물이에요. 그래서 우리는 하나님의 은혜에 대한 보답으로 세상에 나가서 살아야 해요. 그리고 모든 게 끝났을 때 당신은 꽤 깊은 상처를 받았을 거예요. 나는, 사람들이 당신을 이용했기 때문이 아니라 그들이 당신을 사랑했기에 상처 받았기를 원해요."[3]

리치만의 고통의 근원은 무엇이었나? 데이비드 멀린스가 썼던 것처럼, 그것은 그의 삶에서 일어났던 여러 가지 힘든 사건들이었다. 그러나 죽음이나 비통함, 상실은 빠르든 그렇지 않든 모든 사람들이 겪는 일이다. 그의 친한 친구들과 가족들의 말에 따르면, 그가 당한 고통의 대부분은 그가 너무 많이 보고, 너무 많이 느꼈기 때문이다. 대부분의 사람들은 다른 방식으로 보고 다른 것에 관심을 돌리며 주위에서 들리는 고통의 울부짖음을 마음속에서 제거할 수 있다. 하지만 리치는 그러지 못했다. 그의 어머니가 다음과 같이 말했던 것처럼 말이다. "심지어 그는 다른 사람들이 스스로 알기도 전에 그들의 고통을 볼 수 있었어요."

# 소명의 부담

또한 리치는 자기 안에 있는 고통도 볼 수 있었다. 그는 상처 받은 세상 사람들을 위해 일하라는 소명을 받았다. 때로 이것은 굉장한 부담이었지만, 그의 인생을 잡고 있는 하나님의 손아귀에서 벗어날 수는 없었다. 언젠가 그는 '어린 형제들' 회원들에게 자기 자신을 '땅을 파는 쟁기'로 생각한다고 말했다. 그는 자기만족에 빠져 있는 부유하고 성공한 사람들의 주의를 환기시키고, 상처 입고 비탄에 빠진 사람들을 위로해야 하는 예언자적 소명을 받았다고 생각했다. 언젠가 리치는, 우리가 하나님이 바라시는 모습이 되지 못하게 하는 방해물들이 어떻게 존재하는지에 대해 말했다. "사랑 받고 싶은 마음이 쟁기가 되려는 용기를 내지 못하게 계속 방해하는 거예요." 다행히 그는 사랑 받고 싶은 유혹에 완전히 넘어가지 않았고, 계속해서 진리와 치유의 도전적인 말들을 할 수 있는 용기를 가지게 되었다.

비록 사람들을 기쁘게 해주고 싶은 마음이 들었지만, 그는 단순히 그들만을 위해 연주하지는 않았다. 그는 종종 말했다. "숭배는 이 세상의 어떤 마약보다 중독성이 강할 거예요." 리치는 숭배가 가볍고 덧없는 것임을 알았다. 그리고 음악, 특히 콘서트를 통해 무언가 오래 지속되는 것을 만들어내기를 바랐다. 그는 음악을 듣는 사람들의 마음에 이르고 싶었다.


## 고독은 우리의 일부다

리치는 우리가 결혼을 했든 그렇지 않든, 어느 정도 외로움을 느끼며 살고 있다는 것을 알고 있었다.

**❝ Rich...**
10년간 교제했던 여자와 약혼했을 때조차, 심지어 우리의 관계가 가장 친밀할 때조차 나는 왜 여전히 외롭다고 느꼈는지를 궁금해하곤 했어요. 그리고 몇 년 전, 결국 우정이 외로움을 치료할 수 없다는 것을 깨달았지요. 외로움은 우리 경험의 일부예요. 만일 우리가 우정으로 외로움을 해결하려고 한다면 그것은 단지 우정을 헛되게 할 뿐이에요. 우정, 친밀함, 그런 것들과 외로움은 같은 경험 속에 함께 있는 거예요.⁴ **"**

그의 친구 캐시 스프링클은 리치에 대해 이렇게 말했다. "그의 고통의 중심은 끝없는 외로움과 사랑 받고 있다는 것을 느끼고 싶은 욕구였어요. 우리는 결코 그를 사랑하는 만큼 그의 외로움을 채워줄 수 없었어요. 저는, 하나님을 향한 외로움에 의해 만들어진 끔찍한 공허함을 이 세상에서 결코 충족시킬 수 없다는 것을 리치에게 배웠어요."

---

현세의 상을 받는 것에 마음을 두지 말라. 그렇게 하는 게 좋은 일이라면 예수님도 그렇게 하셨을 것이다. 모욕과 고난과 죽음을 두려워하지 말라. 그것들이 정말로 사람에게 해를 입힌다면 하나님의 아들이 인간으로 오셨더라도 그것들을 견디지 못했을 것이다.

· 성 아우구스티누스 ·

---

리치에게 외로움은 벌이 아니라 잠재적인 축복이었다. 그것은 피해야 하는 게 아니라 우리가 벗어나려고 애써서는 안 되는

우리 삶의 일부였다. 때로 혼자라는 느낌이 아무 소리 없이 우리에게 스며든다. 어느 때에는 그 느낌이 관심을 가져달라고 소리친다. 소외의 고통을 줄이는 방법을 찾으려고 애쓰지만, 그것들은 모두 실패로 돌아간다. 우리는 친구와의 우정을 통해 위로받으려고 하지만, 그것마저 우리를 실망시킨다. 리치는 이런 곤경을 다음과 같이 설명했다.

## 66 Rich...

혼자되는 것은 인간의 일부라고 생각해요. 외로워지는 것 역시 마찬가지죠. 수많은 우정으로부터 받는 고통 중 하나는 사랑하는 사람들에게 그런 외로움을 없애달라고 요구하는 것이에요. 그런데 그럴 수 없어요. 사랑하는 사람들과 함께 있는데 여전히 외롭다고 느끼면 우리는 그들에게 화를 내요. '그들이 해 줬으면' 하고 생각하는 것을 그들이 하지 않기 때문이죠. 그러나 실제로 그것은 그들이 할 수 없는 것이에요.[5] 99

---

홀로 기도할 때, 당신의 영이 낙심될 때, 그리고 외로움으로 힘들고 괴로울 때 기억하라. 언제나 그랬듯이, 성삼위 일체 하나님이 태양보다 더 밝은 눈으로 우리를 보고 계신다는 것을.

· 크론스트라트의 성 요한 *Saint John* ·

---

착한 사람에게도 고통은 온다

# 중심을 잡아 주는 사람

비록 리치가 외로움을 치료할 수 있는 사람은 아무도 없고, 하나님이 고통을 통해 사람들을 가르치기 원한다는 것을 알고 있었다고 하더라도, 그는 자기를 격려해줄 사람을 찾는 것은 현명한 일이라는 것을 알았다. 80년대 후반이 되면서 그는 기독교 음악 산업에 환멸을 느꼈고, 개인적으로도 혼란스러운 일을 많이 겪었다. 그는 성경적으로 확고한 기반을 가진 사람보다 연륜이 있는 기독교인의 조언에 의지하라고 말했다. 그리고 그는 모리스 하워드 *Maurice Howard*를 찾았다.

모리스 하워드는 리치의 대학 시절 친구인 샘 하워드의 아버지였다. 그는 모리스를 몇 번 만났고, 그때마다 그의 깊이와 성숙함에 큰 감동을 받았다. 모리스는 켄자스 주 위치타에 있는 센트럴 크리스천 교회(Central Christian Church)의 목사와 상담가를 겸하고 있었다. 그는 모리스에게 가르침을 받고 싶었다. 그래서 짐을 싸서 내쉬빌에서 위치타로 거주지를 옮겼다. 그는 모리스와 그의 아내 도리스 *Doris*가 사는 집 근처의 아파트에 세 들어 살았다.

도리스는 두 사람의 우정을 다음과 같이 설명했다. "리치는 아무 거리낌 없이 그이와 함께 울었고, 그이에게 마음을 정말로 활짝 열었어요. 그이는 사람들의 삶의 반석과 같은 존재였죠. 그이는 리치의 됨됨이 때문에 그를 사랑했어요. 그리고 리치가 그이에게 끌린 이유는 그이가 흔들림 없는 삶을 살았기 때문이라고 생각해요. 그이는 리치를 비롯, 많은 사람들이 흔들리지 않고 살아갈 수 있게 중심을 잡아주는 역할을 했거든요."

농부는 땅을 깊이 갈아엎으면서 추수를 기대한다.

· 사무엘 러더퍼드 Samuel Rutherford ·

그런데 예기치 못한 사건이 일어났다. 리치가 위치타로 이사 온 지 얼마 되지 않아 모리스가 심장마비로 죽은 것이다. 리치가 느낀 상실의 아픔은 너무나 크고 압도적이었다. 리치는 그 동안 하워드의 가족과 가깝게 지냈고, 딱히 다른 계획이 없었기 때문에 위치타에 남기로 했다.

모리스가 죽고 몇 주가 지나 그의 딸 셰리Sherri가 결혼을 했는데, 리치는 그전부터 결혼식 축가를 불러달라는 부탁을 받았다. 그는 겨우 결혼식 몇 주 전에 '고통이 올지라도'를 만들었고, 결혼식장에서 부르기로 결정했다. 샘 하워드는 다음과 같이 기억했다. "리치는 거의 울다시피 하며 그 곡을 불렀어요." 리치의 인생에 다시 한 번 비극이 찾아왔던 것이다. 그리고 그는 다시 한 번 그 비극을 견딜 용기를 끌어 모아야 했다.

## 대중사역, 개인적 고통

시간이 지났고, 리치는 캔자스에 머물면서 계속 CCM 가수활동을 하기로 결정했다. 콘서트 일정이 더 바빠졌고, 많은 사람들은 그의 곡이 전보다 더욱 깊어졌다는 것을 느꼈다. 매니저 게이 퀴즌베리는 콘서트에서도 신비적인 무언가가 일어나기 시작했다고 말했다. 리치는 점점 하나님의 은혜를 흘려보내는 도관이 되어가고 있었다. 그는 자기의 고통에 대해 더욱 솔직하게 말했고, 그것은 사람들에게 감동을 주었다. 이에 관해 게이는 다음과 같이 적어두었다. '하나님은 리치를 통해 지금껏 볼 수 없었던 방식으로 말씀하셨다.'

이와 동시에 리치는 자기의 삶이 완벽과는 거리가 멀다는 것을 알고 있었다. 공적인 사역과 개인적인 생활의 분열은 그에게 고통을 안겨줬다. 그는 자기가 완벽하지 않은데도 불구하고 청중들 앞에서 빛과 진리, 소망을 전달하라고 부름을 받았다는 것을 알고 있었다. 그는 나중에 이렇게 말했다.

## 66 Rich...

그 당시 저는 개인적인 투쟁을 하고 있었어요. 밴드의 멤버들은 모두 개인적인 문제로 몸부림 치고 있었어요. 저는 이렇게 생각했어요. '맙소사, 밖에 사람들이 엄청나게 많이 왔군. 객석에 사람들이 가득 찼고, 우리는 그 앞에서 그들에게 소망을 줘야 해. 이건 정말 바보 같은 짓이야. 그들은 적절치 않은 사람들에게 부탁하고 있어. 사람들이 그저 즐기기 위해 왔으면 좋겠어. 오늘 밤 그들에게 뭐를 주어야 할지 모르니까' 6 99

리치는, 청중들이 자기를 모든 대답을 가지고 있고 순결하고 완벽하며 행복한 사람으로 생각한다는 것을 알고 있었다. 그리고 자기는 그 어느 것에도 해당되지 않는다는 것도 알고 있었다.

그는 하나님이 자기를 사용하실 수 있다는 것을 의심하기 시작했다. 비록 하나님이 사람들에게 다가가기 위해 자기의 말과 노래를 사용한다는 것을 알고 있었지만 말이다. 그는 자기 사역의 원천이 하나님이라는 것을 알았고, 그가 꿈꿀 수 있는 최고의 것은 사람들을 자기가 아닌 하나님께 인도하는 것이라는 걸 깨달았다.

# 늑대인간이 될까 하는 두려움

바울의 가시가 그를 평생 찌른 것처럼, 리치 역시 고통스러울 정도로 불안한 마음이 그를 사냥개처럼 쫓아다녔다. 그의 어머니가 암시했던 것처럼 리치의 가시는 강화된 자기 인식(self-awareness)이었을지도 모른다. 그는 일기에 이렇게 적었다.

**66 Rich...**

오늘밤, 나는 이 세상이 두렵다는 것뿐만 아니라 내가 두렵다는 것을 알았다. 나는, 내가 악마가 될 수 있다는 게 너무 두렵다. 나는, 하나님이 나를 구원해주셨는데도, 내가 나를 놓아주지 않을까 두렵다. 주님, 내가 나를 놓을 수 있도록 도와주세요. 나를 악에서 구원하소서. 그는 우리에게 기도하는 법을 가르쳐주었다. 어쩌면 이 두려움이 교훈의 일부일지 모른다. 악으로부터, 도덕적 패역과 약함으로부터, 게으름과 영적 안일함으로부터, 진실을 직면하는 게 두려워 자기 자신에게 하는 거짓말로부터 구원하소서. 주님, 우리는 늑대인간을 두려워하는 것 같아요. 그러나 그에 의해 죽는 게 두려운 게 아니라 그가 되는 것을 두려워하는 거죠.[7] **99**

리치는 자신의 죄를 의식하면서 내적으로 많은 고통을 겪었다. 그의 절친한 친구 알리사 로코타는 그가 고통을 겪는 것을 보았다. "그의 내적 분투는 끊이지 않았어요. 그것은 마치 그의 안으로 폭풍이 몰아치는 것 같았죠. 저는 그가 모든 것을 느꼈기 때문이라고 생각해요. 그의 삶에서 하나님의 존재가 매우 컸던 만큼 그의 고통 역시 매우 컸죠."

대부분은 사람들은 부나 권력, 쾌락에 관한 비밀스러운 욕구를 가지고 있지만, 그것을 가볍게 여길 수 있다. 그러나 리치는 자기 마음속에 그런 욕망이 있다는 것을 알았고 그것을 억제해야겠다고 생각했다. 그는 다음과 같이 썼다.

**66 Rich...**

기독교인이 되는 것의 가장 힘든 부분은 복종이고, 그때 고통이 생긴다. 일단 높아지고자 하는 욕구나 인정받으려는 욕구, 독립적이고자 하는 욕구를 극복했다면, 하나님은 그리스도의 몸이 이 땅에 남아 성취하고자 했던 것을 성취하기 위해 그의 몸의 일부로서 우리를 사용하실 수 있다.[8] **99**

리치는 여러 가지 면에서 독립적이고자 하는 강한 충동을 극복할 수 있었다. 그는 원수를 직면할 수 있었고, 그 원수가 바로 자기 자신이라는 것을 깨달았다. 리치는 자기 삶을 하나님께 복종할 수 있었고, 그렇게 함으로써 아무도 다가갈 수 없는 사람들에게 다가갈 수 있도록 하나님이 자기를 사용할 수 있다는 것을 깨달았다. 그리고 그때 리치가 사용한 수단은 음악이었다.

## 절망 속으로

음악은 리치가 자기 자신의 고통을 해결하는 방법이 되었지만, 동시에 그의 직업이기도 했다. 그는 경쟁자들의 관심으로 무척이나 괴로워했다. 한편, 그는 자기 음악을 듣는 사람들에게 감동을 주고, 그들을 하나님께 더 가까이 가게 하는 아름다운 노래를 만들고 싶었다. 다른 한편으론 상업적으로 성공한 사람이 되고 싶었다. 그러나 그는 비극적인 사건으로 절망에 빠졌고, 결국 귀중한 교훈을 얻었다. 어느 주말에 캠프에서 일하고 있는 동안 그는 한 젊은 남자를 만났다. 그리고 그들은 금세 친구가 되었다. 그가 그 일화에 대해 다음과 같이 말했다.

**❝ Rich...**
첫 번째 앨범이 완전 실패하고, 두 번째 앨범을 제작하기 시작했을 즈음에 친구가 자기 배에 총을 쐈어요. 저는 오랫동안 이 곡을 가사 없이 연주하고 있었는데, 결국 어떤 가사를 써야할지 깨달았어요. 아주 갑자기 말이죠. '이 노래는 다른 목적이 있어서 만든 노래가 아니야. 다만 친구를 위한 노래야.' 다행히도 총

알이 급소를 피해 그는 죽지 않았어요. 저는 생각했어요. '그에게 뭔가를 말해야 해.' 그리고 그때 '기적을 만날 직전(Verge of a Miracle)' 이라는 노래의 가사를 썼어요.[2] "

리치는 인기를 끌 수 있는 노래를 쓸 방법을 열심히 찾고 있었다. 하지만 그는 모든 희망을 잃고 자기 삶을 끝내고 싶었던 친구의 사연에 가슴이 뭉클해져서 노래를 만들었고, 그것은 인기를 얻은 최초의 노래가 되었다. 그러나 그는 결코 인기를 얻기 위해 이 노래를 만들지 않았다. 단지 새로 사귄 친구를 위로하고 격려하기 위해 만들었다. 이 일을 통해 그는 자기의 음악이 사람들을 기쁘게 해주는 게 아니라, 자기가 본 것, 즉 파산하는 것을 두려워하지 않았던 하나님, 치유하기 원했던 하나님, 기적을 베푸시길 간절히 바랐던 하나님, 고난을 당할 때 우리를 도우시는 하나님을 다른 사람들이 볼 수 있게 돕는 수단이 되어야 한다는 것을 배웠다.

 하늘에 매달렸던
공에 딱 달라붙어
궤도 안으로 던지면
당신이 거기에 있다
아래로 떨어지든
위로 날아가든
당신은 그리 멀리 갈 수 있을 것 같지 않다

당신의 날지 못하는 마음에
누군가 날개를 달아주려고 기다리고 있다

당신은 기적을 만날 직전에 있어요
거기 서 있어요
오, 당신은 기적을 만날 직전에 있어요
단지 믿을 준비를 하고 기다리세요
눈을 뜨고 보세요
당신은 기적을 만날 직전에 있어요.


　그의 음악은 치료제가 되었다. 몇 년간 수많은 사람들이 어떻게 그의 노래가 고통을 견딜 수 있도록 도와주었는지를 말했다. 그의 누나 데비는 다음과 같이 기억했다. "콘서트에 갔는데, 예고도 없이 웨인이 저를 위해 '기적을 만날 직전'을 불렀어요. 그 즈음에 저는 알콜중독 치료를 받고 있었고, 그 애는 제가 옳은 길을 가고 있고 하나님이 제 안에서 기적을 행하시고 있다는 것을 믿는다는 것을 자기만의 방식으로 말한 것이었죠. 그날 밤 이후로 저는 그 노래를 연주하고 또 연주했어요. 그 노래가 힘든 시간을 침착하게 잘 견딜 수 있도록 계속해서 도움을 주었다고 생각해요. 가끔 가사의 내용을 믿지 않을 때가 있었지만 그가 믿었다는 것만으로도 충분했죠." 리치의 동료 퍼스트 콜 *First Call* 밴드의 보니 킨 *Bonnie Keen*은 이렇게 말했다. "제가 가장 좋아하는 노래는 '고통이 올지라도'예요. 그 노래는 몇 년간 겪

착한 사람에게도 고통은 온다

은 이혼과 우울증, 갖가지 종류의 상실을 극복하는 데 위안이 되었죠."[10]

에이미 그랜트는 이렇게 말했다. "하나님을 만나면 우리 대부분은 두 가지 반응을 보이죠. 그에게 매료되거나 그를 두려워하거나. 하지만 어느 쪽으로 기우는 경우는 드물어요. 리치는 알려지지 않은 어떤 것이 우리를 두렵게 하는지 알아내기 위해 이것저것 가리지 않고 뛰어들었어요. 그리고 자기만의 고유한 방식으로 가장자리를 찾고, 그곳에서 혼돈을 내려다보고 다시 돌아와서 그것에 대해 노래를 만들고 그가 본 것을 우리에게 말해주죠."[11]

## 삶의 수레바퀴 속에서

브레넌 매닝은 리치가 평생 지녀온 고통을 이렇게 설명했다. "손톤 와일더 *Thornton Wilder*의 연극 '물을 동하게 하는 천사 (The Angel that Troubled Water)'에 리치의 삶과 영성의 본질을 제대로 이해할 수 있게 해주는 장면이 나온다. 한 의사가 나오는데, 그는 우울하고 침울한 상태를 치료받고 싶어서 매일 연못에 온다. 그리고 결국 천사가 나타난다. 그는 물속에 들어가기 위해 발을 떼었다. 그런데 천사가 그를 막으면서 말한다. '안 돼요, 뒤로 물러서세요. 당신은 치료 받을 수 없어요.'

이에 그는 간청하기 시작한다. '저는 반드시 물속에 들어가야 해요. 이렇게 살 수는 없어요.'

천사가 단호히 말했다. '안 돼요. 당신 차례가 아니에요.'

이에 그가 물었다. '하지만 어떻게 이렇게 살 수 있겠어요?'

이에 천사가 대답한다. '의사 양반, 만일 상처가 없다면, 당신의 힘은 어디에 있죠? 당신의 낮은 목소리가 사람들의 마음속을 파고들 수 있는 것은 바로 그 우울함 때문이에요. 우리 천사들은 불쌍하고 서툰 이 세상의 아이들을 설득할 수 없어요. 하지만 삶의 굴레에서 부서지고 다친 사람은 할 수 있죠. 오로지 상처 입은 용사들만이 사랑으로 봉사할 수 있어요.'

나는 이 이야기의 주제가 리치의 인생의 주제와 같다고 생각했다. 모든 은혜, 축복, 진리, 권능은 삶의 수레바퀴에서 부서지고 탄식하고 상처를 받은 사람들의 상처 받기 쉬운 기질과 쇠약함, 완전한 정직함을 통해 전해진다. 오로지 상처 입은 용사들만이 사랑으로 봉사할 수 있다. 그리고 나는, 리치의 인생의 힘은 그의 쇠약함, 한결같은 정직함, 감동을 주는 성실함에서 나온다고 생각한다. 그가 그립다. 하지만 나는, 내가 죽은 후에 그와 친구였다고 말해질 영광을 갖게 될 것이다."[12]


브레넌은 리치가 직면하고 있던 내적 싸움을 포착했다. 그는 내면의 폭풍으로부터 자유로워지기를 몹시 원했지만, 만일 그가 그것으로부터 자유로워졌다면 사람들의 마음을 결코 움직이지 못했을지도 모른다. 그는 인생의 수레바퀴에서 고통을 당하고 매일의 생존경쟁에서 상처를 입었지만, 그가 다른 사람들을 도울 수 있었던 것은 바로 그러한 고통과 상처가 있었기 때문이었다.

그는 모든 고통과 투쟁 속에서 하나님의 사랑의 손길을 발견했다. 내 친구가 종종 말했다. "하나님이 어디에 계신지 주소를

알아? 그것은 자네가 어려운 상황에 처해 있을 때야." 그는 그것
이 진리라고 확실히 알고 있었다.


# 우리가 고통과 싸우고 있을 때
# 하나님은 어디에 계시는가

음악을 통해 수많은 사람들을 위해 사역하는 동안 그는 개인
적으로 하나님께 외치고 있었다. 그는 하나님이 종종 자기 기도
에 침묵으로 응답하신다고 생각했다. 그때 한 사건을 통해 그는
고난의 한가운데에서 하나님이 어떻게 역사하시는지를 깨달았
다. 그는 그것을 다음과 같이 설명했다.

## 66 Rich...

위치타에 있으면서 짐과 메건 스미스 부부와 함께 살았다. 그
들에겐 제이콥이라는 어린 아들이 있었다. 어느 날 소파에 앉아
있는데 두 살인 제이콥이 내가 좋아하는 행동을 했다. 그것은 다
름 아닌 떼를 쓰는 것이었다. 그 녀석은 갑자기 온갖 떼를 쓰곤
했는데, 바닥에 앉아 팔을 위아래로 흔들면서 울부짖었고, 머리
를 바닥에 쿵쿵 부딪히곤 했다. 그는 매우 변화무쌍한 아기였다!
나는 그런 모습을 좋아했다. 그래서 항상 베란다로 나가야 했다.
나는 웃음을 참지 못했는데, 그것이 그 녀석을 더욱 울게 만들곤
했기 때문이다.

하루는 그 녀석이 바닥에 몸을 던지곤 머리를 치고 있었다. 그

런데 그것을 본 메건은 제이콥의 몸을 넘어 그냥 부엌으로 들어가버렸다. 나는 그것을 보고 큰 고통을 느꼈다. 이번에는 웃음이 나오지 않았다. 오히려 울음이 났고, 그래서 밖으로 나가야 했다. 그리고 깨달았다. '이런, 제이콥이 바로 나 자신이구나.' 나는 항상 바닥에 누워 내 머리를 치며 말하고 있었다. "하나님, 지금 제가 원하는 것을 주지 않는다면 당신의 이미지를 손상시키겠어요. 제가 가진 것 중에서 당신과 제일 가까운 것, 바로 제 자신을 파괴시키겠어요." 하나님은 내가 지나치게 요구하며 그에게 다가갈 때 내 기도에 응답하지 않으실 것이다. 나는 머리에서 피가 날 때까지 머리를 칠 수 있다. 하지만 그는 그것을 용납할 수 없다. 그는 훌륭한 아버지이기 때문이다. 그는 이렇게 말하며 내게 훈계할 것이다. "얘야, 나는 그냥 여기에 조용히 있을 것이다. 부엌에 들어가 파운드케이크나 만들 거야." [13] "

이 일이 있었을 때, 나는 그 자리에 있었지만 그때 리치가 무엇을 깨달았는지 전혀 알지 못했다. 그는 몇 주간 그것을 내게 말하지 않았다. 나는 나중에서야 그 일로 그가 받은 영향과, 우리가 살면서 고통과 싸울 때 어떻게 하나님을 발견할 수 있는지를 깨닫게 되었다.

리치는, 어쨌든 하나님은 우리가 극심한 고통에 처해 있을 때 우리와 함께 계시지만 우리를 쉽게 구해주시지는 않을 거라고 생각했다. 성 안토니Saint Anthony는 오래 지속되었던 고난을 이겨낸 후에 하나님께 호소하며 이렇게 말했다. "주님, 제가 고통 받을 동안 어디에 계셨나요?" 그리고 그는 응답을 받았다.

"그 어느 때보다 네 가까이 있었다." 리치는 하나님이 우리를 버린다고 결코 믿지 않았지만, 우리를 성장시키기 위해 고통을 겪게 하신다는 것은 굳게 믿었다.

## 싸움으로 거룩해짐

리치는 심지어 하나님이 우리가 성장하는 데 도움이 되는 견딜 수 없을 만한 괴로운 상황을 제공하실지도 모른다고 생각했다. 언젠가 그는 이렇게 말했다. "그것은 결코 실패하지 않아요. 특히, 당신이 쉽게 화를 내는 경향이 있다면, 하나님은 당신을 화나게 하는 사람들을 만나게 하실 거예요.[14]" 리치가 세상을 떠나기 몇 년간 가깝게 지냈던 매트 맥기니스 *Matt McGinnis* 신부는 리치가 어려운 시험을 겪었던 것에 대해 다음과 같이 말했다. "그의 싸움은 그를 거룩하게 만들었어요."

리치는 자기가 쓴 소책자에서 하나님이 요셉과 어떻게 교제했는지 말했다. 하나님은 요셉에게 일련의 축복을 주는 대신 그를 힘든 상황에 처하게 하셨다.

### 66 Rich...

하나님은 요셉이 어떻게 팔레스타인 유목민의 아들에서 이집트 바로 왕의 오른팔이 될 것인지를 요셉에게 전혀 가르쳐주시지 않았다. 그가 요셉에게 주신 것은 열한 명의 시기하는 형들과 행실이 나쁘고 복수심에 불타는 여자의 관심, 다른 사람들의 꿈을 해석하고 일을 관리해줄 수 있는 능력, 어디에서든 그 일을 충실하게 할 수 있는 힘이었다.[15] **99**

리치는 '야곱과 두 여자(Jacob and 2 Women)' 라는 노래에서 야곱이 두 명의 아내를 돌보면서 겪은 고난뿐만 아니라 (벤야민을 낳다가 죽은) 라헬을 잃은 고통을 묘사했다. 벤야민이라고 이름을 지은 이야기는 그에게 큰 교훈을 주었다. 그는 다음과 같이 말했다.

**66 Rich...**

라헬은 자기의 둘째 아들 베냐민을 낳다가 죽었어요. 그녀는 아들을 낳으면서 죽어가고 있었기 때문에 아들의 이름을 베노니 (Bem-o-me)라고 지었어요. 이름의 뜻은 '슬픔의 아들(son of my sorrow)' 이에요. 하지만 야곱은 '나는 그렇게 부르지 않고 힘의 아들(son of my strength)이라는 뜻의 벤야민이라고 부르겠다' 고 했어요. 마치 라헬에게 '당신의 아름다움은 나의 힘이오. 당신은 내게 단지 아름다운 여자에 그치는 게 아니라 내 힘이요' 라고 말하는 듯이 말이죠.[16] **99**

리치는 슬픔이 결국 힘을 줄 수 있다는 것, 고난이 결국 성장으로 이끌 수 있다는 모순을 이해했다. 비록 우리가 견딜 수 없는 환경을 구하지 않았더라도 우리가 정직하다면 살면서 열심히 싸운 그때가 우리를 가장 크게 변화시키는 순간이었다고 인정할 것이다. 그것에 대해서는 바울이 가장 잘 설명했다고 할 수 있다. '우리가 잠시 받는 환난의 경한 것이 지극히 크고 영원한 영광의

중한 것을 우리에게 이루게 함이니(고후4:17)' 영원의 관점에서
볼 때, 우리가 겪는 고난은 순간이다. 그리고 우리는 크고 영원한
영광의 중한 것에 맞는 사람이 되기 위해 고난을 당하는 것이다.

　리치는 이것을 잘 알고 있었기 때문에 심지어 고통을 겪는 중
에도 감사하는 법을 배웠다. 그는 팸 마크 홀 *Pam Mark Hall*, 마
이크 허드슨*Mike Hudson*, 키스 토마스*Keith Thomas*와 함께 작
업한 '고통과 영광(The Agony and the Glory)' 이라는 노래에서
다음과 같이 말했다.

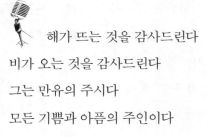　　해가 뜨는 것을 감사드린다
비가 오는 것을 감사드린다
그는 만유의 주시다
모든 기쁨과 아픔의 주인이다

우리는 고통과 영광 속에서 살아야 한다
아픔과 기쁨을 통해
기뻐하는 법을 배울 수 있다
그리고 그 두 가지를 받아들여라
단 한순간도 낭비가 아니다
그것을 통해 당신이 거룩해진다면
성령께서 당신을 인도하게 하라

고통과 영광을 통해서

확실히, 믿음으로 견디지 않으면 투쟁은 사람을 파괴시킬 수 있다. 하지만 리치는 살면서 만나는 고통을 고찰했고, 단테가 '우리를 향한 하나님의 뜻을 받아들이면 정말 평안을 얻을 것이다' 라고 썼을 때 그가 의미하는 진리를 깨달았다.

## 고난 받을 가치가 있는

리치는 고난을 하나님의 사랑의 표시라고 믿었다. 그는 다음과 같이 말했다. "예전에 어떤 사람이 테레사 수녀에게 미국이 의로운 나라이기에 우리는 고난 받지 않았다고 생각하는지를 물었어요. 이에 테레사 수녀는 이렇게 대답했죠. '아니에요. 당신의 말은 완전히 틀렸어요.' 그가 무슨 뜻인지를 물었고, 그녀는 '나는, 당신이 고난 받을 가치가 있기 때문에 고난을 받는다고 생각하지 않아요.' 라고 말했어요." 리치는 이 이야기를 통해 다음과 같은 결론을 내렸다. "쉬운 삶을 구하는 것으로 하나님의 행사를 방해하지 마라.[17]"

이것이 야고보가 '내 형제들아 너희가 여러 가지 시험을 당하거든 온전히 기쁘게 여기라'(약1:2)고 하면서 우리를 격려하는 이유다. 리치는 가슴이 찢어지는 듯한 고통의 시간을 겪은 후에 스스로 깨달았고, 하나님께 감사할 수 있는 방법을 찾으려고 애썼다.

## " Rich...

약혼녀가 약혼을 취소한 직후에 저는 '다마스커스 로드
*Damascus Road*'의 가사를 썼어요. 일종의 순종의 행위였죠. 히
브리 사람들은 비극적인 일이 발생했을 때 '주신 이도 여호와시
요 거두신 이도 여호와시오니 여호와의 이름이 찬송을 받으실지
니이다'고 말해야 했으니까요. 그래서 저 역시 그 말씀에 따라
뭔가를 해야 한다고 생각했고, 그냥 하나님께 감사하기로 결심
했어요. 그것은 일종의 작곡 연습이었어요. 하지만 시간이 흐르
고 그 비극이 끝났을 때 저는 하나님이 우리가 우리에 대해 생각
하는 것보다 더 좋은 것을 생각하고 계시거나 뭔가 다른 것을 생
각하고 계시다는 것을 깨달았어요. **"**

결국 하나님이 선하다고 믿는다면 살면서 무슨 일이 일어나든
지 그것을 선물로 받아들여야 하고, 나에게 상처를 주고 나를 괴
롭히는 것들, 나를 죽이려고 하는 것들을 그가 제거하게 해야 한
다는 것을 깨달았어요. 그러니까 그가 그런 것들을 제거하고, 그
가 원하는 모습으로 나를 만들게 해야 한다는 것을 깨달았어요.
비록 그것이 내가 되고 싶은 모습이 아닐지 모르지만, 그가 바라
는 모습일 테니까요.[18]

리치가 (비커와) 만든 노래는 복종하기 위해 스스로를 살펴보
고 그의 개인적 중심을 서정적으로 기록했다.

# 다마스커스 로드

다마스커스로 가는 길에서
저는 성공의 밧줄에 매달려 있었어요
당신이 인생의 가면을 벗기셨을 때
그들은 죽음의 얼굴을 알아보았어요
그리고 저는 당신께 감사하고 싶어요
내가 할 수 있는 어떤 말보다도
당신을 찬양하기 위해 제 삶을 바칩니다
제가 가진 모든 재물은
가난이 시작되는 근원이었어요
그것은 저를 더 큰 영광으로 이끌지 않았고
나를 부끄러운 체로 남겨두었어요
당신께 영광을 드리고 싶다고 말했고 그렇게 합니다
하지만 당신께 드리기 위해 제가 발견할 수 있었던 모든 것은
당신에게서 나옵니다
하지만 만일 저의 어둠으로 당신의 빛을 찬양할 수 있다면
당신은 제가 숨을 쉴 수 있게 해주세요
그리고 당신을 찬양하기 위해
제 삶을 드리겠어요
다마스커스로 가는 길에서


저는 성공의 밧줄에 매달려 있었어요

착한 사람에게도 고통은 온다

당신이 인생의 가면을 벗기셨을 때
그들은 죽음의 얼굴을 알아보았어요
그리고 저는 당신께 감사하고 싶어요
내가 할 수 있는 어떤 말보다도
당신을 찬양하기 위해 제 삶을 바칩니다


이 노래를 만들게 된 원인이었던 그의 파혼은 주위 사람들을 걱정하게 만들었다. 그들은 그가 결혼해서 행복하게 살기를 원했다. 비록 그런 일은 결코 일어나지 않았지만, 그는 괴로워하지 않았다. 그는 자기 삶이 멋진 우정과 넘치는 기회, 곡을 만들고 노래할 수 있는 하나님의 선물로 가득 차 있다고 믿었다.


## 두려워 말라

리치는 결국 하나님의 사람들은 자기에게 일어날 일을 두려워할 이유가 없다고 믿었기 때문에 이 모든 말을 할 수 있었다. 삶의 거대한 계획안에서, 모든 고통이나 고난은 (하나님이 주신 것이라고 가정할 때) 우리를 더욱 강건하게 만드는 역할을 했다. 리치는 일시적인 걱정을 초월해서 볼 수 있는 능력이 있었고, 그것은 두려워하지 않는 방법을 배우는 데 도움이 되었다. 1995년에 있었던 콘서트에서 그는 다음과 같이 말했다.

## 66 Rich...

오늘 밤 성경에서 천사들이 마주한 인물들에게 했던 말을 해주고 싶어요. 그들은 '두려워 말라'고 했어요. 우리는 이 세상에서 잠시 살아야 하는데, 그것은 두려운 일이죠. 하지만 두려워하지 마세요. 기운을 내세요. 그는 세상을 이기셨어요. 그리고 우리 안에 거하기로 작정하셨어요. 우리는 결코 대단한 존재가 아니지만, 우리의 구원자는 대단한 존재예요. 그는, 우리가 세상에서 살동안 우리와 동행하실 것이고, 우리가 죽으면 우리를 부활시키고 자기가 거하는 곳으로 데려가실 거예요. 우리의 행위 때문이 아니라 그 자신 때문이죠. 바로 우리를 향한 사랑 때문이죠.[19] 99

리치는, 반드시 고통이 오기 마련이지만 그 가운데 예수님이 계실 것임을 잘 알고 있었다. 브레넌 매닝은 다음의 기도문을 종종 사용한다. 아마 이것이 고통을 이기려는 싸움의 가치에 대해 그가 이해한 것을 가장 잘 표현한 것일 것이다.

당신의 모든 목표가 좌절될지라도
당신의 모든 계획이 무산될지라도
당신의 모든 소망이 가치 없는 것이 될지라도
당신이 어린 아이처럼 힘이 없고 쇠약할지라도
아버지, 아들, 그리고 성령이신
하나님의 사랑 안에서 노래하고 춤출 수 있다

착한 사람에게도 고통은 온다

✱ 묵상을 위한 질문

1. 당신이 하나님을 사랑하고 그에게 충실하다면, 고통이나 고난으로부터 자유로운 삶을 살 거라는 믿음에 대해 어떻게 생각하는가? 이에 대해 성경적인 예를 들 수 있는가?

2. '고통이 올지라도'의 가사를 읽어보라. 당신에게 어떤 소절이 가장 의미 있는가? 그 이유를 설명해보라.

3. 당신이 살면서 겪었던 싸움 중 가장 힘든 것은 무엇인가?

4. 리치는, 기독교인이 될 때 가장 힘든 것은 하나님에게 굴복하고 그가 우리를 돌보실 거라고 믿는 것이라고 했다. 전혀 가망 없어 보이는 상황일 때조차 하나님을 신뢰할 수 있는가? 그 관점에서 당신을 설명해보라.

5. 에이미 그랜트는, 리치는 '혼돈을 내려다보고' 돌아와서 그것에 대해 노래를 만들었다고 말했다. 당신의 개인적인 싸움이 어떻게 당신을 깊게 했고, 다른 사람들을 더욱 의식하게 만들었는가? 또는 고난을 겪고 있는 다른 사람들을 돕게 만들었는가?


✱ 생각과 연습

• 당신이 과거에 겪은 싸움을 목록으로 만들어보라. 그런 시간을 보내는 동안 하나님이 얼마나 신실하셨는지 기록하라. 이 목록을 하나님께 감사할 이유로 사용하라.

• 당신은 지금 싸우고 있는 사람을 알고 있는가? 만일 있다면, 그에게 전화를 하거나 짧은 편지를 써보라. 하나님이 그의 옆 가까이 계시고, 당신도 그 가까이에 있다는 것을 알게 해주어라.

215

*My One Thing :*
*Finding Freedom in Simplicity*

제 주의를 분산시키는 것들로부터 구원해주세요
그것들을 제거해주시고 제 마음을 정결케 해주세요
사라질 것들 때문에 영원한 것을 잃고 싶지 않아요
그것은 세상이 사라질 때 제가 갖게 될 것이기 때문이죠
그것이 영원히 지속될 사랑을 위한 게 아니라면 말이죠


나의 한 가지 것
당신이 나의 한 가지 것입니다
– '나의 한 가지 것' 중에서

# 단순한 삶이 주는 자유

　　리치의 가장 뚜렷한 특징 중 하나는 그의 생활 방식이었다. 그는 매우 단순하게 살았다. 그는 재산이 거의 없었다. 그리고 돈에 신경 쓰지 않았다. 권력에 대한 욕심도 전혀 없었다. 그는 성공을 추구하는 데 힘을 거의 낭비하지 않았다. 그가 필사적으로 신경 쓴 것은 하늘나라였고, 그것을 추구하는 일에 매진했다.

## 66 Rich...

나는 정말 미국의 기독교와 싸운다. 미국에 사는 사람들은 즐거움과 여가, 풍요를 숭배하는 문화 속에서 자란다. 교회가 무언가를 성취하기 위한 수단으로 예수님을 이용한다면, 그들은 두 배로 벌을 받을 것이다. 많은 사람들은 십일조를 내면 하나님이 부자가 되게 해줄 거라고 믿는다. 왜 그럴까? 만일 당신이 십일조를 내면 모든 악의 근원 중 10%를 없앨 수 있을 것이다. 우리는 90%도 내야 한다. 하나님은 우리보다 돈을 더 잘 관리할 수 있기 때문이다.[1] **"**

## 단순하게 사는 자유

리치는 단순하게 살았기 때문에 자유로웠다. 사람들은 그의 마음속에 있는 자유를 부러워했다. 그는 야심이 부풀어 오를 때, 자유가 비처럼 떨어진다는 것을 깨달았다. 단순하게 살면 큰 자유를 누릴 수 있다. 리치가 그랬듯이, 사람들이 돈이나 명예를 더 많이 가지기 위한 욕망을 버린다면, 더 많이 가지려는 압박감에서 자유로워진다는 것을 발견할 것이다. 오직 하나님과 동행하는 자유, 차를 운전하고 시골을 돌아다니는 자유, 가족이나 친구들과 함께 시간을 보내는 자유, 애팔래치아 산맥을 하이킹하는 자유 말이다. 에이미 그랜트는 보헤미안적 충동, 즉 직업을 가지고 사는 대부분의 사람들이 추구할 수 없는 충동에 자유롭게 응했던 리치의 방식에 감탄했다.

어떤 사람들은 리치의 삶을 잘 살피며 그것을 본받기 간절히 원했지만, 그들이 미처 알지 못한 것은 단순함은 내적 마음가짐에서 온다는 것이다. 그것은 세상의 것들이 다 멋지지만 금방 사라질 것이라는 것과, 돈이나 명성은 우리에게 행복을 사 줄 수 없다는 것, 우리가 정말로 필요로 하고 깊이 소원하는 것은 하나님과 연합하는 것임을 믿는 확고한 신념이다. 실제로 돈이나 명성은 우리의 주의를 딴 데로 돌려 하나님의 나라를 구하지 못하게 할지도 모른다. 내적 마음가짐 없이 단순함의 외적인 모습만을 모방하려고 애쓴다면 결국 좌절과 실패를 맞볼 것이다. 내적 마음가짐은 자연스럽게 외적인 생활 방식으로 나타난다. 예수님이 '나무는 그 열매를 보고 알 수 있다'고 말했던 것처럼 말이다. 그것은 곧 '내적인 것이 외적인 것을 결정한다. 그리고 그 반대의 경우는 성립하지 않는다'라고 말할 수 있다(마7:17~18, 20).

철학자 쇠렌 키에르케고르 Soren Kierkegaard는 언젠가 '마음의 순결(purity of heart)은 하나를 생각하는 것이다'라고 썼다. 이 말이 리치에게 큰 영향을 주었다. 그는 내적인 바람이 외적인 행동을 결정한다는 것을 알았기 때문에 하나님의 지배와 통치안에 거하는 일에 집중했다. 그는 그렇게 함으로써 하나님이 자기 마음을 정결하게 해주기를 간절히 바랐다. 그리고 그는 세상의 재물이 하나님에게 충실하고 싶은 마음과 경쟁한다는 것을 알았고, 진심으로 그 '한 가지 것'에 계속 집중하기를 원했다. 그는 이런 열망을 묘사하는 노래를 만들었다.

## 나의 한 가지 것

제가 아는 사람들은 모두 오직 한 가지가 필요하다고 말해요
그리고 그들이 하는 말의 진정한 의미는
그들이 오직 한 가지만 더 필요하다는 것이죠
그리고 사람들은 모두 그것을 가질 수 있을 거라고
생각하는 것 같아요
제가 주님을 믿을 자격이 없다는 것을 잘 알아요
하지만 당신을 점점 더 많이 사랑하고 섬기고 싶어요

제 주의를 분산시키는 것들로부터 구원해주세요
그것들을 제거해주시고 제 마음을 정결케 해주세요
그것들이 영원히 지속될 사랑을 위한 게 아니라면 말이죠
사라질 것들 때문에 영원한 것을 잃고 싶지 않아요
그것은 세상이 사라질 때 제가 갖게 될 것이기 때문이죠

나의 한 가지 것
당신이 나의 한 가지 것이에요
그리고 마음이 청결한 자가 하나님을 볼 것이에요
예수님 당신을 제외하고 천국에서 제게 누가 있겠어요
그리고 여기 이 땅에서 제가 발견하고 싶은 더 나은 게
뭐가 있겠어요

저는 세상의 가장 먼 거리에 다다를 수 있어요
하지만 저는 단지 시간만 낭비하고 있어요
이미 당신이 나의 한 가지 것이라는 것을
깨달을 거라고 확신하기 때문이에요
나의 한 가지 것
당신이 나의 한 가지 것이에요
그리고 마음이 청결한 자가 하나님을 볼 것이에요

매일 낮 매일 밤
당신은 단단히 붙들고 있어요
당신은 삶을 위해
당신이 만든 선택을 남겨 놓았어요
오, 주님, 제게 힘을 주세요
보고 일하고 사랑하고 노래하고 기도할 수 있는 힘을 주세요

예수님 당신을 제외하고 천국에서 제게 누가 있겠습니까
그리고 여기 이 땅에서 제가 발견하고 싶은 더 나은 게
뭐가 있겠어요
저는 세상의 가장 먼 거리에 다다를 수 있어요
하지만 저는 단지 시간만 낭비하고 있어요
이미 당신이 나의 한 가지 것이라는 것을
깨달을 거라고 확신하기 때문이에요

이 노래는 기도문이고, 하나님에게 '주의를 분산시키는 것들'로부터 자신을 구해달라고 부탁하는 내용이다. 리치는, 예수님과 그의 왕국을 가리키는 '한 가지 것'에 집중했다. 특히 이것은 우리 문화 속에서 그렇게 하기란 결코 쉽지 않다. 그것이 그가 다음과 같이 기도한 이유다. "오, 주님, 보고 일하고 사랑하고 노래하고 기도할 수 있는 힘을 주세요." 그는 '사라질 것들 때문에 영원한 것을 잃기를' 원하지 않았다. 그는 이 땅의 재물을 우리가 간직할 수 없다는 것을 알았다. 바울은 분명히 말했다. '우리가 세상에 아무 것도 가지고 온 것이 없으매 또한 아무 것도 가지고 가지 못하리니'(딤전6:7)

## 단순하게 살고 싶었던 이유

리치가 단순하게 살고 싶어 했던 이유와 재산이 거의 없었던 이유, 저택에 살 수 있었는데도 다락방이나 이동 주택에 살았던 이유를 알기 위해서는 그의 내면(영혼)을 들여다보아야 한다. 그는 물질적으로 풍족하지 못한 가정에서 자랐다. 그는 부모님으로부터 정말 귀중한 것들은 돈이 들지 않는다는 것을 배웠다. 심지어 옥수수 빵과 콩도 입에 맞기만 하면 진수성찬이다. 그리고 퀘이커 교인의 유산 역시 그의 생활 방식을 만드는 데 한몫했다 (퀘이커 교인들의 삶은 단순하다고 잘 알려져 있다).

리치는 청년기에 하나님을 몹시 갈망했고, 예수님을 매우 닮고 싶어 했다. 그는 성경을 통해 예수님이 '화 있을진저 너희 부요한 자여' 라고 말씀하시면서 부를 좇는 자를 꾸짖으시는 모습을 보았다. 예수님은 젊은 지도자에게 소유를 다 팔아 가난한 자들에게 나누어주라고 하셨고, 부자는 약대가 바늘귀로 들어가는 것만큼이나 천국에 들어가기가 힘들다고 하셨다. 그리고 돈을 하나님과 '경쟁하는 신(a rival god)' 이라고 불렀고, 하나님과 돈을 동시에 섬길 수 없다고 하셨다.

리치는 청년 때, 다른 어떤 무엇보다 예수님에게 순종하기를 원했고, 예수님의 모범을 보았을 때 그는 돈과 재산을 잠재적인 위험 요소로 보기 시작했다. 네바 멀린스는 다음과 같이 말했다. "그는 항상 돈 때문에 힘들어했어요. 내 생각에 그는 돈이 사람들에게 끼치는 영향을 두려워한 것 같아요. 그리고 그런 일이 그에게 일어나는 것을 원하지 않았던 것 같아요."

나이가 들면서 그의 이런 태도는 더욱 강렬해졌다. 신시내티 바이블 칼리지에 다닐 때 그는 거의 최저 수준으로 살았다. 그의 어머니는 다음과 같이 기억했다. "한 번은 그 애가 학교로 돌아가려고 했을 때 돈이 있냐고 물었어요. 그는 그렇다고 대답했지요. 그래서 저는 보여주라고 말했어요. 그는 주머니에 손을 넣더니 잔돈을 한 움큼 꺼내는 거예요. 남편이 그의 차에 기름을 채워줬기 때문에 그는 한 움큼의 잔돈이면 충분히 신시내티로 갈 수 있고, 그것이 필요한 전부라고 생각했어요."

대학에 다니면서 그는 등록금을 내기 위해 주차장에서 아르바이트를 했다. 그는 부모님에게 돈 받는 것을 거절했다. 그의 친구였던 캐시 스프링클은 그때를 이렇게 기억했다. "대학 시절, 그는 너무 가난해서 동네 피자 가게에 가서 콜라만 시키고 사람들이 나갈 때까지 기다리곤 했어요. 그리고 사람들이 반쯤 먹다가 남기고 간 피자를 가져다 먹곤 했어요. 그리고 패스트푸드 점에서는 햄버거에 크래커를 넣어 크기를 키우곤 했어요. 그는 자신에게 돈을 덜 쓰기 위해 그랬다고 말했어요."

그런 이야기를 들었을 때 우리는 리치에게 미안한 마음을 가졌다. 그러나 그는 돈이 없어서 불행했다거나 돈이 더 많았으면 더 행복했을 거라고 생각하지 않았다. 그는 어려서부터 이런 기본적인 진리를 배웠다. 그것은 돈이나 재산이 우리를 행복하게 해주지 않는다는 것이다. 그를 제외한 우리는 단지 물질적 재산, 명성, 명예, 더 좋은 집, 더 새로운 차가 우리를 만족시켜주고 충만하게 해줄 거라는 환상에 사로 잡혀 살아가고 있다. 그러나 그렇지 않다. 그런 것들은 그렇게 해주지 않는다. 그런 것들은 결코 그렇게 해준 적이 없고, 앞으로도 그렇게 해주지 않을 것이다. 우리는 행복을 돈으로 살 수 없다. 단지 우리의 선택에 따라 조용한 절망의 삶을 살 수 있을 뿐이다.


# 문화와 교회


다행히도 리치는 어릴 때부터 돈과 재산의 진정한 가치를 알았고, 따라서 그것을 가지고 싶은 욕구에 집착하지 않았다. 그러나 그가 집과 퀘이커 교인의 뿌리에서 떠났을 때 그는 바로 그런 것들을 찬미하는 기독교와 만나게 되었다. 그는 많은 기독교인들이 복음을 물질적인 번영으로 왜곡시켰다는 말을 듣고 깜짝 놀랐다.

리치는 돈이 우리의 관심을 하나님 나라에서 다른 데로 돌리게 한다는 것을 알았기 때문에, 하나님이 우리를 부유하게 만드신다면 그것은 우리에게 은혜를 베푸는 게 아니라고 믿었다. 리치는 재물을 소유하는 것은 믿는 자들에게 큰 도전이라고 생각했다. 제자의 신분이란 고난을 참고 자기 재산을 나누어주며 다른 사람의 이익을 위해 희생하는 것을 의미했다. 그리고 그것은 분명히 우리를 사로잡고 있는 것들을 놓는 것을 의미했다.

리치는 예수님의 말씀을 매우 분명하게 이해했고, 그 속의 진리를 직접 체험함으로써 깨달았다. 우리가 사는 세상은 하나님의 나라를 이해하지 못하기 때문에, 부의 신을 섬기거나 부를 추구한다. 우리의 문화에서는 심지어 좋아하지 않는 사람들에게 감동을 주기 위해 필요하지 않는 물건을 산다.[3]

우리의 문화는 즐거움과 여가, 풍요를 숭배한다. 그것은 놀랄 만한 일이 아니다. 그러나 리치에게 충격이었던 것은 미국 교회에 다니는 많은 사람들이 똑같은 일을 하고 있었다는 것이다. 그의 말을 빌자면 그들은 '예수님을 그 모든 것들을 획득하는 수단으로 사용하고' 있었다.

리치는 완전히 반대로 생각했다. 리치는 아무 거리낌 없이 자기 자신의 재산을 나누어주었다. 그는 재산을 자기 것이라고 생각하지 않았기 때문이었다. 마찬가지로 그는 다른 사람들의 재산 역시 그들의 것이라고 생각하지 않았다. 그는 모든 것을 우리의 것이라고 생각했다.

한번은 그가 콘서트 일정 때문에 플로리다에 있었다. 그는 며칠 동안 샤워를 하지 못했고, 단 한 번 밖에 만난 적이 없는 사람들 몇 명에게 전화를 걸어 샤워하러 가도 되는지 물었다. 그들은 흔쾌히 허락했다. 그는 샤워를 하고 현관문으로 걸어가 그 사람들에게 고맙다는 말을 남기고 집을 나왔다. 그들은 깜짝 놀랐다. 그가 잠시도 머무르지 않고 바로 떠났기 때문이다. 샘 하워드는 그 사건에 대해서 다음과 같이 말했다. "그에게 그것은 전혀 잘못된 일이 아니에요. 그는 샤워할 곳이 필요했고, 그들의 집에 그곳이 있었던 것이죠. 그는 양심의 거리낌을 전혀 가지지 않은 채 다른 사람들의 소유물을 사용했어요. 만일 그들이 자기의 샤워기를 사용해야 한다면 당연히 그렇게 할 것이기 때문이었죠. 리치와 있으면 내 것 네 것이 없었어요. 그것은 모두 우리의 것이었죠."

리치가 우리 가족과 함께 사는 동안 나는 그것을 여러 번 목격했다. 예를 들어, 그는 매일 아침 학교 가는 길에 커피 한 잔을 들고 갔다. 그리고 한 달쯤 후 나는 찬장에 컵이 하나도 없다는 것을 알아차렸다. 접시 닦는 기계 안을 봐도 완전히 텅 비어 있었다. 그날 밤 리치가 집에 돌아왔을 때 나는 말했다. "리치, 커피 잔이 다 없어진 것 같은데요." 그가 말했다. "아, 트럭에 몇 개 있는 것 같아요." 우리는 의자와 바닥에서 적어도 20개의 머그잔을 발견했다. 몇 개는 깨졌고, 심지어 몇 개는 우리 것이 아니었다. 리치에게 물질적 재산은 사용하는 것이지 소유하는 것이 아니었다.

---

세상의 물질을 사랑하면 영혼이 혼란스러워지고, 영혼이 하나님에게 날아가는 것을 막는다.
· 성 아우구스티누스 ·

---

# 예수님과 하나되기

리치가 깨달았던 것처럼, 성경은 돈이나 부에 관한 문제에 대해서 모호하게 말하지 않는다. 사실 성경은 동시대의 거의 모든 경제적 가치에 이의를 제기한다. 예수님은 다른 어떤 사회 문제보다 경제와 관련된 문제를 언급하셨다 [4]. 리치는 부요한 가운데 안전을 추구하는 것의 위험과 무가치함에 대해 가르치신 예수님의 말씀이 내포하는 것을 잘 알고 있었다. 그는 말했다. "많은 사람들이 기독교인으로서 교회나 사회에서 편안해지는 것과 자기 자신을 좋게 여기는 것을 혼란스러워한다고 생각한다. 그 대신, 나는 기독교인이 되는 것은 하나님을 위해 사람들을 변화시키기 위해 우리의 사회를 벗어나라는 부르심으로 생각한다.[5]"

리치가 다른 무엇보다 원했던 것은 예수님에게 성실한 사람이 되는 것이었다. 그리고 그에게 그것은 가난한 사람들을 돌보는 것을 의미했다. 그는 말했다. "내가 구세주요 주인이라고 주장하는 예수 그리스도와 온전히 일체감을 느끼고 싶다면 가난한 사람들과 똑같아져야 해요. 나는 그것이 내가 할 수 있는 최고의 방법이라고 생각해요. 이것은 유명한 복음주의 설교가들의 가르침에 반대가 되겠지만, 그들이 틀린 거예요. 그들이 나쁜 게 아니라 단지 틀린 거예요.[6]"

예수님을 따르는 것은 그의 말씀이 언제나 진실이라는 것을 믿는 것이다. 예수님은 우리의 요구를 충족시키는 것보다 먼저 그 나라를 구하라고 말씀하셨다. 리치는 '너무 힘들어요(Hard)'라는 노래를 만들었는데, 그 안에는 신뢰에 대한 재미있는 소절이 있다.

그는 참새도 돌보신다
그리고 들판의 백합도 돌보신다고 들었다
그리고 그는 당신을 지켜보고 나를 지켜보실 것이다
그러므로 우리는 꽃처럼 옷을 입고 새처럼 먹을 수 있다

그는 말했다. "나는 신중하게 이 노래를 만들었어요. 그리스도의 복음은 모든 수준에서 우리에게 도전이 된다고 생각하기 때문이에요."[2]

그것은 우리의 은행 계좌가 아니라 하나님을 믿으라고 도전한다. 그리고 그것이 정확히 리치가 했던 것이다. 몇 세기를 거슬러 올라가 고대 교회의 기도서에서 우리는 다음과 같은 강력한 말을 들을 수 있다. "부자는 가난해지고 배고파진다. 하지만, 주님을 찾는 사람들은 어떤 좋은 것도 빼앗기지 않을 것이다."

세상의 것들은 우리가 간직할 게 아니다. 다만 우리는 세상에 사는 동안 그것들을 관리하는 청지기일 뿐이다. 실제로 모든 것이 하나님의 것인데도 우리는 자존심 때문에 '내 것'이나 '우리 것'이라고 말할 때가 가끔 있다.

리치는 영원에 계속 초점을 맞추었다. 그는, 스승인 모리스 하워드가 죽었다는 소식을 들은 날에 J. R. 백스터의 위대한 찬송가 '이 세상은 내 집 아니네*This World Is Not My Home*'를 불렀다. 비록 그는 모리스를 위해 그 노래를 불렀지만, 그것은 그의 마음속의 외침이기도 했다. 그는 눈물을 흘리면서 그 노래를 불렀다.

죄 많은 이 세상은 내 집 아니네
내 모든 보화는 저 하늘에 있네
저 하늘 문을 열고 나를 부르네
나는 이 세상에 정들 수 없도다

예전에 이 세상이 리치의 집이었다면 지금은 확실히 아니었
다. 리치는 남은 삶을 이 세상의 보화가 덧없다는 것을 강하게
느끼면서 살려고 했다. 그는 하늘에 보화를 쌓는 일을 하며 자기
삶을 보내려고 했다. 좀과 동록, 도둑이 도둑질하거나 해하지 못
하는 하늘 말이다(마6:19).


## 돈과 직업

영원에 대한 리치의 관점은 직업에 대해 다른 관점을 갖게 했
다. 그는 기독교 음악 산업에 종사하는 게 힘들다는 것을 알았
다. 그것은 사역인 동시에 사업이기 때문에 돈을 버는 것과 관계
가 있다. 그래서 항상 타협의 불확실한 위치에 있었다. 기독교
음악 산업의 가장 큰 위험은 복음을 듣고 힘을 얻기를 바라는 사
람들의 욕구를 돈을 버는 수단으로 이용한다는 것이다. 리치는
자기 자신의 동기가 순수하기를 바랐다.
리치의 앨범 대부분을 제작한 리드 아빈Reed Arvin은 리치에
대해 이렇게 말한다. "그는 예수님을 이용해서 돈을 버는 일이

멋질 거라고 생각하는 직업인들과 교제하지 않았어요.[8]" 리치
는 음반을 만들기 위해서는 돈이 든다는 것을 알고 있었다. 그리
고 누군가가 자기 음반으로 돈을 번다는 생각에 기분이 좋았다.
그것은 메시지를 세상에 내놓은 것에 대한 보상이었다. 그리고
이것이 그가 관심을 갖는 유일한 일이었다. 그러나 그는 음악에
담긴 메시지보다 물질적인 성공의 강조가 미묘하게 표현되는 것
을 불편해했다.

　그는 몇 년 동안 앨범을 가지고 다니지 않은 채 연주와 순회공
연을 했다. 판매할 생각이 없었기 때문이다. 그의 삼촌 딕 루이
스는 다음과 같이 말했다. "그에게 절대 동기를 부여해줄 수 없
는 것 한 가지는 돈이었어요. 그가 널리 알려지기 전에, 나는 그
에게 앨범을 만들어야 한다고 말했어요. 그것으로 그가 어느 정
도 돈을 벌 수는 있을 거라고 생각했지만, 그에게 그렇게 말하지
는 않았어요. 내가 '앨범을 만들면 돈을 많이 벌 수 있을 거야'
라고 말했다면 그는 분명 거절했을 거예요. 그래서 이렇게 말했
죠. '앨범을 만들면 메시지를 통해 더 많은 사람들의 마음을 움
직일 수 있을 거야.' 그것이 그가 앨범 만드는 일에 동의하도록
내가 사용한 유일한 방법이에요."

　결국 리치는 앨범을 녹음했고, 마침내 내쉬빌의 음악 산업 분
야의 지도자 몇 명이 그것을 들었다. 에이미 그랜트는 리치가 초
기에 부른 노래 '주님을 찬양하라(Sing Your Praise to the Lord)'
를 녹음했다. 그리고 그 노래는 차트 1위에 올랐다. 그러나 리치
는 음악 산업의 금전적인 부분에는 전혀 관심이 없었다. 오랫동
안 그의 매니저를 맡았던 게이 퀴즌베리는 에이미를 관리하는

부서에서 그 노래를 녹음할 수 있게 허락해달라고 했을 때를 이렇게 말했다. "리치는 말했어요. '그래요, 어서 하세요.' 그는 전화를 끊고, 돈에 대해서는 일체 묻지 않았어요. 그는 그것을 그냥 주려고 생각했죠."

## 성공은 항상 부풀려진다

리치는 돈처럼 명예 역시 덧없다는 것을 알았다. 열정적으로 음악을 하는 동안 그는 믿기 힘들 정도로 스타 반열에 오르는 일에 관심을 가지지 않았다. 언젠가 그는 말했다. "사람들은 성공을 과대평가하는 것 같아요. 성공은, 그것을 이루기까지 열심히 추구하지만, 그 후에는 무엇을 해야 할지 모르는 거예요.[9]" 리치는 명성을 얻고 싶어 하는 사람들을 비판하지 않았다. 그것은 단지 그의 신념일 따름이었다. 그는 그 점에 있어 자기가 다른 사람들과 다르다는 것을 잘 알고 있었다. "그것은 내게 아이러니하고 신기했어요. 물론 명성을 얻은 것은 감사할 일이지만, 기독교 음악 산업에서 성공하겠다는 야심을 가진 적은 단 한 번도 없었어요.[10]"

리치는 처음부터 이런 자세를 취했다. 딕 루이스는 과거를 회상하며 다음과 같이 말했다. "내쉬빌로 와서 큰 계약에 서명하라는 전화를 받았을 때, 리치는 몇몇 청년들과 함께 미시간에 있는 야영지로 일하러 가는 중이었고, 그래서 그들에게 기다리라고 말했어요. 사람들은 대부분 기회가 오면 달려들곤 하는데, 그는 내쉬빌에 있는 사람들에게 기다리라고 했죠." 그는 음악 경력을 쌓는 것보다는 청년들을 위해서 사역하는 것에 더욱 관심을 기울였다.

---

많은 돈을 소유하는 것이 위험한 이유 중 하나는 돈이 줄 수 있는 일종의 행복에 완전히 만족해서 하나님의 필요를 깨닫지 못할 수 있다는 것이다. 모든 것이 수표에 서명하는 것으로 다 된다면 매순간 하나님께 완전히 의지하고 있다는 것을 잊어버릴지도 모른다.

· C. S. 루이스 ·

---

첫 번째 앨범을 만든 후, 리치는 경력에 큰 도움이 되는 중요한 기회를 잡게 되었다. 에이미 그랜트의 앨범(Ungarded) 발매 기념 순회공연의 오프닝에서 연주해달라는 제의를 받은 것이다. 그것은 역사상 가장 큰 규모의 기독교 음악 순회공연이었다. 리치는 그 공연 중에 게이 퀴즌베리를 만났고, 그녀는 나중에 그의 대리인이자 매니저가 된다. 그녀는 리치를 한 번도 만난 적이 없었다. 그녀는 그들이 어떻게 만났는지에 대한 재미있고 인상적인 이야기를 들려주었다.

"1986년, 저는 에이미 그랜트의 순회공연의 출연 계약을 담당했어요. 리치는 오프닝에 출연하기로 되어 있었는데 그를 한 번도 만난 적이 없었죠. 우리는 첫 번째 공연을 위해 인디애나 주에 있었고, 아티스트들이 와서 다과를 먹을 수 있도록 방을 마련했어요. 그런데 이 사람이 누더기를 걸친 채 안으로 들어오는 거예요. 마치 며칠간 목욕이나 면도를 하지 않은 것 같았어요. 저는 그가 매니저이거나 트럭 운전사 중 하나일 거라고 생각했어요. 그래서 그에게로 다가가 나가달라고 부탁했고, 미안하지만 음식과 음료는 아티스트들을 위한 것이라고 말했어요. 그는 미안하다고 말하고는 공손히 복도로 나갔어요. 한 시간 후에 공연이 시작되었고, 사회자가 말했어요. '리치 멀린스를 환영해주세요' 그러더니 그가 걸어 나오는 거예요! 공연이 끝나고 그에게 사과했지요. 그리고 음식이 아티스트를 위한 것이라고 했을 때 왜 당신이 누구인지 말하지 않았냐고 물었죠. 그는 단지 에이미의 밴드에 속한 아티스트들이 먹는 것인 줄 알았다고 말했어요. 몇 년이 지난 후에 우리가 함께 일하기로 한 후에 그는 우리가 처음 만났을 때 제가 그를 어떻게 쫓아냈는지 상기시키기를 좋아했어요."

---

나는 창가에 서서 사람들이 얼마나 바쁘게 자기 영역을 나누고 표시하는지를 보는 게 재미있었다. 하나님은 분명 땅 위에 있는 그의 작은 울타리가 여기저기로 움직이는 것을 보고 미소를 지을 것이다.

· 헨리 데이비드 쏘로우 *Henry David Thoreau* ·

---

그 순회공연에서 리치와 에이미는 라디오 시티 뮤직홀*Radio City Music Hall*에서 콘서트를 했다. 누구에게든 이것은 굉장한

영광이었고, 분명 리치도 흥분했었지만 압도당할 만큼은 아니었다. 그의 누나 데비가 말했다. "그가 라디오 시티 뮤직홀에서 연주할 때 저는 친구와 함께 보러갔어요. 콘서트가 끝나고 우리가 밖에 서 있었는데 누군가 리치를 위해서 제공한 흰색 리무진이 그를 태워 호텔로 가기 위해 서 있었어요. 그는 운전사에게 그냥 가라고 했어요. 장비가 실린 밴에 타고 있는 사람들과 함께 가고 싶었던 거죠. 우리는 작별인사를 했고, 그는 밴을 타고 떠났어요.

제 친구가 말했어요. '사람들이 네 동생을 좀 유명한 스타나 너와 다른 사람으로 대우하는 게 피곤하지 않니?' 저는 아니라고 말했어요. 그 친구는 이유가 뭐냐고 물었지요. 그래서 저는 '그는 분명히 나나 다른 사람들과 다르니까. 아마 나였으면 분명 리무진에 탔을 거야'라고 대답했어요."

리치는 그때 라디오 시티 뮤직홀에서 연주했던 것을 자랑스러워했다. 그가 한동안 우리 가족과 살고 있었던 어느 날, 그의 방에서 이야기를 나누고 있었다. 그런데 액자에 포스터 같은 것이 들어 있는 게 눈에 띄었다. 그 액자는 뒤집어진 채로 벽에 기대어 있었다. 그것은 몇 년간 계속 똑같은 지점에 있었다. 나는 그에게 그것을 봐도 되냐고 물었고, 그는 마지못해 승낙했다. 그것은 뮤직홀 밖의 출입구 차양을 찍은 사진을 액자에 넣어 놓았던 것이다. 거기에는 '오늘밤 콘서트에 출연하는 에이미 그랜트와 리치 멀린스'라고 적혀 있었다. 그는 자기만의 방식으로 그 날을 무척 자랑스러워했다. 비록 삶을 다할 때까지 자기 재산을 거의 다 주었지만 그 사진이 그가 간직하는 한 가지 것이라고 들었을 때, 나는 미소를 지었다.

때때로 리치는 음악 산업에 종사하면서 자기 신념이 흔들리는 상황에 직면했다. 게이 퀴즌베리는 다음과 같이 말했다. "음악 산업에 있는 몇몇 사람들은 리치를 대형 스타로 만들기 위해 애썼어요. 그들은 그에게 살을 빼고 무대에서 춤추는 법을 배우고 지금보다 경쾌한 노래를 작곡하라고 말했어요. 그런데 그것이 그의 감정을 정말로 상하게 했죠. 그는 그들에게 싫다고 했고, 순수하게 자기의 예술을 고집했어요. 다행히 그는 스타 제조기에 휘말리지 않았지요."

게리 채프먼은 이에 덧붙여 말했다. "리치는 결코 스타 제조기의 일부가 되지 않았어요. 그는 다른 사람의 비전의 부산물이 되는 것을 딱 잘라 거절했어요. 그는 두 번, 굴지의 음반 회사의 중역 사무실에 들어가 야단쳤어요. 그런데 매우 재미있는 것은 그 일이 있은 후 그 중역들이 그를 더욱 좋아하게 되었다는 거예요."

# 정말로 위험한 것은 아무것도 없다

리치는 에이미의 순회공연을 하는 동안 칭찬이 얼마나 변하기 쉬운 것인지를 알게 되었다. 캐시 스프링클은 그 순회공연의 콘서트 중 하나에 참석했고, 그때 리치가 성공에 관한 뼈저린 교훈을 어떻게 얻었는지를 다음과 같이 말했다. "그날 밤 그의 콘서트는 특별히 좋았어요. 그리고 그 역시 스스로 그렇게 느끼고 있었죠. 그는 수많은 사람들이 소리 지르는 것을 듣는 것이 얼마나 굉장한지를 느끼고 있었어요. 우리는 에이미의 공연이 거의 끝날 즈음에 산책을 갔다가 주차장을 거쳐서 돌아왔어요. 그때 콘서트가 끝나고 10대 아이들이 나오고 있었어요. 그는 우연히 그들과 마주쳤죠. 그는 자기 순서가 끝난 후 닳아빠진 티셔츠와 낡은 청바지로 갈아입었는데, 아이들이 그 옆을 지나가면서 그를 보고 웃었어요. 한 아이는 '지저분한 늙은 건달이다!'라는 말까지 했어요." 그런 경험을 통해 리치는 중요한 교훈을 배웠다. 그것은 관중은 열렬히 환호하다가도 어느 순간 야유할 수 있다는 것이었다.

리치는, 인생에는 성공보다 더 중요한 게 있다는 것을 알았다. 그것은 자기가 스타든 무명이든 자기는 그냥 리치 멀린스라는 것이었다. 이런 마음가짐이 그에게 깜짝 놀랄 만한 자유를 가져다주었다. 그는 언젠가 저널리스트들 그룹에게 성공에 대한 부담 없이 글을 써야 한다고 말했다.

## 66 Rich...

비록 여러분이 쓴 글이 실패작일지라도 내일 아침 태양은 오늘과 다름없이 뜰 거예요. 비록 그 글이 실패작일지라도 내일 밤은 점점 어두워질 것이고, 그만큼 별은 반짝거릴 거예요. 내가 성공하든 그렇지 않든 세상은 똑바로 돌아갈 거예요. 따라서 저는 놀라운 가능성이 있는 세상에서 갑자기 자유로워지죠. 시도해보고 싶은 것은 무엇이든 시도할 수 있어요. 정말로 위험한 것은 아무것도 없어요. 우리가 사로잡혀 있는 이 모든 것들, 즉 돈이나 명성, 길거리에서 당신을 알아보는 사람에 대한 생각은 이차적인 것이죠.[11] 99

그가 새로운 것들을 시도하고 성공에 관심을 가지지 않는 자유로운 상태가 될 수 있었던 것은 '위험한 것은 아무것도 없다'는 생각 때문이었다.

실패할지도 모른다는 두려움에서 자유로워진 리치는 마음속에 담아두었던 말을 할 수 있는 용기가 생겼다. 그는 다양한 주제에 대해 거침없이 의견을 말했다. 에이미 그랜트는 자기의 헛간에서 열린 청년 모임에서 연주해달라고 리치를 초대한 때를 이렇게 기억한다. "그날 밤, 그가 어떤 정치적인 이론에 도취되었는지 기억나지는 않지만, 그는 청년들이 모인 목적과 전혀 관계없는 것들에 대해 말했어요. 모임을 추진한 사람들 중 몇 명은 대단히 화가 났죠. 그때 저는 리치가 불고 싶은 대로 부는 바람과 같다고 생각했었던 것 같아요. 그는 하고 싶은 말을 아무 거리낌 없이 하는 사람이었어요. 아이처럼 되었다가 구약성경의 선지자처럼 될 수 있는 사람이었죠."

그러나 아이러니컬하게도, 그가 성공에 대해 신경을 안 쓰면 안 쓸수록 그는 더욱 성공했다. 리유니온 레코드*Reunion records*사에서 일한 미셸 핑크*Michelle Fink*는 지난날을 떠올리며 이렇게 말했다.

"한번은 그의 노래가 1위에 올랐다고 말해주기 위해 그가 있는 곳을 알아내려고 애썼어요. 그런데 그때 그는 스페인의 어딘가의 길모퉁이에서 아이들에게 노래를 불러주고 있었죠.[12]" 그의 동료 작곡가인 웨인 커크패트릭*Wayne Kirkpatrick*의 말에 의하면, 그는 예술에 의해 이끌리는 사람이었지 예술로 성공하려는 마음에 이끌리는 사람이 아니었다.

그 당시에 기독교 음악에 종사한 사람들은 그의 이러한 '두려움 없는' 접근방식을 알아채지 못했다. 필 케이기는 다음과 같이 말했다. "리치는 음악을 통해 진리를 말할 수 있었어요. 그는 어떤 물질적인 이익도 가지지 않았어요. 잃을 게 아무것도 없었기 때문에 하나님께 들은 것을 정직하고 분명하게 말할 수 있었죠."

리치는 두려울 게 없었기 때문에 다른 사람들이 결코 하지 못하는 일을 할 수 있었다. 그는 서른네 살 때 내쉬빌의 크리스천 음악 센터를 떠나 다시 대학에 들어갔다.


## 펩 밴드에서
## 프렌치 호른 연주하기


많은 사람들이 경력을 쌓기 위해 내쉬빌로 가려고 애썼던 반면, 리치는 자기 영혼을 돌보기 위해 내쉬빌을 떠나 위치타로 이사를 갔다. 그것은 우선 모리스 하워드에게 도움을 받기 위해서였고, 다음은 평생의 꿈을 추구하기 위해서였다. 그 꿈은 미국의 인디언 아이들에게 음악을 가르치는 것이었다. 그러기 위해서 그는 음악 교육 분야에서 학위를 취득해야 했다. 그래서 그는 프렌즈 대학에 입학했다.

나는 그가 이렇게 할 수 있었다는 사실에 깜짝 놀랐다. 이미 성공했는데 말이다. 세계적으로 알려지고 존경을 받는 기독교 음악 분야의 스타가 갑자기 음악이론 수업을 듣고 학교의 성가대에서 노래를 불렀다. 그는 여느 학생들처럼 대해주기를 원했다. 나는 무대에 서서 딱 맞지도 않는 턱시도를 입고 성가대원들과 함께 노래를 부르는 리치를 처음 봤을 때를 결코 잊지 못할 것이다. 훨씬 놀라운 일은 그가 그것을 매우 즐기고 있었다는 것이었다.

그는 음악 교육을 전공했기 때문에 밴드 악기를 연주해야 했다. 그래서 그는 프렌치 호른을 골랐다. 어렸을 때 그것을 연주해본 경험이 있었기 때문이다. 리치와 겹치는 수업이 많았던 제니퍼 잰츠 *Jannifer Jantz*는 다음과 같이 말했다. "우리 두 사람은 모두 프렌치 호른을 잘 불지 못했어요. 악단의 다른 학생들은 우리를 놀려대곤 했죠. 그들은 우리가 부는 소리가 마치 병난 젖소의 울음소리 같다고 했어요. 우리는 미식축구 경기를 할 때 펩 밴드에서 연주해야 했어요. 리치는 펩 밴드에서 연주하는 음악 때문에 그 밴드를 싫어했지만, 어쨌든 그는 호른을 연주했어요. 우리는 연주를 잘하진 못했지만, 만일 교향곡을 연주했다면 그럭저럭 들을 만은 했을 것이에요. 하지만 그는 '프라우드 메리 *Proud Mary*'를 연주했어야 했죠."

그런 시간을 보내던 어느 저녁, 그는 뮤직 비디오 촬영을 끝내고 아일랜드에서 돌아왔다. 다음날 나는 썰렁한 외야석에 앉아 미식축구를 보고 있었는데, 갑자기 펩 밴드가 연주를 하기 시작했다. 나는 그들을 지켜보았고, 그중에 호른을 불고 있는 리치가 있었다. 나는 이렇게 생각했던 게 기억난다. '하루는 빅 스타로 대접을 받으며 비디오를 만들기 위해 제트기를 타고 대서양을 건너고, 다음 날은 펩 밴드에서 프렌치 호른을 불고 있구나.'

# 대학시절의 어린 형제들

프렌즈 대학 재학 중 리치는 비커와 함께 '어린 형제들'을 시작했다. 그들은 수도자들의 전통이었던 가난의 서약을 실천하며 사는 방법에 대해 곰곰이 생각했다. 언젠가 리치는 이렇게 말했다.

## 66 Rich...

나는 개신교에서 자랐기 때문에 성 프란시스를 전혀 알지 못했다. 나는 '성 프란체스코'라는 영화를 보고 큰 충격을 받았다. 영화에서 말하고자 하는 것은 하나님과 사랑에 빠진 한 남자, 즉 하나님이 전부인 사람이었다. 그 후 나는 프란시스에게 크게 매료되었다. 그 영화는 내가 무언가 할 수 있는 추진력이 되었다. 나는 프란시스와 프란체스코회의 운동(Franciscan movement)에 관한 책을 읽기 시작했고, 이런 의문이 들기 시작했다. '우리가 성경을 매우 진지하게 받아들인다면 어떨까?' 99

그는 성 프란시스 안에서 예수님의 가르침대로 살기 위해 노력하는 사람을 보았고, 리치는 자기가 사는 세상에서 프란체스코회의의 접근방식대로 살기 위해 애쓰고 있는 자신을 발견했다. 그는 계속해서 말했다.

## 66 Rich...

나와 비커는 프란체스코회의에 속한 사람들이 하는 전통적인 수도사의 서약에 대해 곰곰이 생각하고 있었다. 그것은 가난

(poverty), 순종(obedience), 순결(chastity)의 서약이었다. 그리고 우리는 다음과 같이 말하기 시작했다. "만일 네가 수도사가 아니라면 그것은 어떤 것일까?" 우리는 그것을 매우 구체적이고 넓은 뜻으로 생각하기 시작했다.

우리는 가난이, 당신이 가진 자원이 무엇이든 그것의 소유자가 되는 게 아니라 청지기가 되는 것이라는 것을 믿게 되었다. 그리고 중요한 것은 모든 게 하나님의 것이라는 것과 그는 우리를 자기가 준 선물을 지키는 청지기로 삼았다는 것을 깨닫는 것이다. 그래서 '좋아, 우리는 아무것도 소유하지 말자'라고 말하기보다 우리가 소유하는 모든 것을 하나님의 것으로, 그리고 자기 자신을 그것들을 관리하는 청지기로 보려고 노력했다.[13] **"**

결과적으로 리치와 비커는 그들의 재산을 하나로 합쳤고, 사람들에게 그들 사역의 감독으로 일해 달라고 부탁했다. 리치는 짐 더닝 주니어 *Jim Dunning Jr.*를 개인 회계사로 고용했다. 그는 짐에게, 들어오는 모든 수입을 관리하고 자기와 비커에게 용돈을 주라고 부탁했다. 용돈 외의 목적으로 들어오는 수입은 모두 기부하기로 했다.

시간이 지나면서 리치는 다른 몇 사람을 '어린 형제들'에 추가로 입회시키려고 했다. 그리고 미치 맥비커, 에릭 호크, 마이클 어코퍼가 뉴멕시코의 인디언 보호구역으로 이사를 왔다. 그들은 하던 일을 잠시 중단하고 리치와 함께 살고 여행하며 연주했다. 그들은 그들만의 프란체스코회의 공동체(Franciscan community)를 형성했다. 리치는 그들이 받은 용돈이 자기가 받은 용돈과 똑같은지 확인했고, 일상에서 단순하게 사는 방식을 가르쳤다. 그리고 매일 경건의 시간에 돌아가면서 성 프란시스의 글을 읽게 했다.

에릭 호크는 당시에 대해 다음과 같이 말했다. "리치는 자기가 먼저 본을 보임으로써 단순하게 살고 욕구를 넘어서며, 무엇을 얻을 수 있는지가 아니라 무엇을 줄 수 있는지를 생각하라고 도전을 주었어요. 그는, 제가 가진 모든 것은 살면서 만나는 사람들에게 나누어주라고 하나님이 주신 것이라고 가르쳤어요. 하나님께 받기 위해 세상에 태어난 것이 아니라 하나님께 받은 것을 주기 위해 태어난 것이라고 말이죠."

그리고 에릭은 그의 행동이 말보다 더 효과적으로 나타났던 때에 대해 다음과 같이 말했다. "한번은 우리가 페스트푸드 점에서 줄을 서고 있었는데, 우리 앞에 정말 가난한 가족이 서 있었어요. 리치는 그들과 대화를 하기 시작했고, 그들이 리치에게 마을에서 무슨 일을 하냐고 물었어요. 그는 그들에게 자기를 가수로 소개한 후에 콘서트를 한다고 했어요. 그리고 그들을 초대했고, 공짜로 들어가게 해주겠다고 말했어요. 그래서 그들은 콘서트에 왔고, 리치는 그들에게 맨 앞좌석 몇 개를 주었어요. 그 일이 그들에게 어떤 영향을 끼쳤는지 결코 알 수 없지만, 저에게는 분명 큰 영향을 끼쳤어요."

리치와 함께 돌아다니며 음악을 연주하는 것은 미치 맥비커에게도 큰 영향을 주었다. 그는 리치가 가르쳐준 모든 것을 매우 분명하게 알게 됐던 중요한 순간을 잘 기억하고 있다. "언젠가 우리는 차를 타고 그 당시 한참 인기 있던 앨버커키*Albuquerque*

지역을 지나가고 있었어요. 거기에는 멋진 극장과 서점, 카페가 즐비했어요. 그때 리치가 저를 보고 슬픔에 잠긴 목소리로 말했어요. '미치, 이 세상에 있는 것들은 절대로 우리를 만족시켜주지 못해.' 저는 항상 그 말을 기억할 거예요."

리치는 물질적 이익을 추구하고자 하는 욕구로부터 자유로웠기 때문에 경력을 쌓으려는 압박에 시달리지 않고 하고 싶은 일을 할 수 있었다. 그의 뮤지컬 '평야의 찬송가 Canticle of the Plains'는 철저한 노력의 결과였다. 음반사에 그것을 제작해야 한다고 확신을 주려고 애쓰는 대신 직접 전체 프로젝트의 제작비를 댔고, 그와 그의 동료 작곡가들은 CD판매 수익금을 자선단체인 국제구호기구에 기부하기로 동의했다.


# 거저 주어라


리치는 성 프란시스로부터 자기가 소유한 것들은 소유해야 할 것이 아니라 주어야 할 것이라는 것을 배웠다. 짐 더닝 주니어는 리치가 이렇게 하기 위해 재정을 어떻게 관리했는지를 설명했다. "그는 노동자들의 평균 임금을 받으면서 살고 싶다고 했어요. 그 당시 그의 노래는 라디오에서 나오고 있었고 앨범은 잘 팔리고 있었어요. 그래서 실제로 그 돈보다 몇 배나 많은 수입이 들어오고 있었어요. 그는 제게 돈을 얼마나 많이 벌었는지 알고 싶지 않다고 했어요. 그것을 알게 되면 돈을 기부하기가 더 힘들어질 거라고 했어요. 제가 놀랐던 것은 그가 일 년 동안 그 돈을 다 쓰지 않았다는 거였어요. 그가 죽었을 때 쓰지 않은 네 달치 월급이 남아 있었거든요."

리치는 자주 짐에게 전화를 걸어서 자기의 재정 상태에 대해서 물어 보았지만 자기를 위해 물건을 사려고 한 적은 없었다. 짐은 이렇게 말했다. "한번은 그가 전화를 해서 돈이 좀 있냐고 물었어요. 그래서 저는 '그럼요, 왜 뭐가 필요하세요?' 라고 말했죠. 그는 아이들을 여름 캠프에 보내기 위해 기금을 마련하고 있는 어떤 선생님을 만났다고 말했어요. 그리고 그 선생님을 돕기 위해서는 3천 달러 정도가 필요하다고 했지요. 그리고 그는 그 정도의 돈이 있냐고 물었어요. 그는 그것보다 얼마나 더 많은지는 알고 싶어 하지 않았어요. 그래서 저는 단지 그렇다고 대답했고, 그는 그 돈을 그 사람에게 보내주라고 했어요. 그리고 저는 그렇게 했고요."

## 가난은 영적인 것인가

리치는 성 프란시스를 존경했다. 그러면서 그는 자기가 말한 대로 프란체스코회의의 가난의 서약을 청지기 직분이라는 더 넓은 상황에서 생각해보기로 결정했다. 리치는 가난한 것이 부유한 것보다 더욱 영적이라는 것을 믿지 않았다. 그는 물질을 소유하는 일에 집착하지 않고 그것을 줄 수 있을 만큼 충분히 자유로운 사람이 되는 것을 목표로 삼았다. 그는 가난하게 사는 것이 이상적이라는 생각에 빠져 있었지만, 그의 삼촌 딕 루이스는 그에게 중요한 교훈을 가르쳐주었다. 리치는 그것을 다음과 같은 방식으로 말했다.

## 66 Rich...

음악 산업에 종사하기 전에 저는, 비참하고 괴로울 정도로 가난한 삶을 살기로 결심했어요. 그때 삼촌이 다음과 같이 말씀하셨어요. "너는 가난하게 사는 것을 매우 자랑스럽게 생각하는데, 가난이 뭐가 그리 대단하니? 네가 조금만 더 부지런하고, 조금만 더 검소하다면 훨씬 더 잘 살 거야. 네가 가난한 사람들을 정말로 걱정한다면, 네가 가난하게 사는 것은 그들에게 별 도움이 되지 않을 거야. 다만 너는 양심의 가책을 덜 수 있겠지. 가난한 사람들이 정말로 걱정된다면 나가서 돈을 벌어 그들을 위해서 써라.[14]" 99

어느 정도까지 리치는 정말 그렇게 했다. 그는 음악 산업에서 돈을 벌어 수없이 많은 사람들과 교회, 선교 단체를 지원했다.

리치는 진정으로 헌신하는 기독교인이 되려면 가난해져야 한다는 생각을 가지지 않았다. 그는 하나님이 우리에게 적당한 양의 물질을 주실 거라는 결론을 내리게 되었다. 단순함은 올바른 자세다. 그것은 우리가 필요한 것을 가지고 즐기되 그것에 빠지지 않고 그것에 대해 하나님을 찬양하는 것이다. 그것이 그가 선택한 삶이었다.

리치는 좋은 것을 소유하는 것을 반대하지 않았다. '부랑아의 일기 안팎에서In and Out of a Ragamuffin Diary'라는 기사에서 인용한 잡지의 도입부에 그는 다음과 같이 썼다. '나는 오늘 아무리 생각해도 내가 소유하기에는 너무 과분한 매우 좋은 첼로를 샀다. 오늘은 수업료와 첼로에 돈을 모두 썼다. 하루 종일 돈을 쓰면서 지냈고, 그 결과 오히려 돈과 아무 상관없는 최고의 삶을 살 수 있다고 절실히 느꼈다."[15] 그는 부유한 것은 절대 잘못이 아니라고 생각했다. 동시에 그는 가난을 삶의 방식으로 추구하는 것의 잠재적인 위험성에 대해서도 잘 알고 있었다.

리치가 사람들에게 잘 알려진 복장(누더기 같은 청바지, 티셔츠, 맨발)을 선택한 것은 분명 그의 경제적 상황을 나타내는 게 아니었다. 그는 더 좋은 옷을 살 수 있는 여유가 있었다. 그는 청중에게 편안하게 느껴지고 싶었기 때문에 그렇게 입었다. 그러나 심지어 그렇게 입었을 때에도 잠재적으로 위험하다는 것을 알아차렸다. 캐시 스프링클은 다음과 같이 말한다. "구멍투성이인 청바지에 관해 재미있는 사실은, 리치가 죽기 전 약 2년 동안에는 청바지를 입지 않았다는 거예요. 그는 이따금 더 좋은 옷을 입곤 했어요. 내가 그것에 대해 물으니까 그는 이렇게 대답했어요. '가난에 대해 자부심을 느끼는 것은 부에 자부심을 느끼는 것과 똑같이 사악한 것이기 때문이에요.'"


# 8 평방피트

결국, 리치는 거의 아무것도 남기지 않은 채 세상을 떠났다. 그가 항상 말했던 떠날 때의 모습 그대로다. 짐 더닝 주니어는 이렇게 말했다. "그의 재정을 관리하면서 다음과 같은 사실을 알게 되었어요. 그는 어떤 것도 팔지 않았고 단지 그것들을 거저 주었다는 거예요. 그는 자동차, 책, 옷 등 모든 것들을 그냥 주었어요. 그가 죽은 지 6주 후에 우리는 그의 소유물을 챙겨 가족에게 주려고 인디언 보호구역에 갔어요. 그곳으로 이주할 때 그는 20피트짜리 트럭에 짐을 싣고 갔었어요. 하지만 그가 죽었을 때 그의 소유물은 그 트럭의 반도 채 차지 않았죠. 우리는 임시로 그 물건들을 가로 8인치, 세로 10인치인 사물함에 보관했어요. 내 고객 중에 리치보다 돈을 적게 버는 고객들이 있는데 700평방피트 되는 집에 물건을 가득 채우고 살아요. 그런데 리치는 평생 고작 8평방피트에 들어갈 재산밖에 없었죠."

리치는 사도 바울과 똑같은 정신을 소유했다. 바울은 말했다. '어떠한 형편에든지 나는 자족하기를 배웠노니 나는 비천에 처할 줄도 알고 풍부에 처할 줄도 알아 모든 일 곧 배부름과 배고픔과 풍부와 궁핍에도 처할 줄 아는 일체의 비결을 배웠노라 내게 능력 주시는 자 안에서 내가 모든 것을 할 수 있느니라'(빌4:11~13) 리치는 그 비결을 알았다. 그는 비천해지는 것이 어떤 것이고 풍부해지는 것이 어떤 것인지를 알았다. 그는 자기가 진정으로 찾는 것을 주시는 그리스도를 통해 모든 것을 즐기는 방법을 배웠다. 그의 '한 가지 것'은 바로 그리스도였다.

지금 리치는 세상 대신 천국에 쌓아 두었던 보화를 누리고 있다. 나는 천국에 쌓은 보화가, 변화될 수 있게 우리가 도와준 사람들이라고, 다른 사람들의 유익을 위해서 우리가 자신을 아낌없이 준 순간이라고, 그리고 곤궁에 처한 누군가를 도와주기 위해 우리가 거저 준 물건들이라고 들었다. 이 말이 진실이라면 리치는 지금 매우 부유한 사람이다.

## ✱ 묵상을 위한 질문

1. 당신은 왜 이렇게 우리 문화가 돈에 매혹되어 있다고 생각하는가? 세상이 부에 대한 욕구에 의해 내몰린다는 것을 입증하는 예로는 어떤 것들이 있는가?

2. '나의 한 가지 것'의 가사를 읽어보라. 당신에게 어떤 소절이 가장 의미 있는가? 그 이유를 설명해보라.

3. 돈이나 물질적인 소유물을 보는 방법이라는 관점에서 당신을 어떻게 설명할 것인가? 가령 나는 할 수 있는 한 많이 벌고, 할 수 있는 한 많이 사려고 노력한다, 나는 좋은 것들을 소유하는 것을 좋아한다, 나는 그것을 가지거나 버릴 수 있다, 나는 돈이나 물질적인 소유물에 그다지 관심이 많지 않다, 나는 그것들을 즐기지만 내게 가장 중요한 것은 아니다 등. 이에 대해 설명해보라.

4. 당신이 다니는 교회의 지도자는 돈에 대해 어떻게 말하는가? 그들은 부자가 되는 것이 하나님의 축복의 표시라고 말하며, 부자가 되라고 격려하는가? 그들은 자유로워지기 위해 재물을 쌓지 말라고 격려하는가? 그들은 교회나 가난한 사람들에게 기부하라고 격려하는가? 7장을 읽은 후에 당신이 다니는 교회의 지도자들이 가르치는 것이 어떻다고 생각했는가?

5. 리치는 재산을 소유하고 싶다는 소망에서 뿐만 아니라 성공하

고 싶다는 소망으로부터도 자유로울 수 있었다. 성공하고 싶다는 소망에 비추어 당신을 돌아보라. 7장은 당신이 알고 있던 성공한 사람의 의미에 어떤 영향을 끼쳤는가?

❋ 생각과 연습

• 주말 동안 재물을 쌓지 않는 것에 대해 생각해보라. 집안을 둘러보고 필요 없는 것이 있는지 살펴보라. 그런 것들을 가난한 사람들이나 구세군, 다른 기관에 주어라.

• 7장에서는 우리는 심지어 우리가 싫어하는 사람들을 감동시키기 위해 필요 없는 것을 산다고 했다. 다음에 무엇을 살 때에는 이것을 떠올려보라. '이것이 정말로 필요한가 아니면 내 위치를 높여주기 때문에 사는 것인가?'

• 당신은 어떤 재능을 가지고 있는가? 당신은 그것이 하나님으로부터 받은 선물이라고 생각하는가? 오늘을 살면서 그것을 다른 사람을 섬기고 축복하는 수단으로 사용해보라.

*Growing Young :*
*Dealing with Sin and Temptation*

집에서 멀리 떠나
세상이 어떤지 보고 매우 많은 비밀을 알게 되었다
그 비밀을 몰랐으면 좋았을 텐데
그 비밀이 내 마음 속에 슬며시 들어와서
내 마음을 차갑고 컴컴하게 만들고
피를 흘리게 했기 때문이다
피가 흐르고 마음이 산산이 부서진다
- '젊어지기' 중에서

# 어디에나, 누구에게나
# 유혹은 있다

세인의 주목을 받는 사람들 중 리치처럼 죄와 유혹이 자신을 덮쳤다고 정직하게 고백한 사람은 거의 없다. 그는 콘서트 같은 매우 공식적인 무대에서도 자신이 종종 유혹에 맞서서 싸우고, 종종 실패한다고 말했다. 그 이야기가 아무리 사람들을 당황스럽게 할지라도 리치는 자기가 아닌 다른 사람처럼은 행동할 수 없었다.

**❝ Rich...**
그때 나는 암스테르담에 있었고 주변은 온통 죄로 가득했다.

나는 몇 년 동안 굉장히 모범적으로 살았지만(사실 소중한 삶을 위해서라면 누구나 그래야 하지만), 갑자기 이런 생각에 사로잡히고 말았다. '이틀 밤 정도 재미있게 지내면 안 될까? 아무도 모를 거야.' 다행히도 나는 친구 (그리고 동료 밴드 멤버인) 비커와 함께 여행하고 있었고 비커는 내게 책임감 있는 행동을 기대하고 있었다. 그래서 나는 나를 유혹하는 어떤 일도 할 수 없었다. 하지만 하루 동안 도덕심을 버리고 싶은 유혹을 느꼈다는 것은 부인할 수 없었다.

며칠 후 우리는 독일의 어느 기차역에 앉아 있었다. 나는 영어를 하는 사람이 없을 거라는 생각으로 기차역 벤치에 앉아 유혹에 대한 솔직한 마음을 털어놓았다. 그런데 갑자기, 어떤 사람이 아는 척을 하며 이렇게 말했다. "실례합니다만, 혹시 리치 멀린스 씨 아니신가요?"

나는 그렇다고 해야 할지 아니라고 해야 할지 몰라서 잠시 머뭇거렸다. 그러면서 속으로는 좀 전에 내가 무슨 말을 했는지 기억을 더듬어봤다. 그러나 곧 '아무럼 어떠냐'는 생각이 들었다. 우리는 영적으로 존경받는 사람들을 볼 때, 그들이 유혹에 흔들리지 않는 경지에 올랐을 거라고 생각한다. 그러나 진실은 다르다. 우리의 믿음은 시간이 흐르면서 더욱 강해질지 몰라도 유혹은 결코 사라지지 않는다. 내 나이 스무 살 때, 나는 내가 마흔 살이 됐을 때도 유혹에 흔들릴 거라고는 상상조차 하지 못했다. 지금 유혹에 흔들리면서도 예순 살 때 여전히 유혹을 받을 거라고 상상할 수 없는 것처럼.[1] **"**

어디에나, 누구에게나 유혹은 있다

리치는 암스테르담에서 수많은 유혹과 싸우면서 '예수님 날 잡아주세요(Hold Me Jesus)' 라는 노래를 썼다. 그는 자신이 죄의 유혹을 받았고 그것과 힘겨운 싸움을 벌이고 있다는 사실을 아무 거리낌 없이 말했다. 인간은 누구나 유혹에 맞서 싸운다는 것을 알았기 때문이다. 물론 대부분의 사람들이 자신은 아니라고 말하지만 말이다. 그는 '훌륭한 기독교인들은 유혹을 받지 않는다' 는 생각이야말로 가장 해롭다고 말한다. 그는 늘 그 환상을 깨고 싶었다.

## 66 Rich...

많은 사람들이 성직자, CCM 가수, 그리스도와 기독교에 대해서 얘기하는 사람들은 유혹에 흔들리지 않을 거라고 생각해요. 하지만 그것만큼 잘못된 생각이 있을까요? 저는 그것에 대해서 오랫동안 숙고했고 '아이고, 30대 중반이 되면 너무 늦어서 어떤 것에도 미혹되지 않을 거야' 라고 생각했어요. 그러나 실제로 살아 있는 한 유혹은 계속 돼요. 그래서… 저는 단지 '내가 유혹을 잘 이겨낼 수 있을까? 항상 거의 유혹에 빠질 뻔하는데 성스럽게 살 수 있을까' 라는 의구심을 가졌죠. 하지만 그때 불현듯 주님이 바울에게 "내 은혜가 네게 족하도다" 라고 하신 말씀이 생각났어요. 99

리치는 다른 사람들처럼 영과 육 사이에서 싸워야 했다. 리치의 동생 로이드는 그에 대한 아주 특별한 기억을 떠올렸다. 어느 날 리치가 자기와 데이비드를 데리고 잠깐 드라이브를 하러 나갔다고 한다. 그때 리치는 열일곱 살이었지만 그리스도 중심의 생활을 하려고 열심히 노력하고 있었다. 그런데 몇 킬로미터도 채 못 가서 차가 그만 멈춰 서고 말았다. 리치는 뒷좌석에서 서로 싸우고 있는 동생들에게 시동이 걸리도록 기도할 테니까 조용히 하라고 말했다.

그는 몇 분 동안 기도한 후 믿음으로 자동차 열쇠를 돌렸다. 그러나 시동은 걸리지 않았다. 갑자기 리치가 핸들을 치면서 욕설을 내뱉기 시작했다. 그 모습을 보고 있던 로이드와 데이비드는 뒷좌석에서 킥킥거렸다. 곧이어 다시 기분을 가라앉힌 리치가 이렇게 말했다. "다시 기도해야 하니까 조용히 해." 그는 잠시 동안 기도했고 다시 시동을 걸었다. 그런데 이번에도 차는 움직이지 않았다. 오, 맙소사. 리치는 분노로 고함치기 시작했다. 그리고 차에 시동이 걸릴 때까지 기도하고 욕설을 내뱉는 일을 끊임없이 반복했다. 로이드는 그때 일을 떠올리면서 이렇게 말했다. "형을 생각하면 이 사건이 항상 먼저 떠올라요. 그는 거룩해지는 동시에 불경해질 수도 있었죠."

어릴 때 리치는 죄를 짓느냐 안 짓느냐가 믿음을 측정하는 척도라고 믿었다. 그러나 조금 더 성숙해졌을 때 다음과 같은 사실을 깨달았다. 믿음은 죄와 관계된 게 아니라, 믿음의 씨앗을 내려주신 하나님의 넘치는 은혜라는 것을.

또한 그는 죄와 맞서 싸우는 방법은, 죄를 안 짓기 위해 노력하는 게 아니라 예수님을 받아들이고 그에게 달려가는 것임을 배웠다. 그는 말했다. "저는 항상 부모님이 죄를 짓지 않는 이유는 나이가 많기 때문이라고 생각했어요. 그러나 암스테르담에서 살 때 제 나이 역시 부모님 나이 못지않았죠. 그런데도 유혹은 계속됐어요. 사람들은 언젠가 유혹에서 벗어날 거라고 생각하지만 사실은 그렇지 못해요.[3]" 물론 유혹은 결코 사라지지 않는다. 그러나 그것보다 더 중요한 것은 예수님이 결코 우리를 버리시지 않는다는 사실이다.

## 죄는 값싼 감상이다

죄는 처음에는 몹시 매력적으로 보인다. 리치 역시 '이틀 정도는 나쁜 짓을 해도 되지 않을까? 그럼 정말 재미있을 텐데' 라고 생각했을 정도로. 즐겁지 않은 일을 하고 싶은 사람이 어디 있을까. 하지만 중요한 것은 죄가 매우 치명적이라는 사실이다.

누구든지 "죄를 지은 후에, 정말로 기뻤어요"라고 고백한 사람은 없다. 죄는 실제로 좋은 게 아니다. 하나님이 죄를 멀리하라고 말씀하신 이유는, 죄에 강력한 중독성이 있기 때문이다. 우리는 무질서한 세상의 폐허 속에서 살고 있다. 이 세상에는 죄를 옹호하는 사람이 많지만 방어하는 사람은 없다. 죄의 속성은 본래 파괴적이지만 우리를 유혹하기 위해서 즐거움의 가면을 쓰고 있다. 지금 널 즐겁게 해주겠다, 앞으로 계속 황홀하게 해주겠다고 속삭이며 우리가 미끼에 걸려들 때까지 우리를 유혹한다. 그러나 리치는 죄가 파괴적이며 값싼 감상이라는 사실을 잘 알고 있었다. 그와 비커가 만든 노래 '기다림(Waiting)'에서 그는 유혹의 본질을 이렇게 설명했다.

수많은 음성이 속삭일 때
달이 골목길이나 거리 위에
드리우는 그림자 속으로
내가 떠나야 한다고 그들이 말한다
하지만 그림자는 어떤 곳으로도 데려가줄 수 없다는 것을 안다
나도 그곳에 가본 적이 있기 때문이다.


　　　수많은 음성이 우리에게 속삭인다. 하나님을 떠나서 어둠 속
으로 들어가라고 말이다. 하지만 경험을 통해, 리치는 그 속삭임
이 '어떤 곳으로도 데려다주지 못한다' 는 것을 배웠다. 그는 그
곳에 가본 적이 있기 때문에 이미 잘 알고 있었다.
　　　'젊어지기(Growing Young)' 라는 노래에서 리치와 비커는 죄
가 어떻게 사람에게 해를 입히는지 설명했다.

## 젊어지기

집에서 멀리 떠나
세상이 어떤지 보고 매우 많은 비밀을 알게 됐다
그 비밀을 몰랐으면 좋았을 텐데
그 비밀이 내 마음 속에 슬며시 들어와서
내 마음을 차갑고 컴컴하게 만들고

피를 흘리게 했기 때문이다

피가 흐르고 마음이 산산이 부서진다

그리고 모두들 내게 다 큰 사람이 왜 우냐고 말하곤 했다

나는 수많은 탕자들의 눈물을 감추게 만들었던 그 말이

거짓말이라는 것을 알 만큼 충분히 돌아다녔다.

이제 우리는 더 이상 아이가 아니고 우리는 죄를 지었고

(영적으로) 늙어버렸다

우는 아들이 그의 품으로 달려오는 것을 보기 위해서

그리고 그 아들이 (영적으로) 젊어지는 모습을 보기 위해서

우리 아버지께서는 여전히 길 아래를 내려다보며

기다리고 계신다


은이 부스러기가 된 것을 본 적이 있다

최상의 상태도 본 적이 있다

그러나 지금은 그것들이 가치 없다는 것을 안다

그리고 내 아버지의 집이 기억난다

지금은 갈 수 없는 곳

단지 아버지를 보고 그가 나를 매우 사랑한다는 말을 듣고 싶다


그리고 내가 완전히 혼자라는 생각이 들었을 때

내게 집으로 돌아오라고 말씀하신 분은 당신이었다

그리고 이제 주님이

나를 그렇게 오래 기다리게 한 이유가 무엇인지

그리고 당신이 항상 나를 기다린 이유가 무엇인지 궁금하다

당신의 사랑이 나의 어리석은 교만함보다 강했던 걸까?
당신은 나를 다시 데리고 갈 것이다, 나를 다시 데리고 가서
당신의 자녀로 삼을 것이다
나는 지금 부서졌기 때문에 구원받았다
나는 우는 법을 배웠고 기도하는 법을 배웠다
그리고 나는 배우고 있다, 심지어 나 같은 사람도 변할 수
있다는 것을 말이다

그리고 모두들 내게 다 큰 사람이 왜 우냐고 말하곤 했다
나는 수많은 탕자들이 눈물을 감추게 만들었던 그 말이
거짓말이라는 것을 알 만큼 충분히 돌아다녔다.
이제 우리는 더 이상 아이가 아니고 우리는 죄를 지었고
(영적으로) 늙어버렸다
우는 아들이 그의 품으로 달려오는 것을 보기 위해서
그리고 그 아들이 (영적으로) 젊어지는 모습을 보기 위해서
우리 아버지께서는 여전히 길 아래를 내려다보며
기다리고 계신다



   어떤 사람들은 이렇게 말한다. "죄가 뭐가 그렇게 잘못됐죠?
당신네 기독교인들은 너무 억압적이에요!" 그들이 알지 못하는
진실이 있다. 기독교인이든 비기독교인이든 누구든지 간에 죄를
짓는 것은 일종의 '판도라의 상자'를 여는 것과 같고, 그런 후에
는 누구든 그 결과를 짊어져야 한다. 죄를 지으면 삶이 힘들어진

다. 우리가 하나님의 용서를 구하고 용서를 받았을지라도 우리가 저지른 행동에 대한 결과는 지울 수 없다. 차라리 '상자를 열지 않았더라면' 하고 후회하는 날이 올 것이다. 그러나 그때는 상자를 닫을 수도 없고 그 상자가 사라지기를 바랄 수도 없다.

---

유혹을 물리치려고 애쓰는 사람만이 유혹이 얼마나 강한 것인지 안다. 정말 나쁜 사람들은 자신이 얼마나 나쁜지 모른다. 그들은 항상 죄에 굴복함으로써 온실 속의 화초 같은 삶을 살았다. 사악한 욕구에 맞서 싸우기 전까지 우리는 결코 우리 안에 숨겨져 있는 사악한 기운을 발견하지 못한다. 그리고 그리스도는 유혹에 굴복하지 않았던 유일한 분이셨다. 그렇기 때문에 유혹이 무엇을 의미하는지 충분히 아셨던 분이기도 하다. 그 분은 유일하게 철저한 현실주의자다.

· C. S. 루이스 ·

---

우리는 그 결과를 영원히 짊어진 채 살아갈 수밖에 없다. 한 순간의 쾌락을 즐기다가 그것 때문에 평생 고통스러운 삶을 살 수 있다. 노리치의 레이디 줄리안은 이렇게 말했다. "죄는 실체가 없다. 오직 죄로 인해 나타나는 고통을 통해서만 죄를 알 수 있다." 리치는 이 말이 무슨 뜻인지 잘 알고 있었다. 그는 한 인터뷰에서 다음과 같이 말했다.

## ❝ Rich...

내 20대는 매우 불안정했어요. 그 시기 내내, 내 뜻을 굴복시키고자 하는 의지와 내 뜻을 고집하려는 의지 사이에서 폭풍 같은 싸움이 일어났거든요. 저는 "하나님, 당신이 주님이고, 제가 당신이 아니라서 감사해요. 제 생각에 저는 매우 가혹한 주님이 됐을 것 같거든요"라고 말하다가도 "네, 하지만 저는 지금 제 방식대로 이 일을 하겠어요. 하나님, 당신을 사랑하지만 저는 제 방식대로 하겠어요. 그러니까 저를 오랫동안 무시하고 계세요"라고 말하곤 했어요. 항상 그 두 가지 사이에서 갈팡질팡했죠.

다 아는 사실이지만 오랫동안 그런 상태에 있으면, 다시 말해서 몇십 년 동안 불가능한 일을 해결하려고 애쓰다보면, 어떤 시기에 갑자기 그 상태에서 벗어나게 마련이에요. 하지만 그러기 전까지 하나님께서 막아주고 싶어 하셨던 모든 종류의 해를 입어요. 그리고 그 시기가 끝났을 때 이렇게 말하죠. "오! 당신께서 제게 믿음으로 살라고 하셨을 때 그 말씀을 거절해서 죄송해요. 이제는 왜 그렇게 살라고 하셨는지 잘 알아요. 이제는 제가 이유를 묻지 않고 그 말씀에 순종했으면 좋겠어요.⁴" ❞

우리는 나이가 들면 유혹이 줄어든다고, 사역을 하거나 믿음이 신실한 사람들은 유혹과의 싸움이 쉬울 거라고 생각한다. 그러나 하나님을 사랑하고 성실한 신앙인이 되기를 갈망하는 사람들조차 죄가 주는 잠깐 동안의 즐거움에 빠지고 싶을 때가 있다. 자기가 신이 되어서 자신의 행동을 결정하고, 좋을 대로 하고 싶은 욕망에 끊임없이 시달릴 수 있다. 하지만 우리는 경험을 통해서 이것이 헛된 일이라는 것을 배웠다. 우리는 하나님께서 우리를 벌주거나 시험하시려고 계명을 주신 게 아니라, 우리의 유익을 위해서 지혜를 내려주셨다는 것을 깨닫는다.

하나님이 우리에게 계명을 주신 이유는, 우리가 해를 당했을 때 구원하시기 위해서다. 우리는 실수를 통해 배운다. 이유를 묻지 않고 하나님의 말씀에 순종하기 위해서는 그 전에 몇 가지 실수를 저질러봐야 한다. 그 과정을 겪고, 마침내 하나님의 모든 말씀과 의도를 이해하게 되면 하나님의 명령을 숨 쉬는 것만큼이나 자연스럽게 지키게 될 것이다. 그때가 되면 하나님의 사랑을 잃을까봐 두려워하거나, 우리가 무슨 짓을 하든 결국 은혜로 구원받을 것이라며 방만하게 행동하지 않을 것이다. 그 대신 죄는 정말로 사악하고 죄를 짓지 않으면 우리의 삶이 헤아릴 수 없이 좋아진다는 점을 깨닫게 된다. 우리가 믿음으로 성숙해질 때 "나는 죄를 지을 수 있지만 의도적으로 죄를 짓지는 않을 거야. 그리고 그것을 아쉬워하지도 않을 거야"라고 말할 수 있게 된다. 그것이 영적인 성숙이다.

왜 우리는 교만, 질투, 분노, 정욕, 게으름, 탐욕, 탐식을 일곱 가지 대죄라고 부를까? 그 이유는 단 하나뿐이다. 그것들이 인간의 영혼에 치명적인 상처를 남기기 때문이다. 리치의 친구이자 고해 신부인 매트 맥기니스 신부는 다음과 같이 말했다. "이 세상은 우리에게 일곱 가지 대죄를 보여주고 그것이 삶의 실제적이고 현실적인 부분이라고 말합니다. 그러나 실제로 그것들은 우리가 키우는 짐승이에요. 리치는 그것들을 쇠약하게 만들기 위해 다른 사람들보다 더 열심히 노력했어요."

그러나 가끔 죄는 우리를 성숙하게 만들기도 한다. 아담과 하와의 이야기를 떠올려보자. 그들이 타락하기 전의 삶을 떠올려보자. 너무도 풍족하고 평화로워서 그 정보만 가지고서는 그들이 영원히 살 거라고 추측할 수밖에 없다. 그러나 실제로 그들은 몇백 년밖에 살지 못했다. 그리고 그들이 죽은 후 각 세대는 좀더 빨리 죽는 것처럼 보인다. 리치는 이것을 죄와 연결시켜 생각했다. 즉, 죄는 우리를 육체적으로 파괴시키고 우리의 몸을 썩게 한다는 것이다. 그렇기 때문에 그는 자신의 노래 제목을 '젊어지기'로 정한 것이다. 우리는 죄를 지으면 늙는다. 그리고 회개하면 젊어진다.

## 악마의 진짜 목표

하나님이 우리에게 가장 바라시는 게 뭘까? 아마 대부분의 사람들은 "우리가 거룩해지는 것이요. 우리가 죄를 더 적게 짓는 것이요"라고 말할 것이다. 그러나 리치는 이 말에 동의하는 대신 이렇게 말할 것이다. "그는 우리가 자기 사람이 되길 바라세요." 그의 트레이드마크가 된 사인은 '하나님의 사람이 되세요'였다. '선한 사람이 되세요'가 아니라 '하나님의 사람이 되세요'였다. 물론 하나님과 밀접한 관계를 맺고 나면 누구나 선한 사람이 되겠지만 그것은 부수적인 문제다. 천국에 가면 원래 선했던 사람들이 중요한 위치를 차지하게 될까? 완벽하게 선한 사람이 되는 게 중요할까? 아니다. 가장 중요한 것은 우리의 삶을 하나님께 드리는 것이다.

이것을 이해하게 되자마자 리치는 죄를 감시했던 눈을 돌려 하나님을 바라봤다. 그는 이 과정을 이렇게 설명했다.

## 66 Rich...

나는 모든 종류의 죄들, 즉 자기비하, 자기애(이기심), 자기본의적 행위, 알콜, 다른 중독을 속속들이 경험했다. 그리고 수차례 그런 유혹을 피하는 데 실패했다. 하지만 정말 악마가 그런 것들에 신경쓴다고 생각하는가? 우리가 죄를 저지르게 하는 게 최후의 목표라고 생각하는가? 그렇지 않다. 악마가 원하는 것은 우리가 죄를 짓게 만드는 게 아니라, 하나님과 떨어져 살고, 하나님에게서 멀어졌다고 느끼게 만드는 것이다. 이제 나는 악마가 무엇을 탐내는지 안다. 그것은 우리가 하나님의 자녀임을 알고 있는 그 마음, 그 믿음이다. [5] 99

우리 원수의 목표는 우리가 사랑 받지 못하고 있다는 거짓말을 받아들이게 하는 것이다. 그럼으로써 하나님과 우리의 관계를 파괴시키는 것이다. 이상하게 들릴지 모르겠지만, 죄 자체가 사람에게 해를 입힐지라도 사실 죄 자체는 중요한 문제가 아니다.

---

유혹이 피어오르기 시작한다. 그것은 바람이다. 그것은 당신을 파괴

한다. 그것은 파도가 넘실거리는 바다다. 그때 그리스도를 깨워서 그가 당신에게 한 말을 떠올려라. '이이가 어떠한 사람이기에 바람과 바다도 순종하는가 하더라'

· 성 아우구스티누스 ·

———————  ————————

함께 리치의 앨범을 작업했던 빌리 크로켓은 이런 말을 남겼다. "우리는 항상 말썽을 피하고자 하는 종교적인 문화 속에서 살았어요. 하지만 우리는 리치 안에서 다른 사람을 봤어요. 그의 충성심은 죄를 짓지 않는 것보다 훨씬 더 위대한 것을 향해 있었어요. 그의 삶은 항상 더욱 위대한 사실을 나타내고 있었어요."

악마는 죄를 통해서 우리의 믿음을 파괴시키려고 노력한다. 악마는 속삭인다. "이봐, 너는 실패자야. 하나님은 결코 너를 사랑하시지 않아. 너는 그의 사랑을 받지 못할 죄를 지었어. 너는 다신 죄를 짓지 않겠다고 약속해놓고 또 다시 죄를 지었어. 너는 하나님을 실망시켰고 그는 너 때문에 화가 났어. 그냥 도망치는 게 최선이야." 악마의 소망은 우리와 하나님의 사이가 멀어지고 그와의 관계가 소원해지는 것이다.

우리가 실제로 관심을 기울여야 할 것은 죄를 다루는 방법이다. 생각해보자. 죄를 지은 후 우리는 어떻게 행동해야 할까? 고통과 죄의식을 없애려고 더 많은 죄를 짓고 하나님으로부터 점점 멀어질 것인가? 아니면 죄를 지었기 때문에 하나님께로 나아가 도움을 청하고 그의 자비를 구하고 그에게 점점 더 가까이 가고 그의 힘에 점점 더 의지하며 살아야 할까? 답은 정말이지 너무도 분명하다.

죄를 지은 바로 다음 순간, 우리는 '완전히 혼자가 된' 느낌에 시달리면서 천국을 지키는 개가 냉혹하게 우리를 향해 짖는 것을 느낀다. 그러나 그 후 다시 집으로 오라고 부르는 그의 음성을 듣는다. 물론 왜 회개해야 하는지 의문이 들 수도 있다. 그러다가 그에게로 돌아가는 일에 실패했을 때 돌연 깨닫게 된다. 그때조차 하나님은 우리를 포기하지 않으셨다는 것과 그의 사랑은 우리의 자존심보다 더 강하다는 것을. 그 모든 증거를 몸소 보여주면서 항상 우리를 기다리고 있었다는 것을.

리치는 하나님께 기꺼이 도움을 구하는 것이야말로 유혹과의 싸움에서 이기는 최고의 방법이란 걸 깨달았다. 우리는 "예수님!"이라는 한 마디 말로 이 세상과의 싸움에서 이길 수 있다. 예수님을 외쳐 부를 때 악마는 도망간다. 리치는 그의 이름을 부르면 마음속에서 휘몰아치던 폭풍이 잠잠해진다는 것을 깨달았다. 그리고 그것이 그가 다음의 노래를 썼던 이유다.

 예수님 날 잡아주세요

때때로 삶은 너무나 이치에 맞지 않아요
저 산들도 크게 보이는데 비해
내 믿음은 너무나도 작게 보이거든요

그러니, 예수님 날 잡아주세요 난 잎새처럼 떨고 있어요
당신은 내 영광의 왕이 되어주셨죠

내 평강의 왕자가 되어주세요
한밤중에 일어나 어둠을 느낄 때
다짐한 나의 영혼 안에 뭔가 뜨거운 통증이 있었어요
분명 나의 마음 안에 상처가 있었어요

굴복하는 것은 내게 자연스럽지 않아요
당신이 내게 준 것을 취하기보다
내가 정말로 원하지 않는 것에 집착해 오히려 당신과 싸우곤 하죠
그리고 저는 그동안 불가능한 일을 시도했어요
이제 무릎을 꿇고 있어요

구세군이 이 찬송가를 연주하는 소리를 들었을 때
당신의 은혜가 깊게 울려 퍼졌죠
내 저항은 너무나 얇게만 느껴졌어요

그러니, 예수님 날 잡아주세요 난 잎새처럼 떨고 있어요
당신은 내 영광의 왕이 되어주셨죠
내 평강의 왕자가 되어주세요


  악마는 초대하지 않았음에도 불구하고 우리를 찾아온다. 하
지만 악마보다 더 위대한 세력가가 떠나라고 명령하면 악마는
쏜살같이 떠난다. 당신과 내게는 그럴 힘이 없다. 악마는 오직
그가 명령할 때만 떠난다. 그러나 우리는 그와 강하게 연결되어
있다는 것을 안다. 우리가 예수님께 부탁할 때 우리는 하나님의

어디에나, 누구에게나 유혹은 있다

힘을 받아서 실제로 사용하게 될 것이다. 유혹에서 이길 수 있도록 도와달라고 예수님께 간청하는 게 다른 사람들의 눈에는 연약하게 보일지 몰라도 그것은 악마를 두렵게 만든다. 그리고 악마는 그게 자신을 파멸시킨다는 것을 알고 있다.

　죄에서 굳이 가치를 찾자면, 그것이 우리가 하나님께 더 가까이 갈 수 있도록 도와주기도 한다는 점이다. 빌리 스프레그는 이렇게 말했다. "우리는 모두 양면적인 성격을 지니고 있어요. 우리는 영으로 충만해지기도 하고 육으로 쇠약해지기도 하죠. 하지만 리치는 평생 죄와의 싸움을 멈추지 않았어요. 죄를 짓지 않기 위해 한평생 노력했죠. 그런 노력은 그의 노래에도 잘 나타나 있어요. 그런 긴장감은 그를 앞으로 나아가게 했고, 믿음을 향해 더욱 전진하게 만들었어요."

　리치의 동생 데이비드의 말이다. "그는 종종 이렇게 말하곤 했어요. '왜 하나님은 내가 죄를 짓지 못하도록 막지 않으실까? 죄를 짓고 싶은 마음 자체를 없애버리시면 될 텐데. 그는 그렇게 할 수 있을 텐데.' 하지만 하나님은 리치를 있는 그대로 놔두셨어요. 아마도 그는 죄와의 싸움을 통해 리치가 자기에게 더 가까이 다가오리라는 걸 아셨던 것 같아요." 리치는 죄가 하나님의 자비를 갈구하게 만들었고, 자신의 나약함을 알도록 했다는 점에 동의했다.

　하나님은 우리를 그냥 내버려둔다. 죄를 지으려고 하면 죄를 짓게 내버려둔다. 헛된 집착과 어리석은 교만에 휘둘리는 우리를 부수기 위해 우리를 죄 가운데 놔둔다. 그리고 우리가 다시 그에게 돌아갈 때까지 기다린다. 하나님은 우리가 지치고 고통스러워할 때까지 우리가 죄를 짓도록 내버려두신다. 그래야만 돌아온 탕자처럼 마침내 젊어지기를 원하게 되고, 결국 집으로 다시 돌아온다는 것을 그는 알고 있다.

## 두려움 없는 삶

집에 돌아가려면 죄를 고백해야 한다. 그러나 죄를 인정하는 것은 힘들다. 사람들이 비난할까봐 두렵기 때문이다. 정직에 대한 부담감은 종종 우리를 회개로부터 멀어지게 만든다. 그러나 리치는 그것을 두려워하지 않았다. 오히려 그는 거짓말보다 정직하게 사는 것을 더 좋아하고 쉽게 생각했다. 비록 그 때문에 몇몇 사람들이 그를 보며 얼굴을 찌푸렸을지라도 말이다. "우리는 스스로의 경계심을 허무는 걸 꺼려요. 다른 사람들이 우리의 영성을 사기라고 비난할까 두렵기 때문이죠. 그러나 이제 솔직해집시다. 사실 우리 모두는 사기꾼이에요. 다른 사람들도 마찬가지죠. 우리는 지금도 자기 자신을 속이고 다른 사람들을 속이려고 노력하고 있어요.⁶"

리치는 항상 우리의 삶과 함께하는 죄의 존재를 강하게 느꼈다. 또한 그는 혼자가 아니라는 것을 알고 있었기 때문에 주저하지 않고 자신의 실수를 털어놓았다. 그가 말할 수 없이 정직했기 때문에 그의 고백을 듣고 있던 사람들이 종종 그러한 분위기에 감화되어 자기의 죄와 실수를 고백하기도 했다. 리치는 우리 모두 실수한 경험이 있다는 것을 잘 알고 있었다. '죄 탐지기(sin detector)'라는 장치가 있다고 상상해보자. 우리가 그것을 몸에 붙이고 다닌다고 생각해보자. 그러면 그것은 우리가 생각으로, 말로, 행동으로 지은 모든 죄를 기록하기 시작할 것이다. 대부분의 사람들은 이러한 상상만으로도 움츠러들지만 리치는 그렇지 않았다. 미치 맥비커는 이렇게 말했다. "그가 얼마나 솔직하게 죄를 고백하는지 놀라울 정도였어요. 그는 하나님이 그의 죄를 아시는 마당에 다른 사람들 몇 명이 더 알게 되는 게 무슨 대수냐고 말했어요."

이러한 정직함 때문에 리치는 하나님을 피해 숨지 않아도 됐다. 그리고 어떤 의미로는 다른 사람들에게도 그랬다. 그는 이렇게 말했다.

## 66 Rich...

우리가 하는 생각 중 우리의 장점들을 위협하는 것 한 가지는 바로 이것이에요. "만일 사람들이 진짜 내 모습을 보면 나를 통해 예수님을 믿으려고 하지 않을 거예요." 나는 "오, 그 말은 완전히 틀렸어요"라고 말하고 싶어요. 자신을 숨기고 있는 한 예수님이 어떤 분인지 결코 알 수 없을 거예요. 물론 이 말이 개인적인 죄를 만천하에 다 알려야 한다는 뜻은 아니에요. 단지 누구나 사람들에게 상처주지 않으면서도 매우 정직하게 살 수 있다는 뜻이죠.[2] 99

리치는 자기 삶에 역사하시는 하나님의 사랑과 예수님의 자비하심에 의존했다. 그는 완벽한 사람인 척하는 대신 죄를 지었다고 인정하는 쪽을 선택했다. 그리고 죄를 드러내는 것으로 치유가 가능하도록 했다.

어떤 사람들은 죄를 고백하는 리치의 성향 때문에 그가 다른 사람들보다 더 많은 죄를 지었을 거라고 생각한다. 그러나 그가 다른 사람들보다 더 많이 죄를 지은 게 아니라 그는 단지 죄에 대해서 더 솔직했을 뿐이다. 특히 그는 삼촌 딕 루이스에게 무엇이든지 털어놓았다. 딕 루이스는 다음과 같이 지적했다. "우리는 모두 죄를 지어요. 우리는 모두 유혹에 빠지죠. 그리고 우리는 모두 나쁜 생각을 해요. 웨인은 단지 정직했을 뿐이에요."

리치는 정직했기 때문에 진정으로 자신이 어떤 사람인지 자각할 수 있었다. 게리 채프먼은 리치와 급속도로 가까워진 후 서로의 생활에 대해 속 깊은 이야기를 나누었다. 게리는 다음과 같이 말한다. "자신의 실수에 대해 정직하게 말할 수 있을 때까지 우리는 자신이 어떤 사람인지 결코 알지 못할 거예요. 리치보다 자신의 실수에 대해 정직했던 사람은 없어요. 그런 사람을 만나본 적이 없었죠. 그는 실수를 서슴지 않고 죄라고 불렀어요. 그렇게 하는 데 전혀 두려움이 없었죠. 실수를 감추려하거나 그것을 합리화하려고 애쓰지 않았어요. 그리고 그런 식으로 죄를 표출함으로써 두려움 없는 삶을 살았죠. 그리고 그것은 제가 계속해서 갈망할 삶이기도 해요⋯ 두려움 없이 사는 인생 말이에요. 공포를 없애버리는 완벽한 사랑을 소유하는 삶 말이에요. 저도 가끔씩은 그런 사랑을 느껴요. 그리고 그런 사랑을 느끼는 순간 이전과는 비교할 수 없을 만큼 기분이 좋아지죠."

## 미덕의 실체

리치는 '거의 두려움 없는 삶'을 살았다. 그는 자기 자신을, 다시 말해서 자기의 미덕을 믿지 않고 하나님의 은혜를 믿었기 때문이다. 실수 때문에 하나님의 은혜를 받지 못하는 것도 아니요, 성공했다고 하나님의 은혜를 받는 것도 아니란 것을 알았기 때문이다. 그는 한때 이렇게 말했다.

**❝ Rich...**

자신이 도덕적으로 뛰어나다는, 혹은 경건하다는 착각에 빠져서 살기보다는 오히려 타락 직전의 상태로 살다가 하나님의 넉넉한 은혜를 발견하고 그 속에서 사는 게 더 안전할 것이다. 내 말은 도덕적으로 훌륭한 사람이 싫다는 게 아니라 내가 다른 사람보다 도덕적으로 더 훌륭하지는 않다는 뜻이다. 나는 하나님과 그의 사랑이 누구보다도 위대하며, 사람이 짓는 죄보다 훨씬 더 강력하다고 믿는다.[8] **❞**

비록 리치도 미덕의 계발과 악의 파괴를 강력하게 옹호했지만, 그는 우리가 그런 일에 너무 집중하다보면 그것보다 더 숭고하고 더 중요한 것, 즉 하나님의 은혜를 놓칠 수 있다는 것을 잘 알고 있었다. 자기의 부도덕함에 집중하면 쉽게 낙담할 수밖에 없다.

자기의 미덕에 집중하면 쉽게 교만해질 수밖에 없다. 어느 쪽에 몰두하든지 우리는 하나님으로부터 점점 더 멀어지게 될 것이다.

리치는 이 문제에 대해 다음과 같은 기사를 썼다.

## 66 Rich...

미덕은 믿음의 열매다. 그러나 미덕을 과시할 때마다 그것은 서투른 흉내 내기가 되며 최악의 허영심이 된다. 미덕이 믿음의 열매가 되지 못할 때 그것은 믿음의 가장 큰 장애물이 된다. 눈에 띄지 않게 미덕을 행하는 게 가장 중요하다. 그것은 관심의 초점에서 벗어나 있을 때 더욱 뚜렷하게 나타난다. 미덕은 그것의 원천(그리고 우리의 원천)을 나타내는 증거지 그 원천을 (또는 우리를) 일으키는 원동력은 아니다.[9] 99

미덕은 믿음의 열매다. 다시 말해 그것은 하나님과의 관계에서 자연히 자라는 것이다. 미덕은 우리의 노력으로 만들 수 있는 게 아니다. 만들 수 있다면, 우리는 겸손해지는 대신 교만해질 것이다. 우리는 미덕을 선물로 받았다. 이에 대해 리치는 이렇게 말했다. "우리가 지닌 미덕의 주인이 그리스도가 아닐 때, 그것은 우리를 위협하게 될 거예요. 우리 주위의 사람도 위협하게 될 거예요. 그리스도께서 우리에게 십자가를 지라고 말했던 이유는, 즉 그 말 속에 숨겨진 의미는, 우리 삶 속에 있는 부도덕함이 무엇이든지 간에 그가 없애줄 것이니 그것에 너무 마음 끓이지 말라는 뜻이에요. 또한 마찬가지로 우리 삶에 있는 미덕이 무엇이든지 간에 그것에도 무심해져야 한다는 뜻이에요.[10]"

리치는 하나님의 은혜를 믿기로 선택한 반면, 자기의 미덕이나 재능 등 그 밖의 다른 것은 아무것도 믿지 않기로 했다. 이것은 그를 다른 사람들과 구별되는 가수로 만들었다. "리치는 상처 입은 사람이었어요." 밴드 멤버 필매더라는 다음과 같이 말했다. "유명한 사역자들은 자신의 인간성을 숨기려고 하죠. 리치는 문화적으로, 사역자로서 기대되는 역할을 하지는 못했어요. 그러나 그는 하나님의 은혜에 의존하는 데는 거의 필사적이었어요. 나는 사실 모든 사람들이 그처럼 해야 한다고 생각해요. 대부분의 사람들은 성공과 일에 집착하고 의존해요. 그들의 집이 흔들거리는 바위 위에 세워져 있는데도 말이에요."

## 가장 인간다운 게 가장 거룩한 것임을…

리치는 율법주의와 싸웠다. 올바른 일을 해야만 하나님의 사랑을 받을 수 있다는 생각과 싸웠다. 율법주의는 영성에 집착할 때 빠질 수 있는 큰 함정이고, 다른 어떤 것보다도 기독교인들을 더 많이 파괴시킨다. 율법주의는 믿음이 아니라 법에 근거하고 있다. 그것은 바리새인들을 몰락시켰고, 오늘날에도 여전히 존재하고 있다. 법과 규칙에 근거해서 거룩함을 정의하려고 할 때 우리는 율법을 참조한다. 그러나 율법을 강조하다보면 위선자가 되는 것을 피할 수 없다. 리치는 율법주의 식으로 믿음에 접근하는 것은 하나님의 은혜를 부인하는 것일 뿐 아니라 인간적인 것에서도 멀어진다고 말했다. 율법주의는 정직하고 진지한 사람이 되는 것을 막는다.

진정한 인간이 되기 위해 노력하며 사는 것은 그저 율법을 지키며 사는 것보다 훨씬 어렵다. 리치는 다음과 같이 말했다. "'춤추지 않고 경박하게 껌 씹지 않고 여자들과 사귀지 않으면 하나님이 기뻐하실 거야' 라고 말하는 것은 얼마나 쉬운가. '복음주의자가 되고 수많은 사람들을 전도하면 하나님이 정말로 기뻐하실 거야' 라고 말하는 것도 쉽다. 하지만 내가 마땅히 되어야 할 사람이 되고 나를 창조하신 하나님의 목적에 맞는 사람이 되는 것은 훨씬 더 어렵다.[11]"

'마땅히 되어야 할 사람이 되고 나를 창조하신 하나님의 목적에 맞는 사람' 이 뜻하는 것은 요한 계시록에도 잘 나와 있다.

---

공격을 언제 시작할지 들키는 것만큼 악마들을 낙담시키는 것은 없다. 그리고 그들의 유혹이 비밀로 지켜지는 것만큼 그들을 기운 나게 하는 것도 없다. · 사막의 교부들 *Desert fathers* ·

---

계시록에서 가장 아름답다고 생각한 문장 중 하나는 다음과 같다. 예수님은 이렇게 말씀하셨다. "이기는 그에게는 내가 감추었던 만나를 주고 또 흰 돌을 줄 터인데 그 돌 위에 새 이름을 기록한 것이 있나니 받는 자 밖에는 그 이름을 알 사람이 없느니라." 흰 돌은 승리와 순결을 의미한다. 이 문장이 나를 흥분시켰던 까닭은, 새로운 이름을 통해 예수님이 나를 알아보실 거라

는 약속 때문이다. 내 어머니는 그 이름을 보고 나인 줄 모른다. 내 친구들도 그걸 보고 나인 줄 모른다. 이 세상에서 나를 비롯해 내가 실제로 누구인지 아는 사람은 아무도 없다. 예수님의 관점으로 우리 자신을 볼 때야 비로소 내가 누구인지 알게 된다. 이 기적은 오직 우리가 자신을 포기하고 그를 전심으로 찾기 시작할 때 일어난다. 그때 우리는 그가 미리 계획하신 대로 성장할 것이다. 그 돌 위에 있는 자기 이름을 볼 때 우리는 이렇게 말할 것이다. "와, 저게 바로 나예요! 저조차도 제 자신을 알 수 없었는데, 당신은 어떻게 아셨어요?" 이러한 기적이야말로 내가 생각하는 영적 성숙의 일부다.[12]

리치는 하나님께서 창조하신 목적에 맞게 성장하는 게 모든 기독교인들이 따라야 할 삶의 목표라고 생각했다. 즉 죄를 덜 지으려고 노력할 게 아니라 하나님의 사람이 되려고 더 많이 노력하는 게 중요하다. 미치 맥비커는 다음과 같이 말했다. "리치는 완벽하게 인간다워지는 것, 그것이 자기가 할 수 있는 가장 거룩한 일이라고 말했어요. 그는 외적으로 힘이 있고 깨끗한 사람이 되기보다는 진실하고 성실한 사람이 되는 데 더 힘을 쏟았지요. 그는 말했어요. '하나님은 우리를 인간으로 창조했어요. 왜 그러셨을까요? 그것은 끊임없이 유혹과 싸우고 몸부림치고 인정하고 치유 받으라는 뜻이에요. 우리 스스로 거룩한 사람이 될 수 있을까요? 뼈 속까지 거룩하고 순결한 사람이 될 수 있을까요? 거룩한 인간이 된다는 것은 죄와 투쟁하고 하나님께 용서 받고 치유 받는다는 것을 뜻해요. 그것을 아는 것을 의미하죠. 하나님은 항상 죄의 반대쪽에 있는 희망에 초점을 맞추셨어요.'"

리치는 기독교 신앙훈련(Christian discipline)에 관심이 있었다. 그래서 종종 감리교회와 가톨릭교회에서 영적인 훈련을 받곤 했다. 물론 그것의 목표는 거룩함이었다. 그러나 전통적인 의미에서의 거룩함은 아니었다. 그는 잡지 인터뷰에서 다음과 같이 말했다.

## 66 Rich...

"영적인 지도자는 우리 자신이 누구인지 알게 하고, 자신에 대한 생각을 정리하도록 도와주는 사람이죠. 다시 말해서 그는 우리 자신만의 생각에서 벗어나도록 도와주고 하나님이 창조하신 그대로의 우리를, 하나님이 생각하신 대로의 우리를 경험할 수 있게 도와주죠. 거룩한 사람이 된다는 것도 이와 마찬가지일 거예요."[13] 99

창조된 목적에 맞는 사람이 되는 것은 결코 쉬운 일이 아니다. 그것은 내적인 훈련이 많이 요구되는 일이다. 리치는 계속해서 말했다. "청교도로 자랐지만 저는 항상 수도원을 겁쟁이, 세상과 맞서 싸울 수 없는 사람이 가는 곳이라고 생각했어요. 하지만 곧 알게 됐죠. 그 사람들이야말로 가장 용감한 사람들이라는 것을. 자기를 정면으로 직시하기로 결심한 사람은 누구나 매우 용감한 사람이니까요[14]."

# 책임감의 지혜

리치는 20대 후반에, 하나님께서 자기를 창조하신 목적이 무엇인지 알고, 자기 자신을 직시하기 위해 내적인 훈련을 시작했다. 그때 그는 청소년을 위한 캠프에서 일하고 있었고, 유혹에 맞서 싸우느라 이미 몸과 마음이 쇠약해진 상태였다.

어느 토요일 아침, 그는 다른 상담자들과 함께 막사에 앉아서 무엇을 할까 생각했다. 그러나 사실 다른 사람들에게 말은 안 했지만, 어떻게 하면 혼자 나가서 그동안 억눌렀던 욕망을 표출할 수 있을까를 고민하고 있었다. 그는 말 그대로 육체와 정신의 욕망 사이에서 갈등하고 있었다.

잠시 후, 나이 지긋한 청소년 캠프 감독관이 막사 안으로 들어섰다. 그가 들어서자마자 캠프 안에는 차분하고 평온한 기운이 감돌았다. 그는 뜨거운 커피를 한 잔 들고서 자연스럽게 성경을 읽기 시작했다. 리치는 그가 오랫동안 예수님과 함께 충실한 삶을 살아왔다는 것을, 허세를 부리지 않는 거룩한 사람이라는 것을 알 수 있었다. "저도 그 사람처럼 되고 싶어졌어요." '나는 변해야 돼.' 그는 자신의 욕망에 굴복하는 대신, 주말 동안 자신의 삶에 변화를 일으킬 사건을 찾아야겠다고 결심했다.

리치는 차에 타자마자 기도하기 시작했다. 그러자 갑자기 누군가에게 자기의 죄를 고백하고 싶은 강렬한 욕망에 휩싸였다. 자기의 입을 열게 해줄 누군가를 찾고 싶었다.

## " Rich...

저는 결심했어요. '내가 만나는 첫 번째 목사님에게 고백하자. 가다가 보이는 첫 번째 교회에 들어가서 모든 것을 말하자'고 생각했죠. 그러다가 '아니야, 그렇게 하면 안 돼'라고 생각했어요. 고백은 그냥 말하는 것과는 달라야 하니까요. 그것은 자기가 한 일을 깨끗이 자백하는 것 이상이 되어야 해요. 즉, 고백을 하려면 자기에게 큰 의미가 있는 사람들 앞에서 해야 해요. "

리치는 자기의 친한 친구들을 떠올렸다. 대학친구 몇몇이 신시내티에 살고 있다는 게 생각나자 그는 즉시 미시간에서 오하이오 주까지 차를 몰았다. 그는 그 친구들 앞에서 자기의 입을 열 수 있을 때까지 멈추지 않고 차를 몰았다. "지금까지 했던 일 중에서 가장 자유로운 것이었어요." 그가 말했다. "물론 그때 이후로도 종종 죄를 짓고 싶은 유혹을 받았어요. 여전히 올바른 선택을 내리기 위해 고민해야 했고, 여전히 그것으로부터 도망쳐야 했어요. 하지만 내가 스스로 입을 연 순간 죄의 힘이 부러졌다는 것을 깨달았어요."[15]

하나님은 우리에게 그의 이름에 기댈 수 있는 권한을 주셨을 뿐만 아니라 솔직함(mutual accountability)이라는 은혜, 즉 다른 사람들에게 우리의 죄를 밝힐 수 있는 은혜까지 주셨다. 리치의 고백을 들었던 친구 중 한 명은 그 사건을 회상하면서 다음과 같이 말했다. "리치는 어떤 것도 숨기지 않았어요. 그날 그 자리에 초대받은 게 제게는 큰 영광이었어요." 우리는 고백을 하는 순간 상대방과의 관계가 약해질 것이라고 두려워하지만 실제로는 더 강하게 연결된다. 이게 바로 고백의 모순이다.

리치는 종종 자기 자신과의 싸움을 매트 맥기니스 신부에게 고백하곤 했다. 매트 신부는 리치가 편하게 말할 수 있는 사람이었다. "리치는 자기의 죄와 유혹을 솔직하게 말하곤 했어요. 어떤 사람들은 그러한 고백을 들으면 당황스러워하거나 무시하죠. 그러나 저는 그의 고백을 듣는 순간 그의 발을 씻겨주고 싶다는 생각을 했어요. 죄를 고백하는 그의 겸손함이 그를 매우 거룩하게 만들었거든요."

리치는 고백이라는 은혜를 사용했을 뿐만 아니라 그가 신뢰하는 사람들에게 솔직하게 말하도록 노력했다. 그는 친한 친구들, 함께 곡을 만들었던 비커와 미치 맥비커에게도 솔직했다. 미치는 다음과 같이 회상한다. "그는 특히 유혹에 대해서 많이 기도했어요. 또한 혼자 있으려고 하지 않았어요. 혼자 있으면 더 쉽게 죄를 지을 것이고, 그렇게 해도 아무도 모를 거라는 안도감에 마음을 놔버릴 수도 있기 때문이죠. 저는 그 모든 것을 통해서 중요한 것을 배웠어요. 죄가 어느 날 갑자기 이 세상에 나타났다가 그 다음날 없어지는 게 아니라는 사실을요. 그것은 매일 끊임없이 우리를 미혹하고, 우리는 그것에 맞서서 수없이 싸워야 해요. 죄와 싸우는 것은 일생동안 그리고 매일 계속되는 일입니다. 그것을 통해서 결정해야 할 일도 많지죠."

리치와 함께 마지막 2년을 보냈던 사람들은 그 기간 동안 그가 예전과는 달리 자기의 개인적인 죄에 대해 그다지 많이 괴로워하지 않는다는 것을 깨달았다. 그만큼 리치와 그리스도의 관계가 깊어졌다는 뜻이었다. 리치는 자기가 지도하고 있는 '어린 형제들'의 젊은 사람들에게 믿음과 순결의 모범이 되고 싶어 했고, 그런 소망은 거룩해지고자 하는 마음의 원동력이 되었다. 그는 매일 경건의 시간에 그들을 지도했고 그 작은 공동체의 이상에 따라 생활하는 데 앞장섰다.

필 매더라는 다음과 같이 언급한다. "말년에 리치는 자기의 악마들을 정복한 것 같았어요. 그는 그리스도를 위해 살려고 애쓰는 사람들, 자기처럼 하나님의 자비 없이는 선한 일을 할 수 없다는 걸 깨달은 사람들과 함께 주위에 큰 영향을 끼쳤어요."

'어린 형제들'의 회원인 에릭 호크는 이렇게 말했다. "리치는 완벽하게 솔직할 수 있을 때 얻게 되는 궁극적인 자유를 알고 있었어요. 가끔 함께 차를 타고 가는 동안에도 그는 숨기거나 뽐내지 않고 숨김없이 자기 이야기를 했어요. 그는 그리스도 안에서 형제에게 정직한 사람이 되는 게, 하나님 앞에서 자신을 정결한 상태로 유지하는 생면선이라고 믿었어요."

하나님은 솔직함이라는 멋진 선물을 우리에게 주셨지만 실제로 그것을 사용하는 사람은 너무 적다. 의심, 불안, 걱정, 죄, 실수 등을 얘기하면 다른 사람들이 우리를 어떻게 생각할까 너무도 두렵기 때문이다. 악마는 그러한 두려움을 무기로 사용해서 우리의 솔직함을 막고 있다. 악마는 우리가 죄를 고백할 때 치유받을 수 있을 뿐만 아니라 그 어느 때보다 강해질 거라는 사실을 알고 있기 때문이다.

토마스 아 켐피스는 "유혹은 우리가 어떤 사람인지 깨닫게 해준다"고 말했다. 우리는 이 말을 통해 우리의 힘의 원천이 무엇인지 깨닫게 된다. 우리는 우리의 힘에 기대고 있는가? 아니면 하나님이 우리에게 힘을 공급해주시고 우리를 보호해주시길 기대하고 있는가?

# 결론

리치는 유혹을 무서워하지 말아야 한다고 말했다. 어떤 의미에서, 유혹을 받는다는 것은 살아 있다는 증거이기도 하다. 사실 유혹과 싸우는 것보다 더 나쁜 것은 유혹을 전혀 받지 않는 것이다. 왜 믿음이 강한 사람들이, 교회를 잘 다니는 사람들이 때때로 죄를 짓고 싶은 욕망에 시달리는가? 그것은 우리가 하나님의 자녀이기 때문이다. 악마는 자기와 같은 사람들은 괴롭히지 않는다. 자기에게 위협적인 존재가 아니면 그냥 내버려둔다. 그들이 끊임없이 괴롭히고 유혹하는 것은 바로 하나님의 자녀들이다. 즉, 우리가 유혹을 받는 것은 우리가 소중한 존재이기 때문이다.

더 중요한 것은 유혹으로부터 뭔가를 배울 수 있다는 사실이다. 유혹과 싸우면서 하나님께 의존하는 기술을 배울 수 있다. 리치가 했던 단순한 기도를 떠올려보자. "예수님 날 잡아주세요." 이게 바로 유혹을 뿌리치는 한 가지 방법이다.

1. 성직자나 유명한 기독교인들이 유혹을 받지 않는다고 생각하기 쉬운 이유가 무엇이라고 생각하는가?

2. '젊어지기'의 가사를 읽어보라. 당신에게 어떤 소절이 가장 의미 있는가? 그 이유를 설명해보라

3. 리치는 '우리는 죄를 지었고 늙어버렸다'고 노래했다. 이것은 우리가 하나님으로부터 달아나서 죄에 빠질 때 나이를 먹는다는 것을 의미한다. 하지만 우리가 회개하고 하나님께 돌아가면 우리는 '젊어진다'는 뜻이다. 우리를 늙게 만드는 '죄'에는 어떤 것들이 있는가?

4. 리치는 일곱 가지 큰 죄(교만, 질투, 분노, 정욕, 게으름, 탐욕, 탐식)를 쇠약하게 하기 위해 열심히 노력했다. 만약 이에 대해 답하기 불편하지 않다면, 일곱 가지 큰 죄 중에서 당신이 쇠약하게 하고 있는 죄와 키우고 있는 죄를 설명해보라.

5. 리치는 하나님이 자기의 죄를 알고 계시다면, 다른 누군가가 몰라야 할 이유가 없다고 생각했기 때문에 자기의 싸움에 대해 매우 솔직하게 말했다. 당신의 싸움에 대해 가장 편안하게 털어놓을 수 있는 사람은 누구인가?

✻ 생각과 연습

• 일곱 가지 큰 죄를 묵상하라. 당신에게 가장 큰 고통을 주는 것들을 '쇠약하게(무엇을 준비할 기회를 절대 주지 말라는 의미)'할 수 있게 하나님께 도와달라고 간구하라.

• 당신이 마주치는 죄와 유혹에 맞서 씨름하는 것에 대해 솔직하게 말할 수 있는 친구나 소그룹 모임을 찾아보라. 당신이 그를 신뢰할 수 있는지, 자기의 죄성을 알고 있는지, 당신이 하는 말을 남에게 말하지 않을 수 있는지 확실히 알아보라.

*Brother's Keeper :*
*Learning to Love One Another*

나는 형제의 파수꾼이 될 것이다
그들을 판단하지 않을 것이다

그의 약점을 보고 경멸하지 않을 것이다
그의 강점에만 집중하지 않을 것이다
그의 자유를 빼앗지 않을 것이다
그가 설 수 있도록 도울 것이다
그리고 나는, 나는 형제의 파수꾼이 될 것이다
– '형제의 파수꾼' 중에서

# 사랑하라, 더 많이 사랑하라

　　리치는 자기의 삶과 음악이 사랑에 의해 판단되어지기를 원했다. 아니, 결국 그렇게 될 것이라고 믿었다. 그는 세상에서 가장 중요한 것이 바로 사랑이라고, 그리고 진정한 사랑은 감정에만 머물러 있는 게 아니라 행동으로 드러나는 것이라고 믿었다. 예수님은 이렇게 말씀하셨다. '너희가 서로 사랑하면 이로써 모든 사람이 너희가 내 제자인줄 알리라' (요13:35) 물론 리치는 알고 있었다. '행동하는 사랑' 은 지키기 힘들다는 것을. 그럼에도 불구하고 그는 어려운 사랑을 삶의 기준으로 세웠다.

## 66 Rich...

언젠가 우리는 하나님 앞에서 우리가 한 일을 낱낱이 고하게 될 것이다. 나는 그때 말로써 면류관을 받을 수 있다고는 생각하지 않는다. 살아생전에 "도와줄게" "사랑해" 등등 따뜻한 말을 많이 했다고 해서 예수님이 우리의 머리를 쓰다듬어주실까? 행동하지 않았다면 누구도 진정한 도움을 받지 못했을 것이고, 그건 결코 내세울 만한 일이 아니다. 나는 살면서 어떻게 그리스도의 몸을 세웠는지, 어떻게 의심과 두려움의 벽을 허물었는지, 어떻게 거짓교리를 밝혀냈는지, 어떻게 끊임없이 진리를 장려해왔는지, 어떻게 행동으로 예수님을 명백하게 드러냈는지에 따라 면류관을 받을 거라고 생각한다.

나는 지금까지 무수히 많은 글을 써왔지만, 사람들에게 도움을 줄 수 없는 것을 주제로 삼은 적은 단 한 번도 없었다. 그렇게 하고 싶은 유혹에 빠진 적도 없었다. 나는 내가 언젠가 죽게 되리라는 것을, 그리고 그 후에는 틀림없이 심판을 받을 것이라는 것을 믿기 때문이다. 예수님은 말씀하셨다. 우리가 단 하나뿐인 소중한 삶을 어떻게 가꾸고 다루어왔는지에 따라 심판 받게 될 것이라고. 당신은 가난한 사람들을 도와준 적이 있는가? 감옥에 있는 죄수들을 찾아가서 이끌어준 적이 있는가? 예전에 나는 그게 내가 아닌 그들을 위한 일이라고 생각했다. 그러나 아니었다. 왜 예수님은 우리에게 남을 사랑하고 기꺼이 봉사하라고 말씀하셨을까? 남을 도와주는 일이 고귀한 일이라서? 아니다. 바로 그 일을 통해 우리가 구원받을 수 있기 때문이다. 예수님은 바로 우리에게, 남이 아닌 오로지 내게 구원의 기회를 주고 싶으셨던 것이다. 비록 나는 교회를 다니는 경건한 성도지만, 예수님을 교회에서 만날 것 같지는 않다. 예수님을 만날 수 있는 곳은 아마도 교회 밖 어디일 것이다. 사회에서 소외된 사람들이 사는 곳, 그는 우리가 만나게 될 것이라고 전혀 기대하지 않았던 곳에 계실 것이다. 만약 우리에게 행동할 수 있는 용기만 있다면 그 기대하지도 않았던 곳에서 그를 만나게 될 것이다.[1] 🪄

## 메시아가 아니라 사랑을 베푸는 자

청중의 박수갈채는 시간이 흐르면 어둠 속으로 사라져버린다. 열정적인 환호 또한 점점 희미해진다. 시간의 흐름을 거스를 수 있는 것은 아무것도 없다. 영원히 계속될 것 같던 로맨스나 젊음, 성공의 신화 등도 세월 앞에서는 어쩔 수 없이 바스라진다. 오직 단 하나, 찬란한 사랑의 행동만 빼고. 그래서 리치는 이 변하지 않는 진리에 자신을 내던졌다. 그는 사랑을 믿었고, 평생 다른 사람을 사랑하는 방법을 배우면서 살았다.

그가 다른 사람을 사랑하는 첫 번째 방법은 다른 사람을 판단하지 않고 그대로 받아들이는 것이었다. 이것은 리치가 남을 사랑하려고 애쓰면서 체득한 진리다. 그는 분명히 그것을 체득했다. 필 케이기는 이렇게 말했다. "리치는 사람들을 이해하고 받아들였어요. 그를 보면 바울이 떠오르곤 했어요. 바울이 스스로를 '죄인 중 괴수(the chief of sinners)'라고 불렀던 것처럼 리치도 자기를 그렇게 생각했던 것 같아요. 자기만 옳다고 주장하지 않았던 걸 보면요. 나에게 그는 베드로, 바울, 프란시스의 모습을 지닌 상처 입은 사람이에요. 그가 평범한 사람들과 친하게 지내며 즐겼다는 것을 봐도 알 수 있지요."

'내게도 죄가 있다'는 것을 아는 사람은 다른 사람들을 판단하려고 하지 않는다. 리치는 자기가 완벽하게 순결한 사람, 정말로 죄가 없는 사람이 아니라는 걸 잘 알고 있었다. 그래서 그에게는 남에게 던질 돌 따위가 없었다. 사실 그가 사람을 바라보고 이해하는 눈길은 단순히 돌을 던지지 않는 것보다 훨씬 깊었다. 사람을 이해한다는 것은 그들을 있는 그대로 받아들이고 결점이 보여도 포용하고자 손을 벌리는 것이다. 그는 바꾸려고 애쓰지 않고 사랑하는 것, 그것이 가장 진실한 사랑임을 깨달았다.

## 66 Rich...

하나님께서는 '남을 사랑하는 자가 되라'고 우리를 부르셨다. 그런데 우리는 종종 '남을 구원하는 자가 되라'고 부르셨다고 착각한다. 그래서 우리는 원하는 결과를 얻는 동안만 남을 사랑하곤 한다. 우리는 이기적이다. 관심을 쏟아 붓고, 아끼고, 가꾸어왔던 것이 이익을 줄 동안에만 아낌없이 자신을 내준다. 그러나 사랑하는 사람들이 반응하지 않으면 금방 절망하고, 자기를 비난하다가 결국 우리가 사랑하는 '척했을 뿐'인 그들을 원망한다. 물론 우리는 알고 있다. 사랑하기 때문에 그들이 중독에서, 죄에서, 잘못된 자아에서 해방되기를 원했다는 것을. 그리고 일단 사랑하기 시작했다면 반드시 그들을 바꿔놓아야겠다고 마음먹는다는 것을. 그러나 진실은 그보다 냉정하다. 행복을 바라는 마음만으로 그들을 건강하게 만들 수 있을까? 그럴 수 있을 때도 있지만 그럴 수 없을 때도 있다. 이것이 진실이다. 그런데 빠르게 반응을 보였다고 해서 그들이 우리의 사랑을 더 잘 느끼고 있다고, 혹은 반응하지 않았다고 해서 우리의 사랑을 무시하는 거라고 어떻게 확신할 수 있을까?[2] **"**

---

우리는 우리에게 자비를 주신 그리스도의 얼굴을 바라봐야만 한다. 그리고 그의 사랑을 세상에 알리는 일에 우리의 마음과 영혼과 몸과 환경을 던질 것인지 아닌지 분명히 말해야 한다.

· 윌리엄 부스 *William Booth* ·

---

우리는 종종 사람들이 변하길 원하면서 사랑을 베푼다. 그러나 리치는 '요구하지 말고 사랑하라'고 말했다. 그는 오직 '사랑을 위해서만 사랑하라'는 예수님의 말씀을 믿었다. 비록 어떤 사람이 우리의 사랑에, 우리의 관심에, 우리의 용서에 전혀 반응하지 않을지라도 우리는 계속해서 사랑해야 한다. 그럴 때야말로 우리는 완벽하게 사랑할 수 있는 자유를 얻게 된다.

다른 사람을 판단하거나 자기가 바라는 대로 되라고 강요하지 않는 것, 그게 리치의 사랑이었다. 그는 조건 없는 사랑에 관한 메시지를 전달하기 위해 비커와 함께 다음 곡을 만들었다.

# 형제의 파수꾼

배관공이 만든 수도꼭지에서 물이 뚝뚝 떨어진다
정비사가 수리한 차에서 덜거덕거리는 소리가 난다
그리고 설교가는 사악한 생각을 하고 있다
그리고 사랑하는 자의 마음은 외롭다
내 친구는 내가 바라는 대로 살지 않는다
그들은 마음대로 산다

나는 형제의 파수꾼이 될 것이다
그들을 판단하지 않을 것이다

그의 약점을 보고 경멸하지 않을 것이다
그의 강점에만 집중하지 않을 것이다
그의 자유를 빼앗지 않을 것이다
그가 설 수 있도록 도울 것이다
그리고 나는, 나는 형제의 파수꾼이 될 것이다

지붕에 널빤지는 몇 개 없지만
적어도 우리에게는 지붕이 있다
그리고 그들은 그녀가 타락한 천사라고 말한다
마지막으로 날았던 때를 그녀가 기억하는지 궁금하다

사랑하라, 더 많이 사랑하라

당신이 진리를 가리키지 않는다면
손가락으로 가리킬 곳은 아무데도 없다


리치는 짧지만 강렬한 그때를 이렇게 회상했다. "제임스의 가족과 함께 살았던 적이 있었어요. 나는 제임스를 짐이라고 불렀는데, 그 당시 짐은《하나님이 내게 반하셨다 *Embracing the Love of God*》라는 책을 쓰고 있었죠. 언젠가 우리(나와 짐, 비커)는 베란다에 앉아 '조건 없는 사랑'을 위해 어떤 노력을 해야 하는지 이야기하고 있었어요. 이 노래는, 짐이 잠시 커피를 타러 부엌에 들어간 사이 완성되었죠."[3]

그 당시 몇 개월 동안 우리의 주제는 하나님의 사랑과 그 사랑을 어떻게 받아들여야 하는지, 그 사랑에 대한 보답으로 어떻게 다른 사람들을 받아들이고 용서하고 돌보아야 하는지에 관한 것이었다. 그런 대화를 거듭한 끝에 나는 책을 쓰게 됐고, 리치는 같은 주제로 노래를 만들었다. 나는 그 책을 1년 동안이나 썼고, 리치는 단 5분 만에 완성했다. 게다가 그 노래 속에는 우리가 말하려고 했던 모든 게 들어 있었다. 그 노래는 사람에 대한 솔직한 통찰을 담았다. 배관공이라면 수도꼭지를 단단하게 조일 수 있어야 하지만 그가 만진 수도꼭지도 가끔 물이 샌다. 정비사라면 차를 새것처럼 고칠 수 있어야 하지만 그도 가끔 완벽하게 수리할 수 없을 때가 있다. 설교자라면 사악한 생각을 하지 말아야 하지만 그도 다른 사람들처럼 그런 생각을 할 수 있고 또한 자주 그렇게 한다. 우리의 겉모습 뒤에 숨어 있는 우리는 모두 죄인이고, 모두 불완전하다.

리치는 살면서 만났던 사람들이 자기만큼 약하고 무지하고 죄를 짓기 쉬운 평범한 사람들이었다는 것을 노래를 통해 고백했다. 그는 스스로 깨달았다. "완벽한 사람들만 친구로 삼고자 했다면 나는 매우 외로웠을 것이다.[4]"

그렇다. 우리의 친구들, 이웃들은 완벽하지 않다. 우리처럼 울고 슬퍼하고 외로워하고 질투하고 때때로 이기적이다. 이런 깨달음을 어떻게 처리해야 할까? 리치의 대답은 간단하다. "나는 형제의 파수꾼이 될 것이다. 그들을 판단하지 않는 사람이 될 것이다. 그의 약점을 보고 경멸하지 않을 것이다. 그의 강점에만 집중하지 않을 것이다. 그의 자유를 빼앗지 않을 것이다. 그가 설 수 있도록 도울 것이다." 주변에 있는 사람들을 돌보고 그들을 판단하지 않는 것, 이것이야말로 리치가 살았던 방식이었다. 그는 우리에게도 그런 삶을 살아보라고 권하고 있다. 그는 결코 사람들의 업적이나 재능에 놀라지 않았고, 결코 그들의 실수나 약점에 실망하지 않았다.

---

죄를 저질렀을지도 모르는 어떤 사람이 눈앞에 나타났다가, 당신의 자비를 구하지 않고 떠나갔을지라도 당신은 이 세상에 그를 홀로 내버려둬서는 안 된다. 그 사람이 당신에게 자비를 요청하지 않았다 해도 당신은 그를 내버려둬서는 안 된다. 그가 그렇게 수백 번을 떠나갔다 다시 찾아온다고 해도 그를 사랑하라. 올바른 길을 찾아주기 위해 그를 사랑하라. 항상 긍휼한 마음을 지녀라. 우리 모두는 죄를 지은 적이 있기 때문이다.

· 아시시의 성 프란시스 ·

다른 친구들 역시 리치의 겸손함을 알고 있었다. 리치는 신시내티 바이블 칼리지 재학 중에 음악 그룹 시온의 다른 멤버들과 함께 살았다. 마크 루츠는 그때를 다음과 같이 회상했다. "리치는 부랑아, 버림 받은 사람들을 데려오곤 했어요. 히치하이커들을 집에 데려오곤 했지요. 사실 고백하자면 나도 리치가 손을 잡아준 아웃사이더 중 한 명이에요. 1학년 때 나와 내 룸메이트는 학교생활에 적응하지 못해 힘들어했죠. 부모님은 이혼을 하셨고, 학교는 낯설기만 했어요. 두렵고 불안했어요. 그런데 어느 날 리치가 찾아왔어요. 방으로 찾아와서 이야기하고 웃고 떠들었어요. 리치는 내가 괴로워한다는 걸 알고 있었어요. 그래서 내게 다가와 내 손을 잡고 그의 친구들을 소개해주었지요."

리치의 최고의 장점은 아무도 비판하지 않는다는 것이었다. 그는 사람들이 종종 가면을 쓴 채 서로를 만나고 실제 모습을 다른 사람들이 알까봐 두려워한다는 것을 알았다. 그는 가면 바로 아래의 모습을 보고 그 사람이 실제로 어떤 사람인지 확인했다. 공식적인 자리에서 보여주는 모습이 아니라 진짜 모습을 만나고 싶어 했다. 예수님은 '비판을 받지 아니하려거든 비판하지 말라'(마7:1)고 말씀하셨다. 처음 어떤 사람을 만날 때 우리는 상대방이 우리를 판단할까봐 몸을 사린다. 우리의 몸짓을 읽어서 속마음을 간파하고 실수를 발견할까봐 두려워한다. 그러나 리치는 겉치레를 꿰뚫어보았다. 하나님과의 교제로 초대하는 노래 '평안(Peace)'에서 리치와 비커는 자비에 대해 이렇게 말했다.

우리가 서로 모르는 사람일지라도

나는 여전히 당신을 사랑해요

당신이 쓴 가면뿐만 아니라 당신도 사랑해요

그리고 당신은 이 말이 진실이라는 것을 믿어야 해요

그것이 무리한 부탁이라는 걸 알아요

하지만 두려움을 내려놓고 이 축제를 함께 즐겨요

그가 우리를 여기로 부르셨어요, 당신과 나를


…내가 당신을 사랑할지라도 우리는 여전히 서로 모르는 사이죠

우리는 외로운 마음속에 갇힌 죄수예요

그러나 우리의 무지로 인해 우리가 서로 떨어질지라도

그의 빛은 여전히 어둠 속에서 빛날 거예요

그리고 그의 뻗은 팔은 우리를 자유롭게 해줄 만큼

이 감옥에 닿을 만큼 여전히 강해요.


　'형제의 파수꾼' 가사 중 가장 아름다우면서도 쉽게 놓치기
쉬운 가사는 '그리고 그들은 그녀가 타락한 천사라고 말한다.
그리고 마지막으로 날았던 때를 그녀가 기억하는지 궁금하다'
다. 리치는 노래에서 어떤 젊고 아름다운 여자를 그리고 있다.
그녀는 몇 가지 끔찍한 선택을 했고 그 때문에 인생을 비극적으
로 소모했다. 그녀의 아름다움은 그녀의 소망과 함께 희미해졌
다. 사람들은 그녀의 등 뒤에서 심술궂게 속삭인다. 알다시피
이런 일은 현실에서도 너무 쉽게 볼 수 있다. 리치가 '마지막으

로 날았던 때를 그녀가 기억하는지 궁금하다'고 말한 의미는 이 것이다. '실수와 상관없이 그녀가 정말로 아름답다는 것을 그녀 자신은 알까요?' 이 가사를 들을 때마다 나는 막달라 마리아가 예수님의 인자한 눈을 보았을 때 어떤 떨림을 느꼈는지 알 것만 같다. 예수님은 마리아를 보면서 창녀나 사악한 마녀를 본 게 아니라 그 뒤의 천사를 보았다. 그렇기에 그녀가 예수님을 따랐 던 것은 결코 놀라운 일이 아니다. 그리고 길 잃고 상처 받은 사 람들이 리치의 주위로 몰려들었던 것도 결코 놀랄 일이 아니다.

리치는 모든 사람들이 단점을 가지고 있으며 그것을 숨기고 싶어 하는 걸 당연하게 생각했고, 그것에 대해서 깊이 생각하지 않기로 했다. 프렌즈 대학에 다니는 제니퍼 잰츠는 옛 기억을 떠 올리며 이렇게 말했다. "어느 해 봄 방학, 우리 다섯 명은 리치와 함께 인디언 보호구역을 조사했어요. 우리는 그때 미숙하기 짝 이 없는 학생들이었어요. 리치가 우리의 유치하고 어린 행동을 왜 참아주고 오랫동안 함께 다녔는지 나중에서야 그 이유를 알 게 됐죠. 리치는 모든 사람들에게서 좋은 것을 발견해요. 그리고 약점 대신 그 좋은 것에 집중하지요. 리치도 한때는 우리처럼 어 렸을 테고, 그래서 어느 날 갑자기 우리가 자기중심적인 사고에 서 벗어나 성장하리라는 것을 알고 있었던 거죠."

---

가만히 앉아서 진정으로 영적인 사람이 되기를 바랄 수는 없다. 당신 은 남의 도움 없이는 결코 성취할 수 없는 원대한 것을 소망하고 그 것을 위해 움직여야 한다.　　　　　　　　　· 필립 브룩스 *Phillip Brooks* ·

리치의 이러한 성향 때문에 사람들은 리치와 함께 있을 때 편안함을 느꼈다. 〈릴리스〉의 담담 편집장인 로베르타 크로토 *Roberta Croteau*는 리치와 여행을 하면서 다음과 같은 사실을 깨달았다. "천성적으로 사람들을 몰고 다니는 사람이 있죠. 딱히 애쓰지 않았는데도 자연적으로 사람들이 모여드는 사람 말이에요. 우리가 보고타에 있었을 때 사람들은 그에게 몰려들었고 그가 가는 곳마다 따라다녔어요. 심지어 그가 그렇게 유명한 사람이 아니었는데도 말이죠. 아이들은 리치가 자기들이 다닐 학교를 짓는 데 도움을 줬다고만 알고 있었죠. 그럼에도 불구하고 아이들은 그의 주변으로 모여들었어요."

## 말 이상의 것

다른 사람을 판단하지 않는 것은 사랑의 다양한 모습 중 일부에 불과하다. 다른 사람에게 친절하게 대하고, 호의를 베풀며, 마땅히 주어야 할 것을 주는 것 역시 사랑의 한 모습이다. 리치는 만일 우리가 사람들에게 사랑한다고 말해야 한다면, 오히려 그렇게 하지 않을 거라고 생각했다.

리치는 우리 주변에서 이런 사랑을 자주 목격할 수 있을 때, 하나님의 사랑이 현실화된다고 믿었다. 그는 신실한 사람들의 삶 속에서 본 사랑 덕분에 자기가 기독교로 개종했다는 것을 깨달았다.

## " Rich...

나는 하나님의 사람들이 하나님의 사랑을 실천하는 것을 봤기 때문에 기독교인이 됐다. 나는 말씀 안에서 살고 그의 존재에 대한 확신 이상의 확신을 보여줬던 사람들 속에서 진정한 하나님을 만났다.

나는 이제 하나님에게서 시선을 뗄 수가 없다. 나는 기독교인이 됐다. 그들이 기독교의 요점을 설명해줬기 때문이 아니라 스스로 기독교의 요점대로 살려고 하는 모습을 봤기 때문이다. 나는 진리에 순종하는 그들의 모습을 보고 기독교인이 된 것이지 그들이 진리에 대해서 설명해줬기 때문에 기독교인이 된 게 아니다. 그들은 내가 진리를 경험하고 순종할 수밖에 없도록 그 진리를 꼭 붙들고 있었다. 이제 나는 기독교인이다.[5] "

리치는 친절과 사랑이야말로 복음을 전달하는 최고의 방법임을 깨달았다. 그는 성 프란시스의 격언을 믿었다. "어디를 가든지 복음을 전하라. 그리고 필요할 때만 말을 하라."

리치는 말이 아니라 행동으로 복음을 전했다. 그의 사촌 매트 존슨은 이렇게 말했다. "리치가 보여준 사랑의 행동들은 대단하지 않았어요. 오히려 사소했지요. 하지만 하나하나에 깊은 뜻이 담겨 있었어요. 그는 종종 제게 책을 사주곤 했는데 그것은 항상 그때그때 꼭 필요한 책이었어요. 가장 큰 감동을 줬던 행동 역시 정말 사소했지요. 하지만 그가 보여준 마음은 절대 잊을 수가 없어요. 저는 매니저였고 리치는 가수였지요. 하지만 그는 항상 무대설치 작업에 참여했어요. 그게 또 그렇게 고맙더라고요. 다른 유명한 기독교 가수들은 그렇게 하지 않아요. 우리는 매일 밤 그가 노래를 잘해야 하고, 쉬지 않고 무대에 서야 하고 그러려면 몸이 건강해야 한다는 것을 알고 있었어요. 물론 그러한 것들 때문에 그가 종종 피곤해한다는 것도 알고 있었어요. 그러나 그럼에도 불구하고 그는 매일 밤 무대 설치하는 걸 도와주기 위해 그곳으로 왔어요."

게리 채프먼 또한 리치와 순회공연을 하면서 똑같은 정신을 목격했다. "그는 노동자들부터 스타까지 모든 사람을 똑같이 대했어요. 저는 정말 갑작스럽게 그 사실을 깨달았지요. 순회공연에도 사회적 서열이라는 게 있어요. 그러나 리치는 그 잔재가 없어졌는지 항상 확인했어요. 나는 그가 봉사자로 살아가는 모습을 봤어요. 봉사하는 삶을 말로 전하면 기분이 좋아지죠. 하지만 누군가가 삶에서 사랑과 봉사를 직접 실천하는 것을 봤을 때만큼 행복한 마음을 느낄 수는 없을 거예요. 그는 봉사에 기초를 둔 삶을 살았어요. 그는 마이크를 설치했어요. 마이크가 거기 있었고 누군가는 설치해야 했기 때문이죠."

리치는 결코 자신의 음악경력을 성공의 수단으로 생각하지 않았다. 그는 종종 경험 없는 가수들을 불러다가 기회를 주었을 뿐만 아니라 그들을 위해 사역하기도 했다. 리치의 순회공연 오프닝을 장식했던 가수 애쉴리 클리브랜드는 이렇게 회상했다. "순회공연을 하던 중에 리치가 물었어요. 어떻게 하면 그가 저를 도울 수 있는지를요. 저는 공연하는 도중에 기타를 많이 바꿔야 하기 때문에 기타 전문가가 있었으면 좋겠다고 말했어요. 그는

'알았어요' 라고 말했지요. 그런데 공연을 앞둔 마지막 날 젊은 남자가 나타나서 기타 하나를 건네줬어요. 맙소사, 기타 줄이 전혀 안 맞는 거 있죠. 둘째 날 밤에도 그 남자가 기타를 건네줬는데 역시나 마찬가지였어요. 셋째 날도 그랬고 며칠 밤 동안 계속 그랬죠. 결국 저는 그 젊은 남자에게 물었어요. '전에 기타줄 맞춰 본 적 있어요?' 그는 미소를 지으면서 '아니오' 라고 말했어요. 그래서 리치에게 '왜 이런 사람을 고용한 거예요? 전에 한 번도 해 본적이 없다던데요' 라고 물었죠. 그랬더니 그가 '난 이 청년에게 지도가 필요하다는 걸 느꼈을 뿐이에요' 라고 말했어요. 그것이 그가 살아가는 방식이었어요. 다른 사람들의 필요가 자기일보다 우선이었죠. 그때 이후로 저는 제 삶과 제 일을 다른 방식으로 생각하게 됐어요."

리치는 다른 사람들이 성장하는 것을 너무나 좋아했다. 리유니온 레코드사의 중역 돈 도나휴는 이렇게 말했다. "그의 마지막 콘서트 중 하나를 봤는데 얼마나 좋았던지 그만 그 열정과 분위기에 압도당하고 말았어요. 저는 후에 리치에게 그 감동을 전했죠. 그때 그는 이렇게 말했어요. '이 사람들에게도 그들이 얼마나 멋있게 공연을 끝냈는지 말해주시겠어요?' 리치는 그 젊은 청년들이 인정받고 확인받길 원했어요. 그는 훌륭한 지도자였어요. 그는 그들을 열정적으로 지원했고, 그렇기 때문에 그들 스스로도 그들이 훌륭하다는 것을 알길 바랐어요."

이웃을 사랑하는지 아닌지 고민하면서 시간을 낭비하지 말라. 사랑하는 것처럼 행동하라. 그렇게 하자마자 곧 위대한 비밀 하나를 발견할 것이다. 누군가를 사랑하는 것처럼 행동하는 즉시 그를 정말로 사랑하게 된다는 것을.

· C. S. 루이스 ·

리치는 바울의 충고를 따랐다. '사랑에는 거짓이 없나니 악을 미워하고 선에 속하라 형제를 사랑하여 서로 우애하고 존경하기를 서로 먼저 하며' (롬12:9~10) 에릭 호크는 '어린 형제들'의 회원들을 돕는 데 리치가 얼마나 많은 시간과 에너지를 쏟았는지 다음과 같이 회상했다. "순회공연을 앞두고 리허설을 하기 위해 3주 동안 인디언 보호구역에서 함께 생활했을 때의 일이에요. 그 콘서트의 시작 부분을 맡은 미치(맥비커)의 부분을 맞추는 데 2주를 보냈고, 리치의 부분을 준비하는 데는 단지 1주일만 사용했어요. 맙소사, 얼마나 큰 모험이었던지요. 그리고 얼마나 큰 배려였던지요. 리치와 같은 빅스타라면 대부분 자기의 경력에만 관심을 가져요. 하지만 그는 달랐어요. 그는 우리에게 투자를 했어요. 리치가 없었다면 우리는 결코 기회를 잡지 못했을 거예요."

기독교적인 의미에서의 사랑이란, 감정이 아니라 의지를 행사하는 것이다. 예수님이 이웃을 사랑하라고 말씀하신 것은 기분 좋은 감정으로 그들을 대하라는 의미가 아니다. 당신은 하품을 하거나 재채기를 하는 것처럼 남들이 원하면 그들을 기분 좋게 만들어줄 수 있다. 그러나 예수님이 원하시는 것은 그런 수준이 아니었다. 예수님은 그들의 행복을 위해서 기꺼이 일어나서 일하라고 말씀하셨다. 그게 바로 예수님이 원하시는 사랑이다. 비록 그것이 우리의 행복을 희생시킬지라도 말이다.

· 프레드릭 뷰크너 ·

---

## 행동하기 전까지
## 그것은 사랑이 아니다

리치는 다른 사람들을 사랑하는 게 비용이 많이 들거나 실천하기 어려운 일이라고 생각지 않았다. 그의 노래 '서 있을 곳이 필요해요(A Place to Stand)' 에서 리치는 이렇게 말했다.

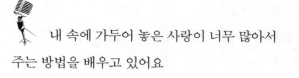 내 속에 가두어 놓은 사랑이 너무 많아서
주는 방법을 배우고 있어요

그는 많은 사람들에게 다양하고 구체적인 방식으로 사랑을 표현했다. 그리고 그는 진짜 사랑은 주고난 후에 보답 받는 것을 기대하지 않을 때 살아 숨쉬는 거라고 믿었다. 그는 말했다. "사랑은 우리가 행해야 할 미덕이지 감정이 아니에요. 그것은 사랑 받는 사람의 호의적인 반응이 아니라 하나님에 의해 커지고 불타오르

301

죠. 사랑을 아낌없이 주었으나 사랑 받지 못했다고 슬퍼하지 마세요. 그러한 사랑이야말로 모든 미덕 가운데서 가장 높게 평가 받으니까요. 그런 사랑이야말로 하나님의 성품의 핵심이거든요.⁶"

"리치는 사랑을 행동으로 옮기기 전까지는 진정한 사랑이 아니라고 믿었어요." 미치 맥비커가 말했다. "그는 사랑에 대해서도 많이 말했지만 말보다는 행동으로 훨씬 더 많이 보여줬어요. 그는 화려한 방식으로 사랑하지 않았어요. 그가 보여준 사랑의 방식은 그의 시간과 에너지를 투자하는 것이었지요. 그 자신을 선물로 주는 게 그의 사랑이었어요." 미치가 말했듯이 그의 사랑은 화려하지 않았지만 일상에서 종종 드러났다. 리치의 대학 친구인 샘 하워드는 그를 방문했던 때를 다음과 같이 회상했다. "저는 그를 보러 테네시로 갔어요. 그가 내게 케이크를 만들어 줬지요. 맛은 형편없었지만 그가 만들려고 애쓰는 모습은 마음을 훈훈하게 해줬어요."

어느 날 내 친한 친구인 리차드 J. 포스터가 리치와 함께 살고 있을 때 집을 방문했다. 리치와 리차드, 두 사람은 한 번도 만난 적이 없었지만 만나자마자 대화를 시작했다. 리치가 위대한 인디언 지도자인 조셉 추장(Chief Joseph)의 사진이 박힌 티셔츠를 입고 있었기 때문이었다. 포스터가 말했다. "조셉 추장은 어린 시절 나의 우상이었어요. 정말 멋진 셔츠네요." 리치가 대답했다. "그럼, 입으세요."

그 말이 끝나자마자 그는 그 셔츠를 벗어서 리차드에게 건네 줬다. 나는 그 광경을 가만히 지켜보고 있었다. 그 셔츠가 리치에게 매우 뜻 깊은 것이라는 것을 알고 있었기 때문에 내심 놀랐다. 하지만 리치가 그의 행동으로 인해 다른 사람이 행복해하는 걸 훨씬 더 기뻐한다는 걸 알기 때문에 가만히 있었다.

프렌즈 대학 재학시절에 나는 그가 다른 학생들을 위해서 사역하는 것을 지켜봤다. 제니퍼 잰츠는 오전 8시에 시작하는 밴드 수업에서 항상 리치의 옆에 앉았다. 그녀는 리치에 대한 작지만 따뜻한 추억을 간직하고 있었다. 그녀는 자기에게 큰 영향을 끼친 그 사건에 대해 말했다. "어느 날 생각지도 않았는데 그가 편의점에서 카푸치노 한 잔을 사다줬어요. 그리고 그 이후로 그는 매일 내게 카푸치노 한 잔씩을 사다줬어요. 그는 사람들이 어떤 것을 좋아한다고 생각하면 그들이 그것을 갖게 되길 바랐어요. 그리고 그것을 위해서 직접 행동했지요."

리치의 친절한 행동은 내 삶에도 영향을 미쳤다. 예를 들어, 나는 정확히 오후 11시 11분에 내 아내에게 청혼했다. 물론 내가 의도한 일은 아니었다. 하지만 두고두고 우리는 그 일에 대해 가볍게 농담을 하곤 했다. 그 얘기를 리치 앞에서도 했었나보다. 우리는 농담으로 말했지만 그는 그것을 잊지 않았다. 그리고 후에 그의 밴드 멤버가 다음과 같은 얘기를 들려주었다. 어느 날 지프를 타고 가고 있었는데, 계기판의 시계가 11시 11분을 가리키자 리치가 "저, 잠깐 서서 짐과 메건을 위해 기도해요"라고 말했다는 것이다. 게다가 그 뒤로 항상 그렇게 했다는 것이다. 그러나 그 일을 리치가 직접 얘기한 적은 없었다. 그는 어떤 사람에게 좋은 인상을 남기기 위해서 그런 일을 하는 사람이 아니었다. 그는 오직 우리를 사랑하기 때문에 그 일을 했던 것이다.

# 진정한 영성

리치는 살면서 매일 반복하는 활동이야말로 가장 영적인 활동이라고 믿었다. 그는 말했다.

**❝ Rich...**

하루가 다 끝났을 때 옷을 개는 일도 영적인 일이다. 잠자리를 준비하는 것도 영적인 일이다. 집안에만 틀어 박혀 있는 이웃에게 과자를 갖다 주거나 나이가 너무 많아서 앞마당의 잔디를 깎을 수 없는 이웃을 대신해서 잔디를 깎아주는 일도 영적인 일이다. 그것이 영성이다. 하나님에 대해 따뜻하고 기분 좋은 느낌을 갖는 것은 감정적인 것이다. 물론 그것도 좋다. 그러나 진정한 영성은 무엇보다도 살아 움직이는 것이다. 영성보다 더 실제적인 것은 이 세상에 없다고 생각한다.[2] ❞

흔히 우리는 이런 착각에 빠지곤 한다. '아마도 교회에서 보낸 시간이 가장 성스럽고 영적인 시간이겠지. 기도하는 순간만큼 영성이 높아지는 때가 없지.' 그러나 리치는 삶에서 일어나는 일상적인 사건들이야말로 기독교인을 형성하는 요소라고 생각했다. 그래서 특별한 사명을 지닌 사람들뿐 아니라, 주중에는 일터로 가고 주일에는 교회에 나오는 평범한 기독교인들도 모두 사역을 하고 있다고 생각했다. 대부분의 교인들이 영적인 것과 세속적인 것을 극명하게 나눠서 생각하지만, 리치는 그런 이분법을 싫어했다. 그는 일단의 기독교 작가들에게 이렇게 말했다.

## " Rich...

사랑하는 여러분, 지금 여러분이 사역으로 하고 있는 일에 대해 생각하는 걸 잠시 멈춰보세요. 사역이 특별하다고 생각하나요? 그렇다면 나는 더욱더 그 일에 대해 고심하는 걸 그만두라고 말하고 싶네요. 특별한 사역은 말 그대로 너무나 특별해서 일상 속에 스며들 수 없어요. 그것은 식탁을 어지럽히며 밥을 먹고, 침대 커버를 둘둘 말아서 구석에 던져 놓고, 변기에 물이 넘치든 말든 상관하지 않은 채로 호텔을 떠나면서 의기양양하게 테이블에 팁을 내려놓는 것과 같아요. 팁을 염두에 두지 않는다면 여러분은 직접 식탁을 치우고, 침대 커버를 정리하고, 변기를 손보겠죠.

사람들을 사랑하는 것을 사역으로 삼으세요. 사랑한다는 것은 그들을 위해 무언가를 직접 한다는 뜻이에요. 그들을 일으키는 어떤 것을 말이죠. 아내가 음식을 수백 번 데우기 전에, 전화 한 통을 하세요. "저녁식사에 늦을 것 같아, 먼저 먹어요. 사랑해." 이게 바로 사람들을 사랑하는 겁니다. 마음으로 미안해하는 대신 아내를 위해 직접 전화를 하는 것, 이게 참사랑이죠. 때때로 피곤한 아내를 위해 대신 요리를 하는 것, 이게 바로 아내를 사랑하는 겁니다. 사람들을 사랑하고 존경하는 것은, 글을 쓰거나 찬송을 하는 것보다 훨씬 더 중요해요.

당신이 기독교인이라면 사역은 일상적인 것이 돼야 해요. 살면서 일어나는 사건들을 어떻게 다루느냐, 이게 바로 사역을 다루는 마음이죠. 사역은 그냥 늘 발생하는 거예요. 그렇기 때문에 저는 삶을 두 가지로 나눠서 '이것은 사역이야' '그리고 이건 일상적인 일이야' 라고 말할 수 있을지 도통 모르겠네요. 기독교의 열매란 우리 주변의 모든 사람에게 영향을 줄 수 있어야 하니까요.[8] **"**

리치의 친구인 톰 부스*Tom Boothe*는 인디언 보호구역에 있는 리치를 방문했을 때 큰 감동을 받았다. 리치가 그곳에서 자신이 한 말을 직접 실천하고 있었기 때문이다. "그 당시에 리치와 미치는 이동주택에 살았어요. 리치는 저보고 침대를 쓰라고 말했어요. 그는 바닥에서 잘 거라면서. 그것이 제게 보여준 리치의 순수한 사랑이었죠. 또한 실제적인 교훈이었어요. 그는 제게 무언가를 주는 것에서 만족하지 말고, 사람들에게 당신이 갖고 있는 최고의 것을 주라고 일러주었어요."


## 음악사역

음악은 리치가 사용했던 주된 사역 방법이었다. 비록 그조차도 때때로 그것의 효과를 의심하긴 했지만 말이다. 그가 말했다. "나는 기독교 음악이 잠재적으로는 제한된 사역을 하고 있다고 생각해요." "내 인생을 바꾼 사람들은 내게 CCM을 불러줬던 사람들이 아니라, 나를 사랑했던 사람들이었으니까요.[9] " 그러나 지금까지 온 세상의 수많은 사람들이 리치의 음악을 통해 은혜를 받았다. 그는 표현할 수 없는 감정을 말로 표현할 줄 알았고, 자신의 영혼을 숨김없이 밝혔으며 사람들의 믿음을 능동적으로 고쳐시켰다. 에이미 그랜트는 이렇게 말했다. "그의 노래를 들으면 눈물이 쏟아질 것 같아요. 그의 노래는 매우 솔직하거든요. 리치는 자기 자신에게 솔직한 만큼 음악 속에서도 솔직했어요. 아니, 음악 안에서 가장 솔직했죠. 그의 음악은 그를 만나 본 적 없는 사람들까지도 그와 연결시켜줬어요. 나는 그의 음악을 들을 때마다 내 자신이 더욱 담대해지는 것을 느껴요."

---

우리는 하나님의 계명에 순종하기 위해 노력해야 한다. 그런데 정확히 무엇을 해야 할까? 놀랍게도 우리가 특별하게 할 일은 아무것도 없다. 단지 일상생활 속에서 우리에게 나타나고 주어지는 것들만 열심히 하면 된다. 매일매일 부딪히는 일상의 사건들을 해결하기 위해 하는 일들 말이다.　　　　　　　　　　　　· 성 테오판 Saint Theophan ·

---

　나 역시 그러한 감동을 느꼈다. 특히 그가 내 딸을 위해 만들어준 음악을 들으면 사랑과 음악의 힘이 온몸으로 느껴진다. 세상으로 나오기 위해 힘들게 사투를 벌여야했던 내 딸, 그 아이가 태어나기 몇 주 전 담당의사는 그 아이가 여러 가지 결함을 가지고 있어서 태어나기 힘들다고 말했다.

　사실, 내 아이는 태어난다고 하더라도 살아남을 가능성이 거의 희박했다. 우리는 울면서 태어나지도 않은 딸의 장례식 계획을 세워야 했다. 우리를 둘러싸고 있었던 세상은 완전히 무너져 내렸고, 제왕절개를 받기 위해 수술대 위로 오르는 아내를 보면서 나는 '…사랑한다. 그리고 사랑했다'는 두 가지 말을 동시에 준비해야 했다. 인큐베이터 안에서 잠자던 딸아이를 집으로 데려갈 때, 병원에서는 매들린이 얼마 못가 죽을 수도 있다는 사실을 상기시켰다. 리치는 우리의 상황을 알게 되자마자 전화를 했다. 나는 지금도 그때의 대화를 생생하게 기억한다. 몇 분이 지나지 않아서 나는 거의 울부짖는 상태에 이르렀고, 내 가슴에 있던 모든 말들을 수화기 너머로 몽땅 쏟아냈다. 그때 리치는 아무 말도 하지 않고 조용히 듣기만 했다. 물론 그것은 아주 적절한 위로였다. 내가 내 슬픔과 아이를 잃을지도 모른다는 두려움을 숨김없이 쏟아낼 수 있도록 도와준 것이다. 그럼에도 불구하고 나는 전화를 끊자마자 순간적으로 그가 정말 우리를 걱정하고 있는지 의심스러워졌다. 그러나 이제 나는 안다. 그가 걱정하고 또 걱정하고 또 걱정하고 있었다는 것을… 차마 말로는 표현할 수 없을 정도로 말이다.

기쁘게도 매들린은 계속해서 우리와 의사의 걱정스러운 예측을 깨버렸다. 그 당시 인디언 보호구역에서 살고 있던 리치는 수시로 우리 집에 들러 매들린 곁에 있었다. 그는 이미 매들린을 깊이 사랑하고 있었다. "저기, 매들린을 위해서 곡을 하나 만들었어. 잠깐 들러서 연주해도 되겠어?" 내가 좋다고 하자 그는 놀랍게도 밴드 전체를 우리 집으로 데려왔다. 그리고 거실에서 매들린을 위한 노래를 연주했다. 그 노래는 하나님이 어떻게 약한 사람들을 돌보시는지, 약한 사람들 중에서도 가장 약한 사람들의 기도에 어떻게 깊이 감동하시는지에 관한 아름다운 자장가였다. 리치는 마지막 순회공연에서 그 노래를 계속 연주했다.

# **66** Rich...

이 노래는 한 어린 여자아이를 위한 것입니다. 의사는 그녀가 태어나도 절대 오래 살지 못할 거라고 말했죠. 그 자리에 있던 그 누구도 그녀의 활기찬 미래를 그려볼 수 없었습니다. 하지만 그 아이는 가쁘게 숨을 내쉬면서도 꿋꿋하게 세상 밖으로 나왔습니다. 이틀 후에 의사는 이렇게 말했죠. "일주일을 못 넘길 거예요." 하지만 그 아이는 일주일 동안 숨을 들이마시고 또 다시 내뱉었습니다. 한 달 후에 의사가 말했습니다. "일 년을 살지 못할 거예요." 그러나 16개월이 지난 현재 그녀의 몸무게는 5.4Kg입니다. 그 아이는 기도하는 것처럼 손을 포갠 채로 잠을 자요. 우리는 이제 그 아이가 우리를 위해서 기도하고 있다고 생각해요. 이 노래는 그녀를 위한 것입니다. **99**

 매들린이 칭얼거린다
매들린이 웃는다
천사가 매들린을 보면서 우리에게 말한다
"저기, 저 아이를 좀 보세요!
여기 당신의 믿음이 있어요
산이 흔들릴 거예요
매들린이 기도할 때
하나님께서 흐뭇하게 몸을 숙이시고
그 아이의 기도를 들으시거든요"

매들린이 기지개를 켠다
매들린이 발을 세게 찬다
천국에 있는 천사가 말한다
"저기, 이 아이를 좀 보세요!
여기 당신의 믿음이 있어요
산이 흔들릴 거예요
매들린이 기도할 때
하나님께서 흐뭇하게 몸을 숙이시고
그 아이의 기도를 들으시거든요"

일찍이 내가 본 적 있는 유일한 천사들은
하늘의 얼굴 위로 흐르는 눈물과 같았다.
슬픔으로 줄이 생긴 천국을 볼 때
당신의 가슴은 몹시 아프겠지만
그럼에도 당신은 이미 알고 있다

초록빛으로 반짝이는 에메랄드처럼
금빛으로 반짝이는 자갈이 있는 곳에서
벽과 거리에 보석이 알알이 박혀 있는 거리에서
하나님은 단지 우리를 보시기 위해 창밖으로 고개를 내미신다
슬픔처럼 연약한 모든 것들은 사라지기 마련이다.

사랑하라, 더 많이 사랑하라

언젠가는 잃어버릴지 모른다는 사실을 깨달으면 우리는 그 어떤 것
이든 사랑할 수 있다.                           · G. K. 체스터튼 ·

리치는 매들린을 '하나님이 보살피시는 진정한 매력덩어리'
라고 생각했다. 그는 그녀의 귀에다 기도를 속삭이곤 했다. 비록
매들린은 선천적으로 잘 들을 수 없었지만, 리치는 그녀가 자기
의 기도를 들었다고 믿었다. 오직 리치만이 말 못하거나 듣지 못
하는 사람들을 기도의 동역자로 삼을 수 있었다.

실제로 매들린은 리치를 위해 기도했을 것이다. 그리고 리치
도 매들린을 위해서 기도했다. 에릭 호크는 이렇게 말했다. "우
리는 CCM 밴드로서 경건한 시간을 가졌고 매일 매들린을 위해
서 기도했어요. 매들린이 어떻게 지내고 있는지에 대해 항상 귀
를 쫑긋 세웠죠. 그녀가 병원에 있는지 집에 있는지 그리고 상태
가 어떠한지 등에 관해서 말이죠. 우리가 매들린을 위해 기도할
때까지 경건의 시간은 결코 끝나지 않았어요."

매들린은 리치가 죽고 난 지 6개월 후에 조용히 눈을 감았다.
'어린 형제들'의 회원 몇 명이 장례식에 참석했고 그들은 매들
린의 노래를 연주했다. 그 순간은 내 생애 가장 고통스럽기도 했
지만 가장 편안한 순간이기도 했다. 칼날 같은 고통은 리치와 매
들린이 지금 천국을 함께 여행하고 있을 거라는 생각이 들자 이
상할 정도로 차분하게 가라앉았다.

# 세상을 긍휼히 여기는 마음

리치는 가난 때문에 절망하는 나라와 지역을 돌아보곤 했다. 특히 남미와 미국 남서부에 있는 인디언 보호구역이 그의 영혼을 움직였다. 그는 그 지역의 생활조건이 더 나아지도록 간절히 무엇인가를 하고 싶었다. 그리고 결국 그는 국제구호기구라고 불리는 조직과 함께 일하기 시작했다. 국제구호기구는 개발도상국의 어린이들을 후원하는 기관이다. 매달 적은 후원금으로 음식, 옷, 교육 등 아이들에게 가장 필요한 기본적인 것들을 보낸다.

후원자들은 자기가 후원한 아이의 사진을 받게 되고, 아이에게 편지를 보내보라는 애정 어린 권유를 받는다. 리치가 국제구호기구와 함께 일을 시작한 계기는 다음과 같았다.

## 66 Rich...

국제구호기구 단체와 여행을 갔어요. 여행을 떠나기 전부터 저는 그 기관에 관심이 있었는데 우연한 기회에 과테말라에 함께 여행을 가게 됐고, 거기서 실제로 아이들을 만났지요. 그 아이들은 후원자가 보낸 편지를 작은 상자에 넣어 보관하고 있었어요. 그것을 성체용기처럼 다루더라고요. 게다가 편지 내용을 모조리 외우고 있었지요. 그들은 만나는 사람마다 자기가 받은 편지를 보여주고 거기에 적힌 한마디 한마디를 외우곤 했어요. 저는 국제구호기구의 후원을 받고 있는 한 여인에게 말을 걸었어요. 그녀는 아이 셋을 둔 엄마였지요. 나는 그녀가 어떻게 해서 한 아이를 잃었는지, 그리고 지금 그녀의 남은 자녀들이 교육을 받게 돼서 얼마나 기쁜지 알게 됐어요. 저는 그곳에서 희망을 봤어요. 시멘트벽에 붙어서 살아가는 것 외에, 새벽 3시부터 저녁 9시까지 납작하게 구운 옥수수 빵을 만드는 것 외에 그들이 다른 어떤 생산적인 것을 할 수 있다는 가능성을요. 국제구호기구가 그녀에게 어떤 영향을 미쳤는지 깨달았을 때, 후원을 받고 있는 아이들뿐 아니라 그 주변 사람들에게 어떤 영향을 미치고 있는지 알았을 때, 갑자기 '오! 하는 신음이 터져 나오면서 이 일을 해야겠다는 확신이 들었어요.[11] "

리치는 국제구호기구와 함께 콜롬비아의 보고타로 가는 도중에 카를로스 목사를 만났다. 그는 교회를 짓기 위해 헌신하고 있었다. 리치는 그에게서 큰 감동을 받은 나머지 그 교회에 기부금을 전달할 목적으로 전국 순회공연을 계획했다. 카를로스 목사는 나중에 그를 회상하면서 이렇게 말했다. "저는 (리치의 사망소식을 듣고) 매우 슬펐어요. 그는 매우 사려 깊고 믿을 수 있는 사람이었으니까요. 그리고 하나님께서 그의 마음속에 새기신 '사람들을 도우라'는 지침을 직접 실천한 사람이었으니까요.[12] "

국제구호기구에서 리치를 만났던 알리사 로코타는 카롤로스 목사가 섬기는 교회에 대해 이렇게 말했다. "시멘트 덩어리에 불과했어요. 그곳에는 학교나 교회, 그 아무것도 없었어요. 그러나 리치는 다시 그곳으로 돌아와서 이렇게 말했어요. '다음 순회공연 때는 목사님을 위해 헌신하고 싶어요. 돈을 모금해서 드리고 싶어요.' 그리고 리치는 정확히 그렇게 했다. 카를로스 목사는 리치가 그들을 위해서 한 일과 그가 지금 천국에 있다는 사실을 기억하면서 다음과 같이 말했다. "그는 씨를 뿌리고서 떠났지만 이제 그 씨는 놀라운 열매로 거듭나고 있습니다.[13]"

그 특별한 순회공연을 통해 리치는 청중들에게 봉사할 기회를 선사했다. 아이들을 후원할 기회를 제공했다. 그리고 리치는 국제구호기구에서 가장 유능한 후원자 가운데 한 사람이 됐다.

---

어쨌든 사랑한다는 것은 연약해지는 것이다. 어떤 것이든 사랑하라. 그러나 그렇게 하면 마음은 분명히 괴로울 것이고 아마도 쇠약해질 것이다. 그게 싫은가. 당신의 마음에 상처를 내고 싶지 않다면, 아무에게도 마음을 주지 말아야 한다. 동물에게조차 말이다. 마음을 이기심의 관속에 넣고 안전하게 잠가버려라. 하지만 그 작은 상자 속에서 마음은 서서히 변해갈 것이다. 물론 쇠약해지지는 않을 것이다. 오히려 부러뜨릴 수 없고 꿰뚫을 수 없을 만큼 단단해질 것이다. 모든 위험과 사랑의 혼란으로부터 완벽하게 안전할 수 있는 유일한 곳은 천국 아니면 오직 지옥뿐이다.                    · C. S. 루이스 ·

---

리치는 세 명의 어린이를 후원했다. 그는 보고타에 있었을 때 그 어린이 가운데 한 명을 실제로 만났다. 그녀는 알렉산드라 *Alexandra*라는 어린 소녀였다. 알렉산드라는 이렇게 말했다. "저는 그를 무척 사랑했어요. 여기로 오셨을 때 그는 이 멜로디

언을 주셨죠. 이것을 보면 여전히 그가 생각나요. 사진도 갖고 있어요. 그는 자기가 하는 사역에 대해 제게 말해줬어요. 그를 통해서 저는 하나님을 알게 됐어요. 그는 곤궁에 처한 가난한 사람들을 위해서 일했어요. 그에게 하나님의 말씀은 중요했어요. 저는 그를 매우 많이 사랑해요. 비록 지금은 이 땅에 없지만 그는 항상 제 기억 속에 계실 거예요."

보고타의 아이들은 대부분 리치를 기억한다. "리치 아저씨는 무엇보다도 사랑하는 것과 사랑 받는 것을 우리에게 가르쳐주셨어요. 다른 사람들을 존중하고 형제로서 서로 사랑하는 법을 가르쳐주셨죠. 하나님이 아저씨를 데려가신 곳은 아저씨가 꼭 있어야 할 장소일 거예요. 아저씨는 살아 있을 때 멋진 일들을 많이 했으니까요."[16].


인디언 보호구역을 몇 차례 방문한 후에 리치는 서글퍼졌다. 압제에 시달리는 다른 나라의 사람들을 보면서 느꼈던 것과 같은 감정을 느꼈다. 그를 망연자실하게 만들었던 것은 인디언들이… 아메리카 사람이었다는 사실이다. 그들은 세상에서 가장 부유한 나라의 시민이었고, 게다가 그 나라의 원주민이었다. 그는 그들과 함께 점점 더 많은 시간을 보낼수록 마음이 부서지는 것을 느꼈다. 알리사 로코타는 그 사건에 대해 이렇게 말한다. "국제구호기구가 미국에서 활동을 하게 된 것은, 특히 원주민 사역을 시작하게 된 것은 리치 덕분이었어요. 그는 말년에 오직 그 일에만 힘썼어요."

당신이 저장해둔 빵은 배고픈 사람들의 것이다. 당신이 입고 있는 겉옷은 헐벗은 사람들의 것이다. 당신이 땅에 숨겨놓은 금은 가난한 사람들의 것이다.

· 성 바실리오 *Saint Basil* ·

그는 삶의 마지막 2년 동안 인디언 보호구역에서 살았다. 그는 아이들에게 음악을 가르치기 위해 그곳으로 갔지만, 많은 사람들은 그가 인디언들을 개종시키기 위해서 탐색하고 있다고 생각했다. 미치 맥비커는 그 일에 대해 이렇게 말했다. "리치가 한때 제게 말했어요. '사람들은 내가 나바호 인디언들을 구원하기 위해 보호구역으로 간 거라고 말하지만 정반대의 일이 일어나고 있어. 내가 오히려 그들을 통해 복을 받고 있어. 그들 때문에 변하고 있어. 이곳에 와서 구원을 받았어.'"

리치는 자기를 그 문화 속에 완전히 쏟아부었고 보호구역에 사는 사람들, 특히 어린이들을 돕기 위해 시간과 에너지를 투자했다. 에릭 호크는 다음과 같이 말했다. "아이들에 대한 리치의 사랑은 각별했어요. 우리가 인디언 보호구역에서 노래를 연습하고 있을 때 종종 아이들이 놀러왔는데, 리치는 어떤 아이가 오더라도 항상 일을 멈추고 그들과 시간을 보내곤 했어요. 시간에 쫓기고 있을 때라도 말이죠. 그는 보호구역 가운데 있는 학교에서 아이들을 위해 연주했고 우리를 그곳으로 데려가기도 했어요. 가끔 우리는 그런 일들이 가장 가치 있는 일인지, 시간을 가장 잘 사용하는 것인지 의문을 가졌죠. 하지만 리치는 아이들이 스스로를 중요한 존재라고 느끼게 만드는 일이 그 무엇보다도 중요하다고 말하곤 했어요."

인디언 보호구역에 있을 동안 리치는 자신이 줄곧 원해왔던 종류의 영향력을 끼칠 수 있었다. 하지만 그는 그 사역이 완성되는 것을 볼 수 없을 거라고 생각했다. 에릭은 이렇게 회상했다. "리치는 죽기 전 화요일에 저를 불러냈어요. 함께 산책하자고 청했죠. 그는 인디언 보호구역에 있을 동안 신비한 경험을 한 적이 있다고 말했어요. 그는 청년들이 보호구역에서 사람들에게 음악과 복음을 가르치는 멋진 환상을 봤다고 말했어요. 하지만 그는 곧이어 울음을 터뜨리면서 '에릭, 하나님이 나는 아니라고 말씀하시는 것 같아. 하나님은 내게 그 일을 할 자유를 주시지 않았어. 다른 사람들이 그 일을 할 수 있도록 필요한 기금을 모으는 능력을 주셨지만 그 사역을 직접 하지는 못할 것 같아.' 저는 느낄 수 있었어요. 그가 이 세상의 어떤 것보다도 그 사역이 이루어지는 것을 정말로 보고 싶어 한다는 것을요. "

리치가 죽은 후에 그의 동생 데이비드는 알리사 로코타와 함께 리치의 활동을, 특히 미국 인디언들을 위한 사역을 계속했다. 그들은 '성 프랑크의 어린 형제들의 유산(The Legacy of A Kid Brother of St. Frank)이라는 비영리 단체를 만들었다. 물론 그 일을 혼자 할 수는 없었다. 하지만 다른 사람들이 그 비전을 실행하기 위해서 점점 일어나고 있었다.

---

'나'라는 작은 우리에서 벗어나 '우리'라는 넓은 경치를 보게끔 만드

는 그 짧은 순간이야말로 인간이 느낄 수 있는 최고의 순간이다.

· 프레드릭 뷰크너 ·

---

# 세상을 따뜻하게 또는 삭막하게

리치는 한때 이렇게 말했다. "이 세상을 우리 모두에게 좋은 세상으로 만들 책임은 우리 모두에게 있다. 우리가 존경, 호의, 격려, 사랑, 진리를 제공하거나 제공하지 않거나에 따라 세상은 따뜻해지거나 삭막해진다. 그런 의미에서 우리는 각각 다른 사람들의 건강이나 질병의 모든 부분에 영향을 끼치고 있고 우리모두가 공유하는 기후에 영향을 미친다.[15] " 십자가의 성 요한 *Saint John of the Cross*은 다음과 같이 말했다. "인생을 마칠 때 우리는 사랑으로 심판 받을 것이다." 리치는 살아 있을 때나 심지어 세상을 떠났을 때조차 형제의 파수꾼으로 활동함으로써 세상을 몇 도 정도 더 따뜻하게 만들었다.

❋ 묵상을 위한 질문

1. 서로 사랑하는 게 우리가 예수님의 제자라는 것을 세상에 나타내는 거라면, 우리는 얼마나 서로 사랑하고 있다고 생각하는가? 우리의 교회를 10점 만점으로 평가해보라. 그리고 당신이 준 점수에 대해 설명해보라.

2. '형제의 파수꾼'의 가사를 읽어보라. 당신에게 어떤 소절이 가장 의미 있는가? 그 이유를 설명해보라.

3. 리치는 다른 사람들을 사랑할 때 중요한 것은 그들을 판단하지 않는 것이라고 생각했다. 당신은 부당하게 판단을 받은 적이 있는가? 다른 사람들을 부당하게 판단한 적이 있는가?

4. 당신의 결점을 알고 있음에도 불구하고 당신을 정말로 사랑했던 사람들은 누구인가? 그들은 그 사랑을 어떻게 표현하는가?

5. 리치는 진정한 사랑은 감정이 아니라 행동이라고 말했다. 다시 말해 단순히 다른 사람을 사랑한다고 말하는 게 아니라 일상적인 일을 충실히 하는 것이라는 말이다. 당신은 하나님과 다른 사람을 향한 사랑을 어떻게 실천하고 있는가? 그것을 설명해보라.


✿ 생각과 연습

• 아무도 판단하지 말고 하루를 지내보라. 그러면서 다른 사람들을 욕하고 싶은 마음을 억누를 수 있는지, 그리고 다른 사람들이 겪고 있는 고통을 민감하게 느끼게 해달라고 기도할 수 있는지 따져보라.

• 선한 행동을 하라. 하나님이, 당신이 섬기거나 축복할 수 있는 사람을 데려오기를 기도하라. 그리고 이런 기도는 항상 응답받는다는 사실을 유심히 살펴보라.

*That Where I Am, There You May Also Be :*
*Meditating on Death and the to Come*

내일이면 죽을 거라는 마음으로 사세요
영원히 살 것이라는 것을 알고 죽음을 받아들이세요
– '내가 있는 곳에 너희도 있게 하리니' 중에서

# 죽을 것처럼 살고,
# 영원히 살 것처럼 떠나라

리치는 죽음에 대해 많이 말하고 노래했다. 언젠가 리치는 이렇게 말했다. "빠르든 늦든 우리 모두는 죽어요… 여러분들이 언젠가 죽을 거라는 것을 절대로 잊지 마세요. 그것이야말로 우리가 생각할 수 있는 가장 확실한 것이기 때문이에요 [1]." 그렇게 생각하면 우울해지지만 리치는 그런 생각에서 이상하게 위로를 받았다고 한다. 그는 하나님이 좋으신 분이라는 것을 믿었기 때문에 죽음도 두려워할 만큼 끔찍하지 않을 거라고 믿었다. 리치는 죽음을 받아들여야 하는 확실한 것으로 느꼈고 우리가 얼마나 돈이 많든지 아름답든지 똑똑하든지 간에 언젠가는 죽게 될 것이라는 사실을 인식했다. 죽음은 위대한 평형 장치(equalizer)인 것이다.

살면서 우리가 알 수 있는 유일한 것은 죽음이다. 우리는 자신이 성공할지, 실패할지, 결혼할지, 혼자 살지 아무것도 예측할 수 없다. 하지만 언젠가 죽을 것이라는 것은 확실히 알고 있다. 그러한 결말은 하나님이 던지시는 가벼운 농담과도 같다. 스스로 아무리 예쁘고 멋지다고 생각해도 죽으면 당신의 몸은 썩을 수밖에 없다. 대부분의 사람들은 죽음을 거의 무시하고 산다. 죽음을 상기시키는 것은 어떤 것이든지 눈앞에서 제거한다. 그러나 영원히 살 것이라는 상상은 사실 기괴한 것이다. 물론 우리는 이전과는 전혀 다른 방식으로 영원히 살게 되겠지만 말이다.[2]

## 우리는 모두 죽을 것이다

리치는 '당신을 봅니다(I See You)'에서 이렇게 노래했다.

 풀은 죽어요
그리고 꽃은 지죠
하지만 당신의 말씀은 살아 있어요
결국 그렇게 될 거예요

그리고 '당신과 함께 있을 수 있나요(Be With You)'라는 또
다른 노래에서 리치와 저스틴 피터스는 다음과 같이 노래했다.

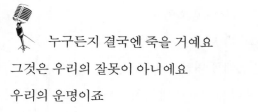 누구든지 결국엔 죽을 거예요
그것은 우리의 잘못이 아니에요
우리의 운명이죠

그는 인생이 주기적으로 반복되는 것을 관찰했고, 그 순환과
정에서 죽음은 빠질 수 없는 필수요소라는 것을 알았다. 리치는
삶의 다른 모든 부분에서 그랬던 것처럼 죽음에 대해서도 정직
했다. 그는 사람들을 두려움으로 몰아넣는 주제를 그럴듯하게
포장해서 떠들지도 않았고, 그렇다고 거짓으로 행복해하지도 않
았다. 그는 현실주의자였다. 무엇보다도 그는 믿음의 눈으로 죽
음을 바라보았다.

우리가 살면서 무엇과 씨름하고 있는지는 우리가 하는 말에서
드러난다. 일기를 쓰거나 글을 써본 적이 있는 사람들은 이 말에
더욱 공감할 것이다. 리치는 죽음과 삶의 궁극적인 의미를 알기
위해서 씨름했다. 그래서 그의 노래가사를 보면 그의 이러한 노
력이 드러난다. 당신이 만든 노래 가운데서 무엇을 가장 좋아하
냐고 물으면 그는 항상 주저하지 않고 '엘리야Elija'라고 대답했
다. 그것은 자신의 죽음에 관한 노래다.

엘리야

내가 건너갈 요단강이 기다리고 있어요
내 마음은 나이를 먹고 있어요
주님, 마지막 한 번만 은혜를 내려주세요
여기에 제 마음이 있으니 당신의 뜻대로 하소서

이 세상의 삶은 우리가 얼마나 질책 받고
얼마나 찢김을 받았는지 보여줬어요
우리가 자유로운 한 외롭게 사는 것이
얼마나 괜찮은 것인지 보여줬어요
때때로 내 삶은 자갈투성이에요
때로는 가시로 뒤덮여 있죠
그리고 오직 당신만이 그 모든 것들을 제대로 만드실 수 있고
이제 그렇게 됐어요
그들이 저를 거지처럼 입히거나 왕자처럼 대접할지라도
그들이 저를 조상들과 함께 누이거나
제 재가 바람에 흩날릴지라도
신경 쓰지 않아요

친절한 사람들이 있었어요
하지만 그들은 결코 당신의 친구가 되지 않을 거예요
때때로 이런 사실이 저를 완전히 좌절시키죠

죽을 것처럼 살고, 영원히 살 것처럼 떠나라

하지만 이제 이것은 모두 끝나가고 있어요
다시 한 번 어떤 음악을 듣고 싶어요
제가 이제까지 발견한 것 중에서 가장 멋진 것이니까요

하지만 요단강이 기다리고 있어요
비록 이 세상 저편을 본적은 없지만
사람들은 이 세상에서 소유한 것들은 실을 수 없다고 말해요
그래서 구원으로 가는 길가에서, 저는 엄지손가락을 들어요
그러면 그가 저를 태워주죠
그리고 그의 음악은 이미 제 귀에 들리고 있어요

이야기를 하고 있는 사람들이 있어요, 그들이 말하길
내 영혼이 걱정된데요
제가 하고 싶은 말은 저는 계속 혼란스러울 거라는 거예요
제가 떠날 시간이라는 것을 확신할 때까지요
그리고 제가 떠날 때
회오리바람이 불어 불수레를 타고 승천한
엘리야처럼 되고 싶어요
그리고 제가 하늘의 별을 뒤돌아볼 때
그것은 센트럴파크의 촛불 같을 거예요
그리고 안녕이라고 말해도 마음이 아프지 않을 거예요

이 세상의 어떤 경험으로도 만족시킬 수 없는 욕망을 내 자신 속에서
발견했다면, 여기 그것을 가장 잘 설명할 수 있는 말이 있다. 바로
'내가 또 다른 세상을 위해서 만들어졌다는 것이다.' · C. S. 루이스 ·

---

리치는 그가 사랑하는 모든 사람들, 그리고 실제로 그가 아는
모든 사람들이 1세대나 2세대 안에 죽을 거라는 것을 깨달았다.
그는 이 사실이 사람을 진지하게 만든다고 생각했다. 그 사실은
우리의 교만을 사라지게 한다.

## 66 Rich...

진실은, 제가 아는 모든 사람들이 앞으로 30~40년 후에는 모
두 죽을 거라는 것이에요. 그래서 어쨌다는 거냐고요? 당신은
어깨를 으쓱하며 말할 거예요. "당신이 죽은 후 몇 년이 지나면
아무 차이도 없을 거예요." 40세가 되면 죽음이 예전만큼 그리
놀랍지 않아요. 저는 죽음에 대해 굉장히 많이 생각했었고, 그
럴 때마다 항상 겁이 났어요. 지금 저는 죽어서 이 땅에 없는 사
람들을 많이 알아요. 그러나 그것은 예전처럼 큰 일이 아니에
요. 저는 아직 죽지 않았으니까요. 여전히 살아 있는 사람이니
까요.[3] 99

# 묘지에서 노는 것

우리는 주위에서 쉽게 죽음의 표시를 볼 수 있다. 길가의 묘지, 신문의 부고란, 우리보다 먼저 세상을 떠난 지인 등. 대부분의 사람들은 이런 것들을 외면하기로 마음먹고 이 같은 말을 한다. "삶은 계속 되잖아요." 하지만 리치는 너무 깊고 너무 현실적인 죽음을 쉽게 외면할 수 없었다. 대부분의 사람들은 중년이 될 때까지 죽음에 대해서 생각하지 않지만, 리치는 어린 소년이었을 때부터 죽음을 인식하기 시작했다. 에이미 그랜트는 다음과 같이 말했다. "지금도 생생하게 기억나는 대화가 있어요. 리치가 죽은 어린 동생에 대해 말했을 때였어요. 가만히 동생이 있던 방에 들어가서 텅빈 아기 침대를 바라보는 게 어떤 느낌인지, 그리고 동생의 죽음을 통해서 어린 나이에 어떻게 죽음을 알게 됐는지 조용히 알려줬지요."

리치는 죽음이 두려워할게 아니라는 것을 가족에게서 배웠다. 그의 누나 샤론은 집 근처 묘지로 가족끼리 소풍 간 일을 이렇게 회상했다. "묘지로 소풍가는 게 전혀 이상하지 않았어요. 아마 우리는 그 일을 통해서 무의식적으로 배웠을 거예요. 죽는 것에 대해 너무 괴로워하지 말라는 것을요." 나는 묘지로 소풍 온 아이들이 무덤가에서 놀고 있는 모습을 떠올리고는 적잖은 충격을 받았다. 그러나 기독교의 관점에서 죽음을 비추어보자 그것은 또 다른 의미를 갖기 시작했다. 죽음은 친구처럼 다뤄야 한다. 기독교 신앙에 따르면 죽음은 끝이 아니라 삶의 시작이다.

리치는 그것을 이해했고 죽은 것을 두려워하지 않았다. 40세를 주제로 쓴 칼럼에서 그는 자기가 젊은 나이에 죽을 거라고 생각한 적이 있었다고 밝혔다.

## 66 Rich...

20대 중반에서 후반까지 나는 33살에 죽을 거라는 낭만적이면서 매우 비정상적인 생각을 했다. 모차르트, 예수님, 그리고 30대 초반에 세상을 떠난 천재들을 떠올리면서 말이다. 하지만 그 집단은 나를 초대하지 않았다(즉 나는 천재도 아무것도 아니었다). 그래서 나는 요절하는 신비함 대신 살아 있는 즐거움을 축하하는 나 자신만의 파티를 열기로 했다.⁴ 99

---

여호와여 나의 종말과 연한이 언제까지인지 알게 하사 내가 나의 연약함을 알게 하소서 주께서 나의 날을 한 뼘 길이만큼 되게 하시매 나의 일생이 주 앞에는 없는 것 같사오니 사람은 그가 든든히 서 있는 때에도 진실로 모두가 허사뿐이니이다 (셀라) 진실로 각 사람은 그림자같이 다니고 헛된 일로 소란하며 재물을 쌓으나 누가 거둘는지 알지 못하나이다 주여 이제 내가 무엇을 바라리요 나의 소망은 주께 있나이다(시39:4~7)

---

리치는 죽음에 관해 대범하지 않았다. 단지 죽음을 확신했을 뿐이다. 그는 그렇게 인식하는 것으로 두려움에서 해방됐다. 그

의 친구이자 동료 아티스트인 캐롤린 아렌즈는 다음과 같이 언급했다. "리치는 우리가 모두 죽을 거라는 것을 잘 알고 있었어요. 그래서 그는 돈 모으는 일에 열을 내지 않았어요. 자신이 죽을 것을 알았기 때문에 죽음에 대해서 심각하게 말하지도 않았어요. 그는 언젠가는 죽을 거라는 사실을 담담하게 받아들였죠. 사람에 따라 조금 이르거나 조금 늦을지도 모르지만요."

이러한 신념 덕분에 리치는 자기의 삶을 올바르게 가꾸어나갈 수 있었다. 그는 '영원의 영역이라는 관점에서' 말했다. "나는 정말로 우리가 먼지라고 믿는다. 내 노래가 얼마나 훌륭한지에 상관없이 언젠가 나는 죽을 것이라고 믿는다. 결국 아무것도 남지 않을 것이다.[5]"그는, 재물을 쌓고 많은 재산을 보며 흐뭇해하지만 결국 그날 밤 죽게 된 부유한 남자의 우화를 통해 예수님이 말씀하고자 하셨던 것을 제대로 깨달았다.

물론 리치는 항상 죽음에 대해 날카롭게 의식하고 있었다. 그리고 그것은 그의 스승 모리스 하워드가 죽은 후에 더 확실해졌다. 캐시 스프링클은 그것이 리치에게 얼마나 의미 있는 사건이었는지 또렷하게 기억하고 있었다. "우리는 막 위치타로 이사 왔고 곧바로 16주간의 순회공연을 시작했어요. 모리스 선생님은 공연 9주째 되는 날 눈을 감으셨어요. 공연을 위해 필라델피아로 가고 있는데 그가 세상을 떠났다는 비보를 들었어요. 그날 밤 콘서트가 끝났을 때 리치는 마이크를 들고서 처음으로 '이 세상은 내 집 아니네'라는 찬송가를 불렀어요. 슬픔과 고통에 젖은 채로. 저는 그 날을 결코 잊지 못해요. 모리스가 죽은 후로 리치는 삶과 죽음을 이전과 똑같은 방식으로 보지 않았어요."

죽음은 시시각각 다가오고 피할 수 없는 것이지만, 결코 끝을
의미하지는 않는다. 이 세상은 우리의 집이 아니다. 기독교인이
되는 순간 기뻐해야 할 것은, 죽음이 끝이 아니라는 것과 예수님
이 죽은 자 가운데서 다시 살아나셨고 우리도 그와 함께 부활할
거라는 것, 그렇기 때문에 죽음의 힘이 없어질 거라는 것을 우리
가 믿는다는 사실이다. 결국 죽음은 두려워할 게 아니라 받아들
여야 하는 것이다.


# 살 수 있는 자유

자신의 죽음을 받아들이는 것은 리치가 성 프란시스로부터 배
운 또 다른 교훈이었다.

## 66 Rich...

프란시스는 매일 자기가 죽을 거라는 사실을 상기했다. 나는
우리가 사는 동안 가장 확실한 것 한 가지는 결국 죽음이라고
생각한다. 사실 다른 모든 것은 불확실하다. 우리는 부자가 될
지도 모른다. 가난해질지도 모른다. 내일 일자리를 얻을지도 모
른다. 얻지 못할지도 모른다. 우리가 죽을 것이라는 것 외에 인
생에 있어서 확실한 것은 아무것도 없다. 죽음을 인식하고 살면
위대한 것들을 많이 깨닫게 된다. 그중 하나는 살면서 겪는 모
든 일을 견딜 수 있게 된다는 것이다. 그것이 지나갈 것임을 알

기 때문이다. 그래서 죽음을 의식하면서 살면 이 세상의 것에 의지하지 않고 그것을 초월하는 삶을 살게 된다. 다실 말해 쉽게 흔들리는 자신을 초월할 수 있게 된다. 그것은 우리 마음을 흔드는 이 세상 것들을 더 이상 소유하려고 애쓰지 않게 된다는 말이다.[6] **99**

이러한 자각을 통해서 리치는 죽는다는 두려움 대신, 실패의 두려움 없이 일을 시도하며 어떤 보상도 바라지 않고 자유롭게 사람들을 사랑하게 되었다.

---

모든 태양과 성운이 사라져도 우리는 여전히 살아 있을 것이다.

· C. S. 루이스 ·

---

강하고 창조적으로 살기 위해 우리는 이 세상에서의 삶이 끝이 아니라는 걸 항상 기억해야 한다. 리치는 어떻게 우리의 미래가 현재의 삶과 통합되는지를 알고 있었다. 우리는 우리 삶에 실망하고, 이 세상에서의 성공과 실패가 중요한 전부인 것처럼 행동하기 쉽다. 우리가 깨닫지 못하는 것은 우리 삶의 대부분은 이미 우리 전에 있던 것들이라는 것이다. 이 삶의 끝에 다다르면 육적인 삶은 거의 의미가 없어진다. 우리의 죽음은 또 다른 시작이다. 그것은 하나님의 충만한 세상에 다시 태어나기 위한 과정이며 그렇게 봤을 때 죽는 날은 결국 우리의 생일인 셈이다.[7] 이

것은 우리가 결코 죽지 않기 때문에 가능하다. 실제로 우리는 계속 살아왔다. 기독교인은 죽지 않는다. 단지 사는 곳이 바뀔 뿐이다.

죽음에 대해 진지하게 생각하면 우울해지거나 두려워지는 대신 더 자유로워지고 열정이 생기며 열심히 살 수 있게 된다. 그렇다면 실제로 잃는 것은 무엇인가? 사실 실제로 잃는 것 따위는 없다. 생각해보라. 우리 주변의 사람들 중 정말 살아 있는 것처럼 사는 사람들이 얼마나 있는지. 대부분 '사는 것처럼 살기 위해' 준비만 하다가 세상을 떠난다. 그러나 자신의 죽음에 대해 묵상하면 이 세상에서의 삶은 한 번뿐이고 우리가 사는 오늘과 이 순간은 결코 다시 오지 않는다는 사실을 깨닫게 된다. 어떤 의미에서, 죽음을 넘기는 최고의 방법은 최고로 충실한 삶을 살아가는 것이다. 리치는 이에 대해 이렇게 설명했다.

**" Rich...**

일단 인생이 믿을 수 없을 만큼 짧다는 것과 어떤 것을 변화시키기 위해 실제로 우리가 할 수 있는 일은 없다는 것, 스스로 생각하는 것만큼 우리가 그렇게 보잘것없지 않다는 것을 이해하게 되면 갑자기 다음과 같은 사실을 깨닫게 된다. "내가 꼭 완벽한 사람일 필요는 없어. 내가 완벽할 필요가 없다는 것은 실패를 받아들여도 된다는 의미지. 그리고 내가 실패할 수 있다는 것은 내가 노력할 수 있다는 것을 의미해. 그리고 내가 노력할 수 있다는 것은 내가 인생을 즐겁게 살 수 있다는 것을 의미하지.[8]" **"**

이러한 시각을 선택할 때 우리는 자유로워진다. 삶은 보다 덜 심각해지고 결과가 어떻게 될지 두려워하지 않고 새로운 것들을 실험하고 시도할 수 있게 된다. 이러한 태도는 모든 것을 변화시킨다. 우리가 하는 모든 일에서 성공하고 싶다고 번민하지 않게 된다. 우리는 거리낌 없이 솔직해진다. 다른 사람들이 우리를 어떻게 생각할지 또는 자기가 경력을 얼마나 잘 쌓고 있는지에 구애받는 대신, 삶의 모든 아름다움을 즐기며 살게 된다. 결국 우리의 은행 계좌와 허리 사이즈에 더 이상 연연하지 않게 된다.

리치는 죽음이 무엇인지 올바르게 이해했다. 그래서 많은 사람들이 동경만 할 뿐 감히 흉내 내지 못했던 삶을 살 수 있었다. 바로 거침없이 사랑하며 사는 삶 말이다. 대부분의 사람들은 나이가 들면서 자기의 건강이나 삶에 대해 두려움을 갖지만 리치는 나이가 들수록 더 크게 생각했고 자기에게 주어진 삶을 위대한 선물로 받아들였다. 그는 말했다. "나는 80세까지 살려고 했는데 지금 반도 채 못 살았어요. 사람들은 어릴 때 죽는 건 불공평하다고 말하죠. 그러나 나는 '우리가 늙을 때까지 산다는 게 더 불공평한 거예요.' 라고 말하곤 해요.[9]"

리치는 우리 중 누구도 당당히 하나님께 어떤 것을 요구하고 받을 자격이 없다고 생각했다. 그는 모든 게 하나님의 선물이라고 생각했다. 인생이 짧거나 길거나 인생은 여전히 선물이라고 믿었다. 이런 태도로 살았기 때문에 그는 이 세상의 것들에 집착하지 않았다. 리치는 말했다. "나는 언젠가는 죽을 것이라는 것을 알아요. 그러니 편하게 사는 게 더 좋죠. 건강에 지나치게 신경쓰는 것은 이미 죽은 것이나 다름없어요."[10].

무엇이 우리의 존재를 파멸로 이끌지 염려하는 대신, 리치는 하루하루를 자유롭게 즐겼다. 그는 '염려하지 말라, 너희 중에 누가 염려함으로 그 키를 한 자라도 더할 수 있겠느냐, 그러므로 내일 일을 위하여 염려하지 말라 내일 일은 내일이 염려할 것이요 한 날의 괴로움은 그 날로 족하니라' (마6 : 25, 27, 34)고 말씀하셨던 예수님의 마음을 제대로 이해하고 있었다.

　예수님은, 걱정은 쓸데없는 일이라고 말했다. 걱정한다고 해서 바뀌는 건 아무것도 없다. 오히려 그것 때문에 자유롭게 살고 사랑할 기회가 사라져버릴 수도 있다. 그래서 예수님은 우리에게 걱정하지 말라고 말씀하셨던 것이다. 대부분의 사람들은 리치가 너무나 분별없이 살고 있다고 말했다. 리치가 좀더 신중하고 좀더 절제된 생활을 하길 원했다. 그러나 리치는 자기의 삶에 후회가 없었다. 사실 리치가 그렇게 자유롭게 살 수 있었던 것은, 하나님의 선하심을 철저하게 믿었기 때문이었다. 그런 삶은 아무나 흉내낼 수 없는 것이다.

　쏜톤 와일더의 연극 '우리 읍내(Our Town)'에 이런 장면이 나온다. 죽어가는 젊은 여자와 슬픔에 잠긴 그녀의 가족들이 나온다. 그녀는 하늘나라에 가기 전에 마지막으로 이 세상을 돌이켜본다. 이 장면이야말로 이 연극에서 가장 아름다운 장면인데, 그때 그녀는 이렇게 멋지고 감동적인 말을 쏟아낸다. "안녕 세상아, 안녕 똑딱거리는 시계야, 엄마의 해바라기들아 안녕. 음식과 커피도 안녕. 새로 다림질 해놓은 드레스와 뜨거운 목욕도 안녕. 매일 아침 잠자고 일어나는 일도 안녕. 오! 세상아, 너는 너무 멋져서 아무도 네가 얼마나 멋있는지 깨닫지 못하는구나."

맞다, 세상이 너무나 멋있기 때문에 우리는 살고 있는 동안에 그것을 깨닫지 못한다.

리치는 인생이 짧기 때문에 진정으로 그것을 누려야 한다고 생각했다. 그래서 그는 세상을 즐겼다. 예를 들어 그는 음료수 한 잔이라도 그것이 신의 음식인양 소중하게 먹었다. 그는 밥을 느리게 먹을 줄도 알았고 순식간에 먹을 줄도 알았으며 먹고 난 후 크게 웃을 줄도 알았다. 그는 무엇을 하든지 자유로웠고 정말로 그 순간을 즐겼다. 그는 콘서트에서 이런 말을 한 적이 있다. "건강에 좋은 음식만 먹는다고요? 저는 이렇게 말하고 싶어요. '이봐. 친구, 너는 어쨌든 죽을 거야. 먹고 싶은 것을 사먹으러 나가라고. 고작 콩나물만 먹고 백오십 살까지 사는 게 무슨 의미가 있어?' [11] "

리치가 부주의하게 살았을지 모르지만, 그는 살면서 부딪치는 것들을 결코 피하지 않았다. 마지막 콘서트에서 그는 공공연히 말했다. "지난 20년 동안 저는 제 자신을 가능한 한 많이 학대했어요. 그것은 괜찮았어요. 다소 빠르든 늦든 우리는 모두 죽을 것이기 때문이에요. 여러분이 하고 싶은 것을 하세요, 먹고 싶은 것을 먹으세요. 정말 재미있게 살아보세요. 그러면 제가 장담하건데, 여러분은 실제로 나쁜 것들을 쫓아다닐 거예요. 그러나 어쨌든 당신이 죽고 얼마 뒤에 육체는 썩어 없어질 거예요. 상처가 좀 있다고 해도 문제될 건 없어요. 문제는 여러분이 살아 있지 않다는 것이죠. [12] "

# 사랑할 수 있는 자유

　리치는 죽음에 대해 충분히 인식하고 있었기 때문에 거리낌 없이 살 수 있었을 뿐만 아니라 거리낌 없이 사랑할 수도 있었다. 그의 동생 데이비드는 이렇게 말했다. "리치는 죽음을 받아들이면 하루하루가 정말 소중해진다고 했어요. 몇몇 사람들은 죽음을 받아들인다는 말에 충격을 받을지도 모르지만요. 물론 리치는 그런 사람들의 반응까지 짐작하고 있었어요." 리치는 죽는 날까지 사랑하면서 살고 싶었다. 그는 사랑할 수 있는 능력은 소중한 것이고, 그것이야말로 훌륭하게 죽음을 극복했다는 증거라고 말했다. 사도 요한은 다음과 같이 기록했다. '우리는 형제를 사랑함으로 사망에서 옮겨 생명으로 들어간 줄을 알거니와' (요일3:14) 우리에게 주어진 시간은 짧다. 우리가 다른 사람에게 얼마나 사랑하는지 말하려고 할 때는 이미 늦었을지도 모른다. 이것을 알았기 때문에 리치는 청중들에게 부탁했다. "할 수 있는 한 지금 많이 사랑하세요. 오늘이 당신이 사랑할 수 있는 마지막 날일지도 모르니까요. 외로움을 조금 덜어보겠다는 생각으로 사랑하지 마세요. 다른 사람들이 날 사랑하지 않았다고 비난하는 것으로 삶을 허비하지도 마세요. [13] "

　삶의 마지막 날, 우리는 '많이 사랑하지 못해서 후회스럽다'는 말은 해도 '너무 많이 사랑해서 후회스럽다'는 말은 절대 하지 않는다. 우리는 상처 받는 것을 두려워하기 때문에 현세에서 사랑하고 싶은 마음을 억제한다. 그러나 리치는 이런 두려움을 완전히 초월했다.

우리는 대부분 "내가 다른 사람을 사랑하게 되면 나약해질지도 몰라. 나는 약해 보일거야. 나는 상처 받을지도 몰라"라고 생각하면서 산다. 그러나 리치는 이 세상에서 사는 기간이 얼마나 짧은지 알고 있었기 때문에 이렇게 말했다. "기억하세요. 우리는 언젠가 죽을 거예요. 그러니까 살아 있는 동안에 사랑할 수 있는 모든 사람을 사랑하세요. 그들을 사랑할 수 있는 만큼 많이 사랑하세요. 아낌없이 사랑하세요.[14]"

또한 리치는 사랑하는 사람은 결코 잃지 않는다는 것을 알았다. 그는 4세기의 위대한 작가 존 카시안*John Cassian*의 사상을 열심히 받아들였다. 그는 한때 이런 말을 했다. "친구 사이의 관계는 우연이라도 끊어질 수 없다. 시간이나 공간의 어떤 틈도 그것을 파괴시킬 수 없다. 심지어 죽음 자체도 진정한 친구를 갈라놓을 수 없다."

미치 맥비커는 리치에 대해서 이렇게 말했다. "그는 할 수 있는 한 충만하게 살고 싶어 했어요. 살아 있는 동안에도 죽은 것처럼 사는 사람들이 너무 많았거든요." 리치가 '올바르게 사세요(Live Right)'라는 노래를 부른 것도 이런 이유 때문이었다.

그러니 이 기회를 놓치지 말고 붙드세요
당신의 인생이 여기에 있으니 올바르게 사세요
내일 죽을 거라는 심정으로 사세요
영원히 살 거라는 사실을 알고 죽음을 받아들이세요

그것이 올바르게 사는 거예요
내일 이 세상을 떠난다는 심정으로 사세요
사랑은 영원히 지속된다는 것을 믿으면서 사세요
그것이 올바르게 사는 거예요

리치는 실제로 그렇게 살았다. 그는 내일 죽을 것처럼 오늘을 살았다. 그리고 영원히 살 것을 알면서 죽었다.


## 저 사람은 내 사람이다

리치는, 죽음의 순간에 천사들의 시중을 받으면서 예수님과 함께 들림 받을 거라고 믿었다. 믿는 자들의 마지막 순간은 모두 그럴 것이라고 믿었다. 리치는 공연 중에도 이 이야기를 하곤 했는데, 핵심을 전달하기 위해서 아일랜드 어부들에 대한 이야기를 인용하곤 했다.

### 66 Rich...

아일랜드 어부들은 집에 돌아오면 아내가 짠 매우 헐렁하고 커다란 스웨터를 입어요. 아내들은 작은 부적을 달고 기도를 올리면서 특별한 무늬를 넣어 그 스웨터를 짜는데, 부적과 기도 덕분에 남편들이 무사히 돌아올 것이라고 믿었죠. 그리고 만약 부적과 기도가 효험이 없어 남편이 바다에 휩쓸려 버렸다 하더라도 나중에 그 스웨터로 남편을 알아볼 수 있다고 생각했죠. 물고기는 털옷을 먹지 않으니까요.

당신이 죽어서 천국에 올라갔을 때 천사가 당신 몸의 표식을 보고 말할 거예요. "이게 뭔가요?" 그러면 예수님은 말할 거예요. "오, 저 사람이 누군지 알아. 저 사람은 내 사람이야!" 그러면 천사가 말할 거예요. "그가 당신의 사람인지 어떻게 아시죠?" 그러면 예수님이 말씀하실 거예요. "저들이 입고 있는 스웨터가 보이느냐? 내가 그들을 위해서 그것을 짰거든."[15] **"**

리치는 예수님의 삶과 죽음을 받아들인 사람들, 즉 '그가 짠 스웨터를 입음으로써(예수님을 믿음으로써)' 그를 따르기로 결정한 사람들은 죽음에서 건져지고 예수님과 함께 영원한 삶 속으로 들어간다고 믿었다. 리치에게 있어서 죽음은 단지 순간일 뿐이었다. 눈 깜짝할 사이에 변화되어 새로운 생명으로 다시 부활할 것이라고 믿었다.

---

우리의 자매, 육신의 죽음에게 하나님의 축복이 있기를
· 아시시의 성 프란시스 ·

---

# 불수레

1997년 9월 19일, 리치와 미치 맥비커는 리치의 지프에 짐을 싣고 청소년 부흥회 공연을 위해 위치타로 길을 떠났다. 그들은 3주 동안 앨범을 녹음하느라 녹초가 된 상태였다. 그들이 시카고 지역을 출발했던 시간은 오후 9시였다. 얼마 가지 않아 그들은 커피를 마시기 위해 주유소에 들렀다. 미치는 그때를 이렇게 떠올렸다. "커피 자판기가 고장났었나 봐요. 내가 커피를 뽑을 때는 작동이 잘 되더니 리치가 버튼을 누르자 커피가 끊임없이 나오는 거예요. 급기야 커피가 바닥으로 흘러넘쳤어요. 커피가 여기저기로 흘러내리고 있을 때 관리자가 막 달려오더니 리치를 보고 말했어요. '실례합니다만, 리치 멀린스 씨인가요?' 세상에, 커피가 바닥을 적시고 있는 그때에도 리치에게 먼저 인사를 하다니. 우리는 그 일로 10분 동안 웃었어요."

그 후에 리치와 미치는 지프로 돌아갔다. 날은 어두웠고 비가 오기 시작했다. 도로가 미끌미끌해졌다. 밤 10시쯤 지프가 갑자기 길 가운데 세워져 있는 나무쪽으로 미끄러지기 시작했다. 차를 재빨리 길가로 돌렸지만 방향을 너무나 급하게 바꾸는 바람에 지프가 균형을 잃고 길 위로 굴렀다. 리치도 미치도 둘 다 안전벨트를 매고 있지 않았기 때문에 두 사람 모두 자동차 밖으로 튕겨져 나갔다. 그들 뒤에서 차를 몰던 여자들과 트랙터를 운전하던 운전수가 급히 차를 세웠다. 그리고 리치와 미치에게로 뛰어갔다. 그러나 리치는 이미 숨이 끊어진 상태였다. 그리고 미치는 머리에 심한 상처를 입은 채 끊임없이 피를 흘리고 있었다.

죽을 것처럼 살고, 영원히 살 것처럼 떠나라

다음날 아침, 리치 멀린스가 사망했고 미치 맥비커는 위독한 상
태라는 비보가 라디오 방송을 타고 전국으로 퍼져나가기 시작했다.

---

죽음을 맞이할 때 우리는 이미 새로운 삶을 맞이하는 것이다.

· G. K. 체스터튼 ·

---

사고 소식을 들었을 때 나는 텍사스 주 댈러스에서 결혼식을
집례하고 있었다. 그리고 그날 밤 늦게 혼자 들판으로 나갔다.
하늘에서는 천둥이 치고 비가 내리고 바람이 불고 있었다. 나는
옆구리가 아플 때까지 무릎을 꿇고 울부짖었다. 나는 험악한 하
늘을 올려다보고 리치에게 소리쳤다. "자네 괜찮나? 자네 괜찮
나?" 그리고 나는 바람의 속삭임 소리에서, "응, 나는 괜찮아…
괜찮은 것 이상이야"라고 말하는 그의 목소리를 들을 수 있었다.
한편 미치는 일리노이즈 주 피오리아 _Peoria_ 에 있는 병원으로
이송됐다. 나와 내 아내는 그와 함께 있기 위해서 서둘러 집을
나섰다. 나는 미치가 집중치료실에 있는 동안 잠시 그의 옆에 있
을 수 있었다. 의사는 그가 살 가망이 있는지 진단하기를 거부했
고, 심지어 그때 그가 어떤 상태인지 말하기도 꺼려했다. 나는
그를 위해 기도했고 그에게 기름을 부었다. 그 사고 소식은 전국
으로 퍼져나갔고 수천 명의 사람들이 미치의 회복을 위해 기도
했다. 그리고 몇 주 후에 미치는 기나긴 재활의 과정을 시작하기
위해 병원에서 퇴원했다.

리치의 장례식은 사고 며칠 후에 치러졌고 비공식적인 추도예배 후, 그는 그의 아버지 곁에 묻혔다. 많은 기독교 음반 아티스트들이 내쉬빌의 추도예배에 참석했다. 며칠 후 공식적인 추도예배가 위치타에서 치러졌다. 몇몇 주에서 5천 명 이상의 사람들이 리치를 추모하기 위해 예배에 참석했다.

그렇게 장례식과 두 번의 추도예배 후에 리치의 많은 팬들과 친구들은 악몽 같은 현실 속을 헤맬 수밖에 없었다. 리치가 정말로 우리 곁을 떠났다! 그것은 너무나 예기치 못하게 갑자기 일어나서 전혀 믿기지 않았다. 나는 그가 언제라도 방 안으로 걸어들어올 것만 같았다. 리치는 항상 불수레를 탄 엘리야처럼 세상을 떠나고 싶다고 말했는데, 나는 어떤 의미에서 그가 그렇게 세상을 떠났다고 생각했다.

리치가 죽은 후 며칠이 지난 어느 날 밤 그 당시 고작 다섯 살이었던 아들 제이콥이 내 무릎으로 기어올라 왔다. 제이콥은 내가 우는 것을 보고 슬퍼하며 말했다. "괜찮아요, 아빠. 리치 아저씨는 괜찮아요. 천사가 와서 데려갔으니까요." 제이콥의 믿음이 나를 감동시켜 웃게 만들었고 동시에 더 크게 울게 만들었다. 그리고 순간적으로 천사가 리치를 데려갔다는 말을 어디에서 들었는지 궁금했다. 사람이 죽을 때 천사가 데려간다는 말을 제이콥에게 한 적이 없었기 때문이다. 그러나 나는 아무것도 묻지 않고 고개를 끄덕였다. 아마도 그는 본능적으로 알았으리라. "그래." 나는 말했다. "네 말이 맞는 것 같다, 제이콥. 천사가 와서 그 친구를 데려간 거야. 그리고 아마도 내일은 그 사실에 행복해할지 모르겠지만, 지금은 그 친구를 한동안 못 본다는 사실에 그냥 슬프구나."
리치가 죽음과 천국에 대해 나누었던 모든 말이 갑자기 내 마음속에 떠올랐다. 그가 말했던 것, 그가 그렇게 간절히 소망했던 일이 드디어 일어난 것이다. 그는 지금 자기가 있기를 갈망했던 그곳에 있다.


# 내 아버지 집에

리치는 '예수님이 우리와 함께 영원히 살 곳을 준비하고 계신다'는 말을 믿었다. 그가 진리를 말하고 있음을 믿었다(요 14:2~3). 그의 마지막 노래 중 천국에 사는 기쁨을 노래한 게 있다.

That Where I Am, There You ...

## 내가 있는 곳에 너희도 있게 하리니

내 아버지 집에는 거할 곳이 많이 아주 많이 있다
이제 내가 너희가 있을 곳을 예비하러 거기에 올라갈 것이다
내가 있는 곳에 너희도 있게 하리니

내가 네 있을 곳을 마련하면 다시 올 것이다
너희는 내가 길이요 진리요 생명이라는 것을 알고 있으니

내 계명을 지켜라
내가 있는 곳에 너희도 있게 하리니

내가 있는 곳에 너희도 있게 하리니
진리가 있는 곳에, 진리가 너희를 자유케 하리라
세상에서는 너희가 고통을 당할 것이나
나는 너희에게 나의 평안을 주리라
내가 있는 곳에 너희도 있게 하리니

너희가 나를 택한 것이 아니요
내가 너희를 택했다는 것을 기억하라
세상은 너희를 미워할 것이나
성령께서 너희에게 진리를 보여준다
내가 있는 곳에 너희도 있게 하리니

아버지를 떠나 내려왔다가 이제 다시 올라갈 때가 됐다
너희에게 명령을 내리니 내가 너희를 사랑한 것같이 사랑하라
내가 있는 곳에 너희도 있게 하리니

내가 있는 곳에 너희도 있게 하리니
진리가 있는 곳에, 진리가 너희를 자유케 하리라
세상에서는 너희가 고통을 당할 것이나
나는 너희에게 나의 평안을 주리라
내가 있는 곳에 너희도 있게 하리니

죽을 것처럼 살고, 영원히 살 것처럼 떠나라

리치는 예수님과 영생에 대한 그의 약속을 신뢰했다. 이 노래를 통해 우리는 위안을 받는다. 예수님께서 우리가 즐거이 있을 곳을 예비하실 정도로 충분히 우리를 사랑하신다는 생각 때문이다. 그곳은 이 세상과 완전히 다를 것이다. 이 세상에서 우리는 고통을 당할 수 있고 미움을 받을 수 있지만, 천국에 있을 때는 오직 평안과 사랑만이 우리를 감싸 안을 것이다.

천국에 대한 기독교적 관점이 단지 희망사항(wishful thinking)이나 현실 도피적인 생각이라고 믿는 사람들이 있다. 리치는 이에 대해서 다음과 같이 말했다.

## **"** Rich...

나 역시 내세가 있다는 교회의 생각을 조소했었다. 그리고 천국에 관한 노래를 비웃었다. 천국을 꿈꾸고 간절히 바라는 것은 어쨌든 바보 같은 짓이고 심지어 사악한 것이라고 생각했다. 그런데 이제 나는 세상이 어떤 면에서는 정말로 끔찍한 곳임을 알았다. 나는 하이킹을 갈 때마다 '이 세상도 지극히 아름다울 수 있을 텐데' 라고 생각하곤 했다.

나는 어젯밤에 계단을 청소하는 한 남자를 만났다. 그는 매우 상냥하고 온유했다. 그를 보고 나는 '이렇게 착한 사람들이 사는 이 세상이 어떻게 그렇게 끔찍한 곳이 될 수 있는 걸까?' 라는 의문에 사로잡혔다. 그런 후 신문을 집어 들고 부정직함과 사기와 배반과 그 모든 것들에 관한 기사를 읽으면서 '정말로 천국에 가고 싶다' 고 간절히 소망했다.[16] **"**

345

# 천국을 갈망하며…

성경에 따르면, 믿는 자들의 죽음 뒤에는 진실로 영광스러운 삶이 기다리고 있다고 한다. 천국에서의 삶은 몹시 충만할 것이며 우리는 그 어느 때보다 더 열정적으로 살게 될 것이다. 우리는 빈둥거리며 앉아 있지 않을 것이다. 하나님의 트로피 가운데 하나처럼 먼지를 뒤집어 쓴 채 선반에 놓여 있지도 않을 것이다. 오히려 우리는 끝없이 즐거운 활동을 경험하게 될 것이다. 리치는, 죽음을 통해 믿을 수 없을 정도로 놀라운 삶을 경험하게 된다면 그것을 두려워하지 말고 고대해야 한다고 생각했다. "사도 바울은 삶과 죽음의 이익과 손해에 대한 완벽한 견해를 가지고 있었다. 그는 '내게 사는 것이 그리스도니 죽는 것도 유익함이라' 고 말해주었다.[17]"

---

우리 주 예수 그리스도의 아버지 하나님을 찬송하리로다 그의 많으신 긍휼대로 예수 그리스도를 죽은 자 가운데서 부활하게 하심으로 말미암아 우리를 거듭나게 하사 산 소망이 있게 하시며 썩지 않고 더럽지 않고 쇠하지 아니하는 유업을 잇게 하시나니 곧 너희를 위하여 하늘에 간직하신 것이라(벧전1:3~4)

---

우리는 사랑하는 사람이 세상을 떠날 때 수많은 의문에 시달린다. 그는 어디에 있을까? 그녀는 지금 무엇을 느끼고 있을까? 지

금 무엇을 하고 있을까? 추울까? 건강할까? 문제는 사람이 죽으면 더 이상 볼 수 없다는 것이다. 우리는 어떤 곳에서 이 세상으로 내려왔고 갑자기 존재했다가 또 갑자기 세상에서 사라져버린다.

그러나 죽음은 또 하나의 탄생과 같다. 자궁 속에서 탯줄을 붙잡고 있는 태아에게 이렇게 말한다고 상상해보라. "애야, 그거 아니? 너는 소리와 빛과 공기와 멋진 색들로 둘러 싸여 있는 새로운 세상에 곧 태어날 거야. 너는 처음으로 세상을 보고 냄새를 맡고 맛을 볼 수 있을 거야. 산과 해바라기와 모래사장이 있어. 그리고… 여기에는 아름다운 것들이 많이 있단다. 너는 탯줄을 잘라야 할 거야. 사실 우리가 그것을 가위로 자를 거야. 그러나 걱정하지 마. 조금 울고 나면 괜찮아질 거야." 나는 우리의 죽음이 아기의 탄생과 같다고 생각한다. 죽음은 우리가 알고 있는 세상보다 더 밝고, 더 향기롭고, 더 맛있고, 더 아름다운 세상에 다시 태어나는 과정이다. 물론 우리는 죽음 이후의 삶을 오직 추측에 기대어 그려보기 때문에 그 세계를 이해한다는 것은 몹시 힘든 일이다. 사실 누구든 그럴 수밖에 없을 것이다.


## 나는 부활을 믿는다


기독교만의 고유한 가르침 중 하나는 우리가 몸을 지니고 천국에 간다는 것이다. 몸에서 갑자기 해방되어 영적인 존재가 된다는 가르침은 신약성경이 아니라 그리스 철학자가 주장한 이론이다. 기독교는 우리가 죽은 후에 둥둥 떠다니는 영적인 존재가 아니라 몸을 지닌 존재가 될 것이라고 가르친다.

　바울은 고린도인들에게 보낸 첫 번째 편지에서 믿는 자들은 예수님처럼 부활할 것이고, 그가 그랬던 것처럼 몸을 받을 것이라고 말했다. 그것은 영의 몸(고전15:44)이 될 것이고 그럼에도 불구하고 몸을 가질 것이라고 말했다.

　부활한 후에 예수님은 손으로 만질 수 있지만 다시는 썩지 않고 죽지 않는 몸을 가졌다. 그 몸으로 제자들과 해변에서 아침을 드셨다. 그 똑같은 몸으로 벽을 통과해서 똑바로 걸으셨다. 믿는 자들이 부활해서 갖게 될 몸은 아마 이 땅에서 우리가 알고 있는 어떤 것과도 같지 않을 것이다.


　리치는 심각하면서도 재미있는 어조로 이렇게 말했다.

## 66 Rich...

　어찌됐든 우리가 죽은 후에 그리스도께서는 우리를 다시 살리실 거예요. 우리가 여전히 몸을 갖고 있을 거라는 사실을 기억하세요. 하지만 현재의 우리와는 같지 않을 거예요. 우리는 새로운 몸을 얻게 될 거예요. 저는 아주 멋진 몸을 준비 중이에요. 지금은 제 말에 웃겠지만 결국 여러분들은 깜짝 놀랄 거예요. 제가 새롭게 갖게 될 몸은 탄탄하고 뚜렷하고 건강할 거예요. 완벽한 사람이 되는 거죠. 그러나 죽은 후에 그 몸을 갖고 기수가 될 것인지 피리 부는 사람이 될 것인지는 아직 결정하지 못했어요.[19] 99

보라 내가 너희에게 비밀을 말하노니 우리가 다 잠 잘 것이 아니요 마지막 나팔에 순식간에 홀연히 다 변화되리니 나팔 소리가 나매 죽은 자들이 썩지 아니할 것으로 다시 살아나고 우리도 변화되리라 이 썩을 것이 반드시 썩지 아니할 것을 입겠고 이 죽을 것이 죽지 아니함을 입으리로다 이 썩을 것이 썩지 아니함을 입고 이 죽을 것이 죽지 아니함을 입을 때에는 사망을 삼키고 이기리라고 기록된 말씀이 이루어지리라 사망아 너의 승리가 어디 있느냐 사망아 네가 쏘는 것이 어디 있느냐(고전15 : 51~55)

우리가 위의 말을 이해할 수 없을지라도, 새로운 삶에 대해 생각하는 일은 누구에게나 가슴 벅찬 일이다. 시간과 공간의 제한, 육체적 부패라는 부담감이 사라진 상태를 상상해보라. 우리가 왜 죽은 사람들을 위해 울지 않아도 되는가? 그들은 이제 두려움과 고독, 고통으로부터 해방됐기 때문이다. 그들은 마침내 자기의 집으로 돌아갔다. 그보다 더 좋은 곳이 있겠는가. 만약 우리가 슬퍼해야 한다면 오직 우리 자신을 위해 슬퍼해야 할 것이다. 하지만 그렇게 하는 것조차도 순간일 뿐이다.

## 영원한 기쁨

천국은 어떤 곳일까? 죽음에 대해 진지하게 생각하는 것이 자유롭게 살고 사랑할 수 있게 하는 것처럼, 천국에 대해 생각하는 것은 희망과 열정을 품을 수 있게 한다. 성탄절 아침을 생각해보라. 우리는 마음을 설레이며 그때를 기다린다. 그 이유가 무엇인가? 우리가 그때 하는 일이라곤 맛있게 먹고 선물을 주고받으며 즐겁게 대화하는 것뿐이기 때문이다. 즉, 재미있기 때문이다.

대부분의 사람들이 천국을 잘못 생각하고 있다. "음, 내 생각에는 길이 황금으로 만들어져 있고… 우리에게 날개가 있고… 하프를 연주하고 있을 거예요." 그 말을 듣고 "그렇군요. 하프를 좋아하세요?"라고 물어보면 그들은 "아뇨, 사실은 그렇지 않아요"라고 말한다. 이렇게 사람들은 무의식적으로 천국을 정형화시키고 있다. 천국을 설명하라고 하면, 자기가 이상적으로 생각하는 모습 대신 누구나 똑같은 '천국의 이미지'를 떠올리고 그 모습에 대해 말한다.

그러나 사실 천국은 눈물, 고통, 혼돈이 싹 사라진, 완벽하게 새로운 생활로 꾸며진 곳이다. C. S. 루이스는 우리가 천국에 대해서 받은 다섯 개의 약속이 성경에 나와 있다고 말한다. 첫째, 우리는 그리스도와 함께 있을 것이다. 둘째, 우리는 그와 같아질 것이다. 이것은 우리가 온전하고 완전하게 될 것이라는 의미다. 셋째, 우리는 영광을 가질 것이고 하나님이 우리를 축복할 것이다. 이 말은 우주에서 가장 고귀한 기쁨을 알게 될 것이라는 뜻이다. 그것은 '하나님을 기쁘게 하는 것에서 오는 만족감'이다. 넷째, 우리는 잔치를 열 것이다. 최고의 추수감사절 저녁식사도 그 잔치와 비교할 수 없을 것이다. 그리고 다섯째, 우리는 우주에서 어떤 종류의 공식적인 위치를 차지할 것이다 [20].

우리는 이 모든 것을 경험하게 될 것이다. 그리고 이것은 우리가 사랑하는 사람들이 지금 하늘에서 경험하고 있는 것이다. 더 없는 기쁨. 우리는 단지 아름다움만을 보지 않을 것이다. 우리는 아름다움을 지닌 사람이 될 것이다. 우리 몸에서는 광채와 빛이 날 것이다. 우리는 그것에 완전히 잠길 것이다. 루이스의 마지막 말 "우리는 우주에서 어떤 종류의 공식적인 위치를 차지할 것이다"는 '다시 밤이 없겠고 등불과 햇빛이 쓸 데 없으니 이는 주 하나님이 그들에게 비치심이라 그들이 세세토록 왕 노릇 하리로다'(계22:5)라는 계시록의 말씀을 기초로 한 것이다.

우리는 무엇인가를 하고 있을 것이다. '왕 노릇 하리로다'는 말은 무엇인가를 지배한다는 뜻이다. 우리는 창조하고 건설하고 조직할 것이다. 아무것도 하지 않은 채 빈둥거리지 않을 것이다. 조지 맥도널드는 우리가 달에 불을 켜고 세상을 푸른 나무로 옷 입힐 거라고 상상했다. 심지어 장미꽃과 보랏빛 바다 위에 황금빛 일몰을 드리우게 될지도 모른다고 상상했다. 우리는 우리가 좋아하는 일들을 하고 있을 것이다. 우리는 끝나지 않는 행복을 경험할 것이다.


# 모든 것은 돌아올 것이다

리치가 그랬듯이 우리가 사랑하는 사람들은 결국 세상을 떠난다. 그리고 그 후에도 우리는 여전히 이 세상에 살면서 참을 수 없을 것 같은 고통과 슬픔을 경험한다. 그런 고통은 우리가 이 땅에 사는 동안 점차 없어지다가 천국에서 그들을 다시 만날 때 완전히 없어질 것이다. 위대한 작가 블라디미르 나보코프*Vladimir Nabokov*는 그의 아버지가 죽은 지 3년이 지난 후에 어머니에게 편지를 썼다. 그때까지도 그의 어머니는 마치 남편을 어제 떠나보낸 것처럼 슬픔에 잠겨 있었다. 그는 어머니를 격려하고 어머니가 애도와 상실의 시간을 견딜 수 있도록 힘을 주기 위해 삶과 천국과 영원한 행복에 대한 진리를 편지에 담았다.

"어머니, 3년이 지났어요. 그런데 아버지에 관한 모든 것들이 여전히 제 안에 살아 있네요. 어머니, 저는 우리가 천국에서 아버지를 다시 만날 거라고 믿어요. 천국은 광채와 기쁨으로 둘러싸여 있을 거예요. 아니, 그럴 수밖에 없어요. 아버지는 평소처럼 어깨를 약간 실룩거리시면서 우리를 향해 걸어오실 거예요. 우리가 함께 나눌 빛나는 영원 속에서. 우리는 놀라지 않고 그의 손에 키스를 퍼붓겠죠. 어머니는 그런 행복한 시간을 기대하며 사셔야 해요… 절대로 절망의 유혹에 무릎 꿇지 마세요. 모든 것은 돌아올 거예요"[21].

---

"천국에서 경험하게 될 세 가지 복이 있다. 첫째, 하나님이 '잘했다'고 말씀하시는 소리를 듣는 것이다. 둘째, 천국에 있는 모든 사람들

이 그 말을 듣는 것이다. 그리고 셋째, 이런 축복의 경험이 영원히 지속되는 것이다."

· 노리치의 복 받은 줄리안 Blessed Julian ·

---

나는 리치를 다시 만날 날을 고대하고 있다. 나보코프가 말했던 것처럼 광채와 기쁨 속에서 리치가 나를 향해 다가올 것이다. 예전에 줄곧 보던 바로 그 친근한 모습으로 말이다. 아마도 함박웃음을 지며 나를 안을 것이다. 어쩌면 파출리의 향기가 날지도 모른다. 모든 게 다 돌아올 것이다. 우리는 아무것도 잃지 않았고, 앞으로도 잃지 않을 것이다. 이게 바로 축복이다.

나는 그날까지 리치가 남긴 글, 그가 그렸던 천국에서의 삶을 종종 생각할 것이고 '견딜 수 있는 소망을 주소서(Hope to Carry On)'라는 노래가 말하는 진리를 내 것으로 삼을 것이다.

## ❝ Rich...

언젠가 나는 훌륭한 성도가 될 것이다. 웅장한 대성당에 앉아 있는 사람들처럼 말이다. 나는 햇빛으로 만들어진 영혼과 스테인드글라스 조각만큼 깨끗한 피부를 갖게 될 것이다… 언젠가 나는 아침에 떠오르는 태양처럼 일어날 것이다. 성도들처럼 빛날 것이다. 나는 이것을 안다. 내가 스스로 내보인 증거 때문이 아니라 그의 말씀의 증거 때문에, 그의 은혜의 증거 때문에, 그리고 새벽에 나를 깨끗이 씻기는 하늘의 증거 때문에 이러한 사실을 깨닫는다.[22] ❞

나는 그가 건강하게 지내고 있을 거라고 생각한다. 나는 리치 때문에 행복하다. 내가 그를 다시 볼 수 있다는 사실 때문에 기쁘다.

❇ 묵상을 위한 질문

1. 죽음에 대해 어떻게 생각하는가? 죽음은 생각하고 싶지 않은 것인가? 최근에 더 많이 생각했던 것인가? 당신이 두려워하는 것인가?

2. '내가 있는 곳에 너희도 있게 하리니'의 가사를 읽어보라. 당신에게 어떤 소절이 가장 의미 있는가? 그 이유를 설명해보라.

3. 리치의, 죽음이 우리를 자유롭게 해준다는 말의 뜻을 깨달았는가? 당신은 죽음으로부터 자유로운가?

4. 우리가 모두 죽을 거라는 사실 때문에 리치는 우리가 가능한 만큼 자유롭고 온전하게 사랑하자고 더욱 주장했던 것 같다. 시간이 짧기 때문이다. 당신이 3일 후에 죽는다는 것을 알게 된다면 남은 시간동안 무엇을 하겠는가?

5. 당신의 천국에 대한 생각은 무엇인가? 10장을 읽은 후에 그것이 변했는가?

❇ 생각과 연습

• 당신이 죽었다는 기사를 써보라. 당신은 죽을 때 당신에 대해

무엇을 말하고 싶은가? 그런 사람이 되기 위해 시작할 수 있는 방법을 생각해보라.

• 사도 바울은 말했다. '사는 것이 그리스도니 죽는 것도 유익함이니라' 천국에서 하고 싶은 것이나 되고 싶은 것을 모두 목록으로 작성해보라.

*by David MULLINS*

지금 내 믿음은 예전의 믿음과 다르다. 젊었을 때 나는 하나님이 선한 일을 하기 위해 모든 것들을 통해 역사할 수 있고 역사할 거라고 믿었다. 나는 아주 어릴 때 이것을 배웠고 할 수 있는 만큼 온 마음을 다해서 믿었다. 나는 하나님이 다른 사람들에게 악을 의미하는 것 중에서 선한 것을 가져올 수 있다고 믿었다. 그리고 비극적으로 보이는 상황을 취해서 눈 깜짝할 사이에 선한 일을 할 수 있다고 믿었다. 나는 온 마음을 다해 그것을 믿었다. 하지만 형 리치가 자동차 사고로 죽은 후에 나는 그것을 더 이상 믿지 않았다.

# 믿음을 넘어 앎으로

마가복음 8장에 보면 예수님과 눈 먼 사람의 만남이 나온다. 예수님은 그를 벳새다 밖으로 데리고 나와 눈에 침을 뱉고 안수했다. 그러고 나서 예수님은 그에게 물었다. "무엇이 보이느냐?" 그는 사람들이 보이는데 나무가 걸어다니는 것처럼 보인다고 대답했다. 이에 예수님이 그의 눈을 다시 안수했고, 그는 모든 것을 밝히 보기 시작했다. 고린도전서 13장 12절에서 바울은 우리에게 말했다. '우리가 지금은 거울로 보는 것 같이 희미하나 그 때에는 얼굴과 얼굴을 대하여 볼 것이요 지금은 내가 부분적으로 아나 그 때에는 주께서 나를 아신 것 같이 내가 온전히 알리라' 나는 천국에 가면 온전히 알고 볼 거라고 항상 믿었다. 그리고 내가 죽을 때 진실로 볼 거라고 항상 생각했다. 내 육적인 눈이 더 이상 보지 못할 때 나는 자유롭게 정말로 볼 것이다. 내 육신의 정신이 더 이상 생각하지 않을 때 나는 온전히 알 것이다. 지난 몇 년간 나는 온전히 보고 알게 되는 과정에 대한 나의 생각을 점검하기 시작했다.

지식이 있는 곳에 더 이상 믿음은 없다. 내가 바지를 입었을 때, 나는 바지를 입었다고 '믿으면서' 집을 나서지 않는다. 바지를 입었다는 것을 알고 있기 때문이다. 나는 하나님이 선한 것을 이끌기 위해 모든 것들을 통해 역사하실 수 있고, 역사하실 거라고 믿고 있었다. 그러나 지난 몇 년간 하나님이 살아서 일하고 계시는지 의문을 가지게 했던 고통을 겪었다. 그리고 그 고통은 리치가 죽었을 때 절정에 이르렀다. 이제 나는 하나님이 나쁜 일을 통해 선한 일을 하실 수 있다고 '믿지' 않는다. 이제 그가 할 수 있고 할 것임을 '안다.' 나는 그것을 목격했다. 그는 그렇게 했다. 그는 내가 좋은 것이라고 전혀 생각할 수 없었던 것으로부터 좋은 것을 만들어내셨다.


# 몇 가지 예

리치가 죽은 지 몇 개월이 지난 후 우리 가족은 그가 인디언 보호구역에서 실현하기 위해 계획하고 있었던 일을 알고 싶었다. 우리는 그의 재산과 저작권을 통한 수입을 다른 사람들을 돕는 데 사용해야 한다고 결정했다. 그래서 우리와 그의 몇몇 친구는 뜻을 같이 해서 '유산(Legacy)'이라는 재단을 설립했다. 이 재단의 취지는 미국 인디언 청소년들에게 예술 분야에서 교육받을 수 있는 기회의 문을 열어주는 것이다. 이 재단은 지금까지 거의 10년간 미국 인디언 청소년들을 위해 일했다. 나는 이 사역을 통해 많은 청소년들의 삶이 변하는 모습을 보고 있다.

이 재단을 후원하는 동시에 우리는 곤궁에 처한 사람들에게 그리스도의 사랑을 가지고 다가서는 다른 사역 단체를 돕는다. 그러기 위해 우리는 자선 재단을 설립했다.


# 천국을 향하고 있는 화살

'집 없는 사람들(The Homeless Man)'이라는 비디오에서 벤 피어슨은 자기가 리치를 찍은 사진에 깃든 이야기를 들려준다. 그들은 아일랜드의 한 언덕 위에 있는 오래된 폐허에서 사진을 찍고 있었다. 벤은 사진을 다 찍은 후에 주변을 거닐면서 카메라 렌즈를 통해 멀리 보는 것을 좋아한다. 그는 언덕을 걸어 내려와 위에 있는 리치를 올려다보았다. 그는 리치에게 팔을 옆으로 벌려보라고 소리쳤다. 리치는 어깨 높이까지 팔을 들고 말했다. "아, 예수님처럼?" 벤은 다시 허리쯤 되는 높이까지 내려보라고 말했다. 그는 말했다. "천국을 향하고 있는 화살처럼 보이는군."

그 이야기를 듣고 그 사진을 봤을 때 나는 그것이 리치의 삶을 적절하게 포착했다고 생각했다. 그는 여러 가지 면에서 천국을 향한 화살이었다. 짐에게 이 책을 써달라고 부탁하자는 결정을 내렸을 때 우리는 이 책이 하나님과 그의 선하심을 사람들에게 알릴 수 있기를 소망했다. 우리는 이 책을 통해 감동을 받고 하나님에게 더욱 가까이 갈 수 있었던 사람들의 반응에 압도당했다. 리치나 그의 음악을 한 번도 들어보지 않은 사람들도 이 책을 읽었고, 그의 삶의 증거로 인해 변화되었다.

# 결론

나는, 죽음은 믿음을 보이는 과정에서 오는 최후의 단계라고 생각하게 되었다. 아마 내가 죽음을 직면할 때가 되면 그것은 결코 중요한 단계가 아닐 것이다. 다만 밟아야 할 믿음의 마지막 단계일 것이다. 그리고 그것은 예수님이 잠깐 아니면 백만 번이나 만져주시고 내가 주목하여 보고 나아가서 모든 것을 밝히 보게 될 순간일 것이다.

나는 지금, 예전에 믿었던 것보다 더 많은 것을 믿게 되었고 알게 되었다. 그러나 나는 여전히 매우 희미하게 본다. 나는 여전히 믿음을 흔드는 새로운 시험들에 직면한다. 이제 그런 믿음은 지식에 기초한다. 나는 애통의 과정을 겪은 후에 하나님이 어떤 분인지에 대해 더 많이 알게 되었다. 나는 그가 사랑이라는 것을 안다. 그리고 그가 진리라는 것을, 생명이라는 것을 안다. 비록 꿈과 현실 사이의 매우 불확실한 상태를 통해서지만 나는 그것을 알고 있다. 비록 뿌연 유리를 통해서지만 나는 그것을 보왔다. 나는 언젠가는 분명히 보고 온전히 알 수 있을 거라고 믿는다. 나는 그것을 믿는다. 그런 변화를 어느 정도 경험했기 때문이다.

· 데이비드 멀린스 ·

# 주석 ✎

## 1장 | 가족이라는 특별한 운명

1. Jim Long, "Excuse Me, Are You Rich Mullins?" Campus Life, February 1994.

2. Ibid

3. Rich Mullins concert, Wheaton College, 15 September 1990.

4. Holly Halverson, "A Ragamuffin's Oz," CCM magazine, December 1993.

5. From the author's recollection of personal conversation with Rich Mullins.

6. Brian Q. Newcombe, "Step by Step: A Conversation with Rich Mullins," CCM magazine, June 1992.

7. Les Sussman, Praise Him! Christian Music Stars Share Their Favorite Verses from Scripture (New York: St. Martin's Press, 1998), 155~64.

8. Radio interview with Artie Terry, "The Exchange," WETN, Wheaton College, April 1997.

9. Ibid.

10. Newcombe, "Step by Step."

11. Homeless Man: The Restless Heart of Rich Mullins video (Word Entertainment, 1998).

12. Radio interview with Artie Terry, "The Exchange," April 1997.

13. Radio interview with Brian Beatty, Creation Festival Radio Speacial, Mt.Union, Pa., 27 June 1996.

14. ReleasExtra, 1994.

## 2장 | 나는 완벽하지 않아서 교회에 갑니다

1. Rich Mullins convert, Anderson, Ind., 16 November 1995.

2. Brian Q. Newcombe, "Step by Step: A Conversation with Rich Mullins." CCM magazine, June 1992.

3. Interview in Christianity Online, September 1995.

4. CCM magazine tribute issue, November 1997.

5. Rich Mullins, "A Message to the Media," Creation Festival Radio Speacial, Mt.Union, Pa., 27 June 1996

6. CCM tribute issue.

7. G.K. Chesterton, Orthodoxy (San Francisco: Ignatius Press, 1995), 13.

8. C. S. Lewis, "Membership," The Weight of Glory and Other Addresses (New York: Simon & Schuster, 1996), 129

9. 20: The Countdown Magazine tribute special, 18 November 1997,

10. From the transcript of a video taken during a worship service in his brother David Mullins' s church in West Virgina, 1995.

11. 20: The Countdown Magazine tribute special.

12. Homeless Man: The Restless Heart of Rich Mullins video(Word Entertainment, 1998).

13. Rich Mullins, "The World as Best as I Remember It," booklet with album.

14. Holly Halverson, "A Ragamuffin' s Oz," CCM magazine, December 1993.

15. 20: The Countdown Magazine tribute special.

16. Christopher Lee Coppernoll, Soul 2 Soul (Nashville: Word Publishing, 1998), 49

17. Lighthouse Music tribute special, 1997.

18. Rich Mullins concert, Taylor University, Upland, Ind., 21 September 1996.

19. Radio interview with Artie Terry, "The Exchange," WETN, Wheaton, Ill., April 1997.

20. Ibid.

## 3장 | 하나님의 조건 없는 사랑

1. Rich Mullins concert, Joy Jam, Louisville, Ky., 1994.

2. 20 : The Countdown Magazine tribute special, 18 November 1997.

3. Peter G. Van Breemen, As Bread Thar Is Broken (Dimension Press, 1981), 11.

4. ReleasExtra, "Another Mule Farther Down the Road," 1994.

5. Rich Mullins concert, Joy Jam, Louisville, Ky.

6. Rich Mullins, "Joking Matters, " Release magazine, January/February 1996.

7. Tony Cummings, " The Last Words of a Ragamuffin," Release magazine, August/September 1998.

8. Rich Mullins: Pursuit of a Legacy video (Nashville: Reunion Records, 1994).

9. Les Sussman, Praise Him! Christian Music Stars Share Their Favorite Verses from Scripture (New York: St. Martin' s Press, 1998), 155-64.

10. Radio interview, "True Tunes," Wheaton, Ill., 15 September 1990.

11. Rich Mullins concert, Joy JAM, Louisville, Ky.

12. William Blake, "The Little Black Boy."

13. Sussman, Praise Him!., 155-64.

14 Rich Mullins, " The Divine Obsession," Release magazine, September/October 1995.

15. Rich Mullins concert, Anderson, Ind., 16 November 1995.

16. Rich Mullins, "A Message to the Media," CREATION Festival Radio Special, Mt. Union, Pa., 27 June 1996.

17. CCM magazine tribute issue, Novemger 1997.

18. Interview by Thom Granger, "Hope to Carry On," CCM magazine, May 1990.

## 4장 | 인간 예수님

1. Rich Mullins, "Invisible Things," Release magazine, November/December 1994.

2. Interview by Brendt Waters, Lighthouse magazine, April 1996.

3. 20: The Countdown Magazine tribute special, 18 November 1997.

4. I am indebted to a wonderful Christmas Eve sermon delivered by Bishop Basil at St. George Orthodox Church in Wichita, Kan., for these marvelous images, which I have paraphrased.

5. CCM magazine tribute issue, November 1997.

6. Rich Mullins concert, Anderson, Ind., 16 November 1995.

7. Les Sussman, Praise Him! Christian Music Stars Share Their Favorite Verse from Scripture (New York: St. Martin' s Press, 1998), 155~64.

8. Rich Mullins concert, Taylor University, Upland, Ind., 21 September 1996.

9. For further reading on this see Chris Kettler, The Vicarious Humanity of Christ and the Reality of Salvation (Lanham, Md.: University Press of America, 1991).

10. Rich Mullins, "Considering the Lilles, "Release magazine. Summer 1991.

11. Sussman, Praise Him!, 155~64.

12. Homeless Man: The Restless Heart of Rich Mullins video(Word Entertainment, 1998).

13. Radio interview with Bob Michaels, Light 99, KTLI, Wichita, Kan., for the premiere of Canticle of the Plains, 2 February 1997.

14. Anne Lamott, Traveling Mercies (New York: Pantheon Books, 1999), 134.

15. Sussman, Praise Him!, 155~64

## 5장 | 창조, 그 분의 놀라운 솜씨

1. 20: The Countdown Magazine tribute special, 18 November 1997.

2. Rich Mullins, "Picture in the sky," Release magazine, Winter 1995.

3. Rich Mullins, "Boats and Burning Bushes," Release magazine, Winter 1993.

4. From two separate occasions: a Rich Mullins concert, Wheaton, Ill., 15 September 1990, and the Rich Mullins: Pursuit of a Legacy video )Nashville: Reunion Record, 1994).

5. Rich Mullins, "Washing at Dusk," Release magazine, Summer 1992.

6. Holly Halverson, "A Ragamuffin's Oz," CCM magazine, December 1993.

7. G. K. Chesterton, Orthodoxy(San Francisco: Ignatius Press, 1995), 65-66

8. William Blake, "Quguries of Innocence."

9. "Music and More," radio interview for Compassion International, 1993.

10. Rich Mullins, "A Message to the Media," Creation Festival Radio Special, Mt. Union, Pa., 27 June 1996.

11. Christopher Lee Coppernoll, Soul 2 Soul(Nashvill: Word Publishing, 1998), 100.

12. CCM magazine tribute issue, November 1997.

13. Coppernoll, Soul 2 Soul, 100-101

14. CCM magazine tribute issue.

15. Ibid.

16. I was given a copy of this special letter by Rich's close friend, Kathy Sprinkle.

17. ReleaseExtra, 1994.

## 6장 | 착한 사람에게도 고통은 온다

1. "Music and More," radio interview, Compassion International, 1993.

2. Jack W. Hill, "Singer Seeks Other Take in Christianity," Arkansas Democrat-Gazette, September 1995.

3. Phil Newman, "Where Mercy Leads," Release magazine, 10 September 1995.

4. 20: The Countdown Magazine, interview, January 1995.

5. From an unpublished source.

6. Radio interview with Artie Terry, "The Exchange," WETN, Wheaton College,

April 1997.

7. ReleaseExtra, 1994.

8. 20: The Countdown Magazine, tribute special, 18 November 1997.

9. Ibid.

10. CCM magazine tribute issue, November 1997.

11. Homeless Man: The Restless Heart of Rich Mullins video(Word Entertainment, 1998).

12. Ibid.

13. Cornerstone '97, July 1997.

14. Interview with Linda Thompson Stonehocker, The Phantom Tollbooth, February 1997.

15. Rich Mullins, "The World as Best as I Remember It," booklet with album.

16. Brian Q. Newcomb, "Step by Step: A Conversation with Rich Mullins," CCM magazine, June 1992.

17. Rich Mullins concert, Green Bay, Wis., 10 August 1997.

18. Radio interview by Brian Beatty, Creation Festival Radio Special, Mt. Union, Pa., 27 June 1996.

19. Brian Rhinehart, concert review, Anderson University, Anderson, Ind., 16 November 1995.

## 7장 | 단순한 삶이 주는 자유

1. Interview with Linda Thompson Stonehocker, The Phantom Tollbooth, February 1997.

2. Brian Q. Newcomb, "Step by Step: A Conversation with Rich Mullins," CCM magazine, June 1992.

3. I am indebted to Richard Foster and Arthur G. Gish for this succinct and very accurate indictment of our culture.

4. I am once again indebted to Richard Foster and his chapter "Simplicity," in Celebration of Discipline(San Francisco: HarperSanFrancisco, 1978). See

the revised edition, p. 83, for his comments on this. Foster makes the points that while Jesus' main message concerned the kingdom of God, his primary social concern had to do with money. He gives several examples worth examining.

5. Melinda Scruggs, "Rich Mullins: Songs of Another Kind," CCM magazine, January 1986.

6. Homeless Man: The Restless Heart of Rich Mullins video(Word Entertainment, 1998).

7. "Music and More," radio interview, Compassion International, 1993.

8. Quoted from Rich' s memorial service in Wichita, Kan.

9. CCM magazine tribute issue, November 1997.

10. Low Carlozo, "Christian Rocker Finds New Life in the Desert," Chicago Tribune, 25 April 1996.

11. Rich Mullins, "A Message to the Media," Creation Festival Radio Special, Mt. Union, Pa., 27 June 1996.

12. CCM magazine tribute issue.

13. Radio interview with Bob Michaels, Light 99, KTLI, Wichita, Kan., for the premiere of Canticle of the Plains, 2 February 1997.

14. ReleaseExtra, 1994.

15. Ibid.

## 8장 | 어디에나, 누구에게나 유혹은 있다

1. Rich told this story many times. It is excerpted here from Jim Long, "Excuse Me, but Aren' t You Rich Mullins?" Campus Life, February 1994.

2. "Music and More," radio interview, Compassion International, 1993.

3. Rich Mullins concert, Green Bay, Wis., 10 August 1997.

4. 20: The Countdown Magazine, tribute special, 18 November 1997.

5. Les Sussman, Praise Him!: Christian Music Stars Share Their Favorite Verses from Scripture(New York: St. Martin' s Press, 1998), 155-164.

6. "Music and More," interview.

7. Christopher Lee Coppernoll, Soul 2 Soul(Nashvill: Word Publishing, 1998), 211.

8. Rich Mullins: Pursuit of a Legacy video (Nashville: Reunion Record, 1994).

9. Rich Mullins, "Virtue Reality," Release magazine, July/August 1994.

10. Pursuit of a Legacy video.

11. Sussman, Praise Him!, 155-64.

12. Ibid.

13. Interview by Brendt Waters, Lighthouse magazine, April 1996.

14. Ibid.

15. From an e-magazine interview, James Long, CCM, November 1995.

## 9장 | 사랑하라, 더 많이 사랑하라

1. Christopher Lee Coppernoll, Soul 2 Soul(Nashvill: Word Publishing, 1998), 121-22.

2. Rich Mullins, "Virtue Reality," Release magazine, July/August 1994.

3. Rich Mullins concert, Tayor University, Upland, Ind., 21 September 1996.

4. CCM magazine tribute issue, November 1997.

5. Rich Mullins, "Joking Matters," Release magazine, January/February 1996.

6. Mullins, "Virtue Reality."

7. 20: The Countdown Magazine, tribute special, 18 November 1997.

8. Rich Mullins, "A Message to the Media," Creation Festival Radio Special, Mt. Union, Pa., 27 June 1996.

9. Robyn Frazer, "Mullin' Things Over," CCM magazine, April 1987.

10. Homeless Man: The Restless Heart of Rich Mullins video(Word Entertainment, 1998).

11. "Music and More," radio interview, Compassion International, 1993.

12. Homeless Man video.

13. Ibid.

14. Ibid.

15. Rich Mullins, "Never Alone," Release magazine, March/April 1996.

## 10장 | 죽을 것처럼 살고, 영원히 살 것처럼 떠나라

1. Rich Mullins concert, Tayor University, Upland, Ind., 21 September 1996.

2. Robyn Frazer, "Mullin' Things Over," CCM magazine, April 1987.

3. Interview with Linda Thompson Stonehocker, The Phantom Tollbooth, February 1997.

4. Rich Mullins, "The Big 4-Oh," Release magazine, November/December 1995.

5. 20: The Countdown Magazine, tribute special, 18 November 1997.

6. CCM magazine tribute issue, November 1997.

7. I am indebted to my friend and mentor, Dallas Willard, for this clear teaching on death and heaven. For further study, see his book The Divine Conspiracy(San Francisco: HarperSanFrancisco, 1998).

8. Radio interview by Brian Beatty, Creation Festival Radio Special, Mt. Union, Pa., 27 June 1996.

9. 20: The Countdown Magazine, tribute special.

10. CCM magazine tribute issue.

11. Rich Mullins concert, Green Bay, Wis., 10 August 1997.

12. Homeless Man: The Restless Heart of Rich Mullins video(Word Entertainment, 1998).

13. Rich Mullins concert, Tayor University.

14. Ibid.

15. Homeless Man video.

16. 20: The Countdown Magazine, tribute special.

17. Mullins, "The Big 4-Oh."

18. I am indebted to John O' Donohue for this metaphor, in his excellent book

Anam Cara: A Book of Celtic Wisdom(New York: HarperCollins, 1997).

19. Rich Mullins concert, Tayor University.

20. C. S. Lewis, "The Weigh of Glory," The Weigh of Glory and Other Addresses(New York: Simon & Schuster, 1996). 131.

21. Willard, The Divine Conspiracy, 85. He took the quote from Books & Cultures, November/December 1995.

22. Rich Mullins, "Washing at Dusk," Release magazine, Summer 1992.

## 지은이 소개

### 제임스 브라이언 스미스 *James Bryan Smith*

제임스 브라이언 스미스는 캔자스 주 위치타에 있는 프렌즈 대학에서 신학을 가르치고 있다. 저서로는 《하나님이 내게 반하셨다》, 《영성 훈련을 위한 아홉 번의 만남》, 《리처드 포스터가 묵상한 신앙 고전 52선 Devotional Classics》(공저) 등이 있다.

제임스 브라이언 스미스는 리치 멀린스가 세상을 떠나기 전 마지막 7년 동안 그와 우정을 쌓았다. 리치 멀린스는 프렌즈 대학을 다니면서 2년간 그의 다락방에서 함께 살았다.

제임스 브라이언 스미스는 이 책을 '신앙전기'라고 설명하고 독자들에게 리치 멀린스의 삶을 이해할 수 있는 통찰력을 제시한다. 하지만 무엇보다 중요한 것은 독자들이 리치에게 가장 중요했던 것이 무엇이었는지를 알게 하는 것이다. 그것은 바로 사람들을 열심히 하나님께로 이끄는 것이었다.

# 한언의 사명선언문

Our Mission — · 우리는 새로운 지식을 창출, 전파하여 전 인류가 이를 공유케 함으로써 인류문화의 발전과 행복에 이바지한다.

— · 우리는 끊임없이 학습하는 조직으로서 자신과 조직의 발전을 위해 쉼없이 노력하며, 궁극적으로는 세계적 컨텐츠 그룹을 지향한다.

— · 우리는 정신적, 물질적으로 최고 수준의 복지를 실현하기 위해 노력하며, 명실공히 초일류 사원들의 집합체로서 부끄럼없이 행동한다.

Our Vision     한언은 컨텐츠 기업의 선도적 성공모델이 된다.

> 저희 한언인들은 위와 같은 사명을 항상 가슴 속에 간직하고
> 좋은 책을 만들기 위해 최선을 다하고 있습니다.
> 독자 여러분의 아낌없는 충고와 격려를 부탁드립니다.
> · 한언 가족 ·

## HanEon's Mission statement

Our Mission — · We create and broadcast new knowledge for the advancement and happiness of the whole human race.

— · We do our best to improve ourselves and the organization, with the ultimate goal of striving to be the best content group in the world.

— · We try to realize the highest quality of welfare system in both mental and physical ways and we behave in a manner that reflects our mission as proud members of HanEon Community.

Our Vision     HanEon will be the leading Success Model of the content group.